KB057022

빅데이터
부동산 투자
2021 대전망

빅데이터 부동산 투자 2021 대전망

한국 부동산 시장에 거대한 변곡점이 시작된다!

김기원 이지윤 지음

클라우드나인
CLOUD 9

부동산의 미래가 궁금한 사람이라면 꼭 읽어야 할 책!

_ 홍춘욱, EAR 리서치 대표

2020년 초반 발생한 코로나19 쇼크로 경제가 얼어붙었건만 자산 시장은 그 어느 때보다 뜨거웠다. 주식가격의 급등은 저금리와 글로벌 증시의 동반 상승으로 어느 정도 설명이 가능하다. 하지만 2020년 부동산가격이 2006년 이후 가장 높은 상승률을 기록한 것은 거시경제 분석가로서 설명하기 어려운 면이 많다.

물론 상승 압력을 높인 요인이 전혀 없었던 것은 아니다. 이른바 '임대차 3법' 시행 이후 전세가격이 급등한 것. 더 나아가 2021년부터 서울 등 핵심지역의 입주물량이 급격히 줄어드는 것은 주택가격 상승의 원인으로 보기에 충분하다. 다만, 이 정도의 요인만으로 서울의 아파트 가격이 2020년 한 해에만 13.4%(KB 주간지수 기준) 급등할 수 있느냐는 질문에 대해 답하기 어렵다는 이야기다. 필자가 보기에 이보다 더 중요한 원인으로 2014년 이후 연간 기준으로 7년째 상승하면서 '부동산 불패'에 대한 확신이 높아진 것, 그리고 코로나19 쇼크 이후 정책금리가 0.5%까지 인하되며 시중자금의 부동산 시장 유입이 가속화된 것이 결정적이었다고 본다.

그럼 앞으로 어떻게 될까? 주택가격이 영원히 상승할 수 있으면 좋겠지만 역사적인 흐름을 살펴보면 자산가격의 급등에는 한계가 있음을 금방 깨닫게 된다. 주택 등 자산가격의 급등이 어떤 레벨에서 벽에 부딪히는 이유는 크게 두 가지 때문이다.

첫 번째는 경제 정책의 변화이다. 1989년 일본에서 단행됐던 공격적인 금리인상이 예가 될 것이다. 금리인상이 부동산 가격의 급락을 일으키는 가장 직접적인 이유는 '주택 보유의 기회비용'을 높이기 때문이다. 예를 들어 시장금리가 10%인데 10억 원으로 평가되는 주택을 보유한 사람은 매년 1억 원의 기회비용을 치르는 셈이다. 10억 원으로 채권을 매입했다면 매년 1억 원의 이자를 기대할 수 있을 것이기 때문이다. 따라서 금리가 높아질수록 주택구입 혹은 주택보유의 매력은 나날이 떨어지게 된다. 그러나 2021년에는 금리가 인상될 가능성이 매우 낮은 것을 고려할 때 금리인상이 한국 부동산가격의 급등을 꺾는 요인으로 작용하기는 어려울 것 같다.

두 번째로 금리 이외에 부동산 가격의 끝없는 상승을 억제하는 또 다른 요인은 가격이다. 현재의 소득 수준(향후 소득 전망 포함)으로 도저히 주택을 구입할 수 없을 정도로 주택가격이 부풀어오르면, 결국은 주택시장의 상승이 멈출 수밖에 없다. 물론 소득이 가파르게 증가할 것이라고 기대하는 사람들이 많다면 주택가격의 상승이 정당화될 수도 있다. 그러나 코로나19 쇼크로 한국경제가 1998년 외환위기 이후 처음으로 마이너스 성장한 상황에서 소득 증가를 경험한 국민들은 금융과 정보통신 등 특정 산업에 종사하는 일부에 국한될 수밖에 없다.

따라서 앞으로 한국 주택시장의 참가자들은 끊임없이 "소득에 비해 주택가격이 적정한가?"라는 질문을 던질 가능성이 크다. 물론 이 질문에 대한 정확한 답을 가진 사람은 존재하지 않을 것이다. 일단 사람마다 '적정' 주택가격이 다 다를 것이며 또 미래 소득에 대한 기대도 언제든 바뀔 수 있을 것이기 때문이다.

결국 이 문제를 해결하기 위해서는 다양한 통계를 활용한 판단이 필수적이라 할 수 있다. 이 책 『빅데이터 부동산 투자 2021 대전망』은 이런 고민을 하는 이들에게 큰 도움이 될 내용을 듬뿍 담고 있다. 전세가격 대비 주택가격의 비율, 국민소득 대비 주택시가총액 규모 등 어디서도 쉽게 확인하기 어려운 다양한 데이터를 솜씨 좋게 가공하고 또 보기 편하게 제공해주고 있기 때문이다. 그리고 이상과 같은 통계는 1~2년 내 한국 부동산 시장이 중요한 변곡점에 도달할지도 모른다는 경고의 메시지를 강하게 제공하는 것 같다.

물론 다양한 데이터를 활용했다고 해서 주택시장의 방향, 특히 특정 지역 부동산 가격의 미래를 100% 예측할 수는 없다. 다양한 외부요인의 출현과 더 나아가 영국 경제학자 존 메이너드 케인스John Maynard Keynes가 '동물적 충동'이라고 표현했던 투자자들의 심리 변화를 모두 잡아낼 수 있는 완벽한 모델은 있을 수 없기 때문이다. 그럼에도 불구하고 이 책 『빅데이터 부동산 투자 2021 대전망』은 투자자들에게 좋은 '참고서' 역할을 할 것으로 기대한다.

일찍이 보기 어려웠던 '데이터에 입각한 부동산 시장 분석'이라는 위업을 달성한 두 분 저자에게 존경의 마음을 전한다.

한국 부동산 시장은 거대한 변곡점을 앞에 두고 있다

거대한 용광로와 같은 대한민국 부동산 시장

역사상 지금처럼 한국의 부동산 시장이 뜨거웠던 적이 있었나 싶을 정도로 전국의 거의 모든 지역이 뜨겁게 달아오르고 있다. 내 집을 소유한 사람과 소유하지 못한 사람의 격차가 그 어느 때보다 커졌고 사람들은 내 집 마련과 부동산 투자에 목을 매고 있다. 많은 사람들이 다음과 같은 4가지 이유로 이러한 부동산 열풍이 앞으로도 3~4년 정도는 더 이어질 것으로 내다본다.

1. 초저금리가 당분간은 유지가 될 수밖에 없다.
2. 서울 아파트 시장은 입주물량이 별로 없어서 계속 몇 년간은 더 올라갈 수밖에 없다.
3. 시중에 유동성이 그 어느 때보다 풍부하니 계속 몇 년간은 올라갈 수밖에 없다.
4. 최근 전월세가 급등하고 있기 때문에 매매가는 더 올라갈 수밖

에 없다.

언뜻 들어보면 정말 그럴듯하다. 그렇다면 지금이라도 내 집 마련을 해야 하는 걸까? 지금이라도 안 사면 영원히 내 집을 못 사는 거 아닌가? 요즘 그런 고민으로 잠 못 이루는 분들이 많을 것이다. 이 책은 그런 고민을 하는 분들에게 객관적인 다양한 부동산 데이터를 제공해 합리적인 의사결정을 하는 데 큰 도움이 될 것이다.

많은 사람들이 앞에 열거한 4가지 이유 등으로 앞으로 부동산 가격이 더욱 올라가리라 전망하고 있다. 정말로 그럴까? 어쩌면 지금의 부동산 버블이 좀 더 이어질 수 있을 거 같다. 아마도 짧게는 1년에서 길게는 2년까지 더 이어질 수는 있다.

산이 높으면 골이 깊고 탐욕과 공포는 반복된다

하지만 여러 데이터들은 분명히 이야기하고 있다. 이제 부동산 시장은 거대한 변곡점을 앞에 두고 있다고 말이다. "산이 높으면 골이 깊다."라는 말이 있다. 서울을 포함해 몇몇 지역은 지금도 역사상 최고로 본질가치 대비 고평가돼 있다. 그런데 지금보다 더 상승한다면 앞으로 거대한 변곡점이 오게 될 것이다. 그리고 버블이 그 어느 때보다 큰 만큼 향후에 2010~2013년과 같은 대세 하락장이 온다면 그 하락의 폭과 기간은 그 어느 때보다 깊고 길어질 가능성이 크다.

역사는 분명히 이야기하고 있다. 대중들의 탐욕과 공포는 반복돼왔다고 말이다. 지금은 상당히 많은 사람들이 부동산 탐욕에 젖어 있다. 특히 서울, 주요 수도권, 일부 지방 광역시가 그렇다. 역사는 반복된다. 언젠가는 또다시 많은 사람들이 부동산 공포에 휩싸이는 시기가 올 것이다. 데이터는 그 시기가 생각보다 가까이 와 있다고 이야기하고 있다. 하지만 전국의 모든 지역이 그렇지는 않다. 그럼에도 데이터는 일부 지역, 특히 일부 지방은 지금이 내 집 마련을 하기에 절호의 기회라고 이야기하고 있다. 이 책은 크게 5장으로 구성되어 있다.

빅데이터로 대한민국 부동산을 전망한다

1장에서는 거시경제의 관점에서 다양한 경제 관련 데이터들이 부동산 시장에 어떤 영향을 미칠지를 분석했다. 거시경제의 큰 흐름에서 국내 부동산 시장이 어디쯤 있는지 기술했고 우리가 아는 부동산 상식이 틀릴 수 있음을 검증했다. 다루는 것만으로도 뜨거운 감자가 될 수 있는 서울 부동산에 대한 공저자들의 입장도 밝혔다.

2장에서는 2017년 말의 데이터를 가지고 2018~2019년 시도별 부동산 시장을 전망했던 『빅데이터 부동산 투자』를 검증했다. 아마 적중률을 확인하고 깜짝 놀랄 것이다. 당시 데이터의 전망이 거의 모든 지역에서 높은 확률로 등락을 예상했는데 대한민국 부동산 시장은 그 예상대로 흘러갔기 때문이다. 당시 책에 넣은 표를 그대로 삽입해 리뷰를 작성했으니 독자들도 약 2년 전 데이터가 현재의 부동산 시장을 어떻게 예상했는지 검증하는 시간을 가져보길 바란다.

3장에서는 빅데이터에 근거해 전국 17개 시도에 대한 앞으로 1~2년을 전망했다. 내가 사는 지역의 부동산 전망이 궁금한 독자들은 유심히 봐야 할 내용이다. 전국을 데이터로 읽는 방법을 초보자도 알기 쉽게 기술했다. 각각의 데이터가 시장에 어떤 영향을 미치고 또 변수에 따라 그 경중이 달라질 수 있다는 것을 공부하면 좋을 듯하다. 이 책을 통해 대부분의 데이터가 좋다고 하는 곳과 그렇지 않은 곳을 명확하게 짚어낼 수 있을 것이다.

4장에서는 데이터 분석을 통해 지금 시점에서 내 집 마련을 하기에 손에 꼽을 만큼 좋은 지역들이 어디인지를 알려주고 있다. 이번에도 데이터에 의해 지역을 분석했고 향후 출간하는 책에도 본 장의 전망을 점검하는 시간을 가질 것이다. 2년 전 데이터를 믿은 독자와 그렇지 않은 독자는 자산증식에서 상당한 차이가 생겼다. 이 책을 통해 내 집 마련을 하는 독자와 그렇지 않은 독자의 수년 후의 자산증식에도 상당한 격차가 벌어질 것이다.

마지막으로 5장에서는 다양한 데이터로 만든 지역별 종합투자점수를 다루고 있다. 독자들은 이 빅데이터 종합투자점수만 참고해도 상당히 많은 도움을 받을 수 있을 것이다. 세대수 6만 이상의 모든 시군구에 대한 종합투자점수를 공개한다. 내 집 마련이나 부동산 투자를 고민하는 독자들에게는 매우 도움이 될 것이다. 좋은 부동산을 찾아내는 통찰을 길러주는 게 데이터이다. 하지만 데이터가 어렵게 느껴지는 독자들도 있을 것이다. 그런 독자들에게 이 종합투자점수는 아예 밥을 숟가락에 얹어서 입에 넣어주는 격이라고 할 수 있다. 다만 실행하고 안 하고는 독자들의 몫이다. 그리고 그로 인한 자산증식 격차 또한 독자들의 몫이라는 점 잊지 말자.

빅데이터가 내집 마련에 희망이 되길 바라며

이 책은 부동산 시장 전망을 객관적인 데이터에 근거해서 집필했다. 상당히 명확하게 시도별 전망을 하고 있다. 지금 매수한다면 상당히 위험해 보이는 지역들도 있고 또 상당히 괜찮은 지역들도 있다. 하지만 최종 판단은 독자들의 몫이다. 다만, 이 책을 보고 현재의 지역별 상황이 어떤지 객관적으로 판단해보고 신중한 결정을 한다면 더할 나위 없이 좋을 거 같다.

이 책을 집필할 때 사용된 가장 최신 데이터는 2020년 10~11월 기준이다. 책이 출간될 시점과는 3개월 정도의 시차가 있다는 점을 유의하면 좋을 거 같다. 시간이 지나면서 데이터는 바뀌고, 그래서 책을 썼던 시점의 뷰와 출간되고 나서의 뷰가 조금은 달라질 수가 있기 때문이다. 또한 책을 기획한 이후 빠른 정보 전달을 위해서 급하게 출간을 하다 보니 다소 미흡한 부분이 있을 수도 있다.

모쪼록 이 책을 통해서 부동산 시장의 숨은 리스크는 어떤 것들이 있고 또 기회는 어디에 있는지 점검해보길 바란다. 인생에서 내 집 마련은 정말 중요한 의사결정이다. 그 의사결정을 하는 데 이 책에 나오는 다양한 데이터들이 도움이 되기를 진심으로 바라고 이 책을 집필한 가장 큰 이유이기도 하다. 앞으로 몇 년간 부동산 시장은 그 어느 때보다 큰 변화가 있으리라 예상된다. 최대한 보수적으로 생각하고 행동하기를 바란다. 이 책을 읽는 독자분들 모두에게 행운의 여신이 함께하기를 희망한다.

2021년 1월

김기원, 이지윤

1장 빅데이터 부동산 투자의 시작

: 거시 경제를 알아야 돈의 흐름이 보인다 • 17

4장 빅데이터로 바라본 2021년 유망 지역

: 빅데이터로 내 집 마련 절호의 기회를 잡아라 • 309

5장 빅데이터가 알려주는 전국 종합투자점수 랭킹

: 종합적으로 좋다면 오르지 않을 이유가 없다

에필로그

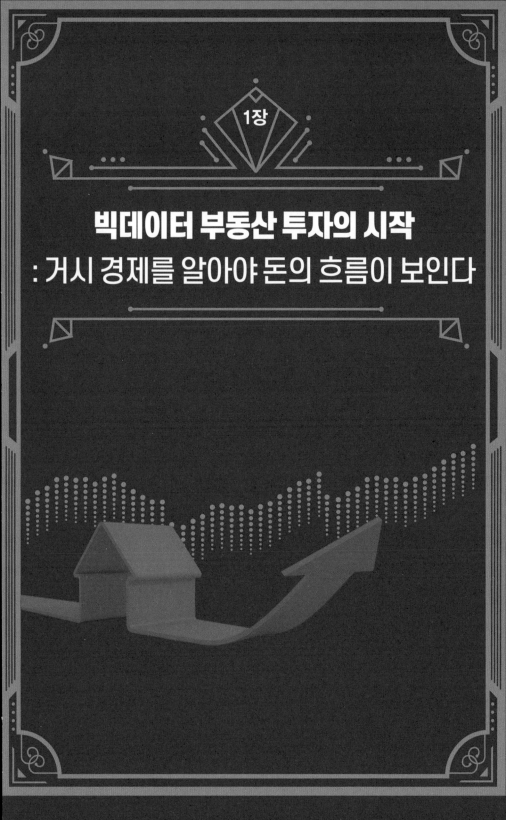

1장

빅데이터 부동산 투자의 시작
: 거시 경제를 알아야 돈의 흐름이 보인다

우리가 모르는 가계부채의
숨어 있는 폭탄

흔히 사용하는 말 중 과유불급이라는 말이 있다. 정도를 지나치는 것은 미치지 못한 것과 같다는 뜻이다. 돈이 지배하는 자본주의에서 빚을 이용해 레버리지 효과를 누리는 것은 당연한 일이지만 지나치면 부작용이 생길 수 있다. 코로나바이러스로 인해 우리는 일상에 큰 변화를 겪었고 수입마저 줄어들어 대출로 연명하는 국민들이 한둘이 아니다. 개인들도 빚으로 버티고 기업도 빚으로 버티고 있다는 기사들을 심심찮게 보게 된다. 이자를 무려 23%나 내야 하는 카드론 대출액수가 2020년 상반기에만 24조 4,000억 원으로 늘었다는 것이 이를 방증한다. 고금리인 카드론도 이러한 실정인데 가계대출은 얼마나 더 심각해질까? 우리가 국내 가계부채 규모를 어느 정도로 잘못 알고 있는지 또 국내 경제에 얼마나 심각한 뇌관이 될 수 있는지 알아보도록 하자.

2030세대의 영끌 매수로 증가한 심각한 가계 대출

우리나라 가계 대출이 역사상 처음으로 국내총생산GDP* 규모를 넘어섰다. 한국은행이 2020년 12월 발표한 「2020년 하반기 금융안정 보고서」에 의하면 2020년 3분기를 기준으로 명목 국내총생산 대비 가계신용대출 비율(금융기관을 통해 직접 받은 가계대출과 신용카드 결제 등을 통해 발생한 판매신용을 합친 금액)은 101.1%이다. 2019년 동 기간 93.7%보다 무려 7.4% 증가했다. 가계대출 규모는 7.4%나 증가했지만 명목 국내총생산은 0.4% 증가하는 데 그쳤다. 세부적으로 보면 2020년 3분기 가계대출 1,682조 1,000억 원 중 주택담보대출이 890조 4,000억 원으로 지난 1년 동안 7.2%나 증가했다. 2030세대 등 청년층들이 주택 매수를 위해 담보대출과 신용대출 등 모든 자금을 동원해 주택을 매수한 데 기인한다. 그로 인해 주택 거래량이 무려 56% 가까이 급증했다

청년층이 받은 주택 관련 대출은 전년 동 기간 대비 무려 10.6%로 다른 연령층 증가율 5.9%를 크게 상회한 것으로 나타났다. 거의 매일같이 미디어를 장식하는 2030세대의 영끌 매수기사가 나오는 이유이다. 기타 대출은 695조 2,000억 원으로 저금리 기조와 수입 감소에 따른 생활비 수요 증가 등의 사유로 신용대출을 중심으로 6.8% 증가했다.

가계부채 규모도 문제지만 더욱 심각한 것은 부채가 늘어나는 속도

---

* 국내총생산은 재화와 서비스의 생산을 측정하기 위한 지표이다. 하지만 시장가격으로 계산이 되기 때문에 물가변동으로 인한 요인을 통제하지 않을 경우 연도 간 비교가 정확하지 않을 수 있다. 이런 문제를 해결하기 위해 기준 연도의 물가로 국내총생산을 계산함으로써 물가변동 요인을 제거한다. 이렇게 계산한 국내총생산을 실질 국내총생산이라고 한다. 그리고 당해연도 물가로 계산한 국내총생산은 명목 국내총생산이다.

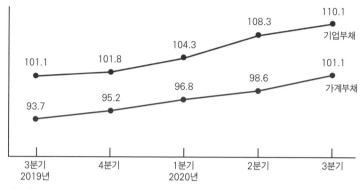

명목 국내총생산 대비 가계·기업부채 비율 추이 (단위: %)

110.1

108.3

104.3

101.1   101.8   기업부채

101.1

98.6

96.8   가계부채

95.2

93.7

3분기   4분기   1분기   2분기   3분기
2019년   2020년

(자료: 한국은행)

에 가속도가 붙었다는 것이다. 국제금융협회IIF「세계 부채 모니터 보고서」 자료를 보면 가계부채 증가 속도는 2019년 1분기 92.1%보다 5.8% 상승했다. 뒤를 잇는 홍콩 9%와 중국 6.4% 다음으로 크게 상승 중이다. 이에 질세라 기업부채 증가 속도에도 가속이 붙었다. 한국 기업의 부채는(비금융권) 2019년 3분기 기준으로 국내총생산 대비 무려 6.3% 증가했다. 상승폭은 7.5%로 브라질(95.8→103.3%)에 이어 전 세계 2위를 기록 중이다.

부채로 인해 경제 위기에 직면한 다른 나라들

세계경제포럼에선 국내총생산 대비 가계부채 임계치를 75% 기업부채의 임계치를 80%로 산정했다. 이 수준에서 벗어나는 정도가 4%를 상회할 경우 금융 시스템의 불안을 가져올 수 있다고 경고하고 있다. 국제결제은행BIS도 성장을 제약하는 부채 규모 임계치를 가계 85%, 기업 90% 규정하고 있다. 우리나라는 가계부채 101.1%, 기업부채 110.1%로 모두 심각한 수준임을 알 수 있다. 가계와 기업의 부채가 높다는 것은 금리가 상승하는 시기가 오면 원금과 이자의 상환 부담이 증가해 개인의 소비가 줄고 기업의 설비투자가 제한된다는 것을 의미한다. 여기서 잠깐 부채가 급증하는 나라들의 현재 상황을 알아보자.

현재 중국의 지방정부 부채는 국내총생산 대비 100%에 육박하고 금융기관의 부실 채권 규모는 미국과는 비교가 안 될 정도로 높다. 경제 전문가들은 중앙정부, 금융기관, 지방정부의 부실 채권과 부채가 심각하다며 중국발 금융위기를 경고하고 있다

터키는 미국과 경제 전쟁에 돌입했다. 오기인지, 카리스마인지 너무 강한 두 나라 통치자의 싸움에 민감한 종교적인 문제까지 더해져 양국 관계가 파국으로 치닫고 있다. 도널드 트럼프Donald Trump 미국 대통령은 터키산 알루미늄과 철강 제품에 2배 이상의 관세 부과를 공언하며 본격적으로 경제 보복을 시작했다. 터키 경제는 요동쳤고 터키 리라화는 달러당 4.5리라에서 한때 7.2리라까지 평가절하됐고 외환위기까지 겹쳤다. 터키는 미국과의 경제 전쟁으로 뱅크런 위기에 직면해 있다.

멕시코는 더욱 심각하다. 코로나19의 확산으로 중국 내 공장 가동이 중단돼 수출망이 무너졌다. 가까운 미국마저 소비가 줄면서 미국 의존도가 높은 멕시코의 경제 성장에 큰 충격이 온 것이다. 현재 멕시코의 주요 산업인 자동차와 대부분의 제조업들이 붕괴 직전이라고 한다. 멕시코의 2020년 7월 기준 국내총생산 성장률은 무려 -18.7%를 기록하며 최근 25년 이후 2008년 글로벌 금융위기보다 더 심각한 상황에 놓여 있는 실정이다. 부채가 가파르게 상승하는 나라들이 얼마나 심각한지 알 수 있는 대목이다. 우리나라도 별반 다르지 않은 상황이다.

미국의 경우를 살펴보자. 미국의 시장 분석업체인 코어로직Core-

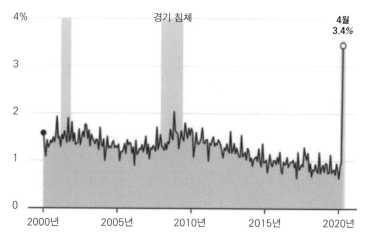

미국 신규 연체율

경기 침체

4월
3.4%

미국 전체 모기지 중 30일 이하 연체율 비율이다. 최근 연체율은 지난 2008~2009년 금융위기 때와 비교할 수 없을 정도로 높이 치솟고 있다. (자료: 코어로직)

Logic이 발표한 「대출상황 보고서」에 따르면 이제 막 연체시장에 들어선 신규 연체 비율이 2008년 서브프라임 때는 2%였고 2020년 4월 기준으로 3.4%에 이른다고 한다. 신규 연체자보다 더 심각한 것은 모기지 연체율이 6.1%라는 것이다. 미국 모기지 대출기관인 블랙나이트가 발표한 2020년 연체율은 무려 7.6%까지 급등한 것으로 나타났다. 미국에서 주택담보대출을 받은 100명 중 무려 7~8명이 이미 연체 중이거나 압류 진행 중이라는 뜻이다. 불행 중 다행으로 우리나라 연체율이 증가하지 않는다 하더라도 미국의 연체율 증가는 우리나라 경제에도 심각한 충격으로 작용할 것이다. 이미 우리는 서브프라임 모기지 사태 때 주가가 50% 급락하는 상황을 겪어보지 않았는가?

가계부채에 포함되지 않은 전세자금대출

더욱 놀라운 사실 하나를 짚어보자. 일반적인 부채도 심각한 수준이다. 그런데 우리가 간과한 부채가 더 있는데 바로 전세자금대출이다. 공식적인 통계조차 없는 이 부채의 규모는 우리가 상상하는 그 이상이다. 이데일리가 실시한 2019년 주거실태조사 결과와 전세와 보증금을 낀 월세 가구수를 기준으로 평균 전·월세 보증금을 곱해 산출한 거래 규모는 2020년 6월 기준 총 756조 2,000억 원 규모로 추산된다.

가계신용대출 1,682조 1,000억 원(2020년 3분기 기준)을 합하면 우리나라 가계부채는 약 2,438조 3,000억 원 규모로 커지는 셈이다. 전세자금대출을 반영한다면 우리나라 가계부채 비율은 한국은행이 발표한 101.1%가 아니고 실제로는 127% 정도인 것이다. 전세금을 제외해도 압도적인 1위인데 전세자금대출을 더하면 감히 넘사벽인 초울트라 슈퍼 갑 부채 국가로 등극하는 것이다.

더 심각한 것은 가계와 기업의 부채는 증가하는데 소득은 줄고 있다는 점이다. 설상가상 경기는 악화일로에 놓여 있다. 한은은 2020년 6월 경제성장률을 -1.2%에서 9월 -1% 조정했고 IMF 이후 22년 만의 마이너스 성장이다. 2020년 세계 경제성장률도 -4.5%~ -6%대를 기록할 전망이다. 경제 상황이 이러니 국민소득이 증가할 리 없고 하루가 멀다 하고 소득세, 보유세 등등을 인상하겠다는 기사들이 올라오고 1세대 주택에도 무거운 재산세를 부과하겠다고 연일 보도되는 중이다. 실제로 우리는 개정된 세금이 부과되기 전임에도 빚은 증가하지만 실제 소득이라고 할 수 있는 처분가능소득*은 늘지 않는 상황에 놓여 있다.

---

* 처분가능소득이란 소득에서 세금, 사회보장분담금, 이자비용 등의 비소비성 지출을 뺀 것이다.

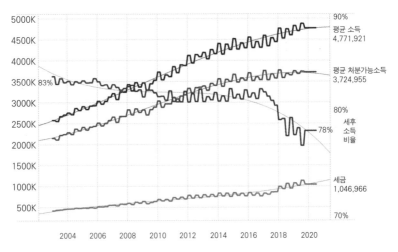

평균 소득과 처분가능소득 추이

5000K
4500K
4000K
3500K 83%
3000K
2500K
2000K
1500K
1000K
500K

90%

평균 소득
4,771,921

평균 처분가능소득
3,724,955

80%
78% 세후
소득
비율

세금
1,046,966

70%

2004 2006 2008 2010 2012 2014 2016 2018 2020

(자료출처: 리치고)

다음 자료는 통계청에 있는 10분위 소득 데이터를 가지고 자체 제작했다. 분위별 자료가 아니라 전체 평균 소득 데이터를 가지고 만든 자료이다. 파란색이 평균 소득이다. 차트에서 보는 바와 같이 사람들의 평균 소득(파란색 선)은 지속적으로 증가하고 있다. 문제는 세금 빼고 실제 내 통장에 들어오는 소득인 처분가능소득(빨간색 선)이 최근 몇 년째 정체 중에 있다는 것이다.

소득은 늘어나고 있는데 왜 처분가능소득은 줄어든 것일까? 그 이유는 세금(녹색 선)이 지속적으로 늘고 있기 때문이다. 소득에서 세금을 빼고 실제 내 통장에 들어오는 돈의 비율(보라색 선)이 지속적으로 감소하고 있는 것이다. 2003년에는 소득에서 처분가능소득이 83%였는데 2020년에는 78%까지 하락했다. 즉 2003년에는 세금이 17%였다면 2020년에는 세금이 22%로 증가한 것이다. 그리고 그래프에서 보다시피 그 비율(분홍색 선)이 2017년부터 급속도로 하락하고 있다.

본격적인 세금 폭탄은 2017년부터 시작된 것이라고 할 수 있다.

저출산과 고령화로 증가할 수밖에 없는 세금

한국에서 본격화되고 있는 저출산과 고령화 등의 인구 구조를 볼 때 향후 세금은 더 많이 필요할 수밖에 없는 상황이다. 설상가상 코로나바이러스에 따른 경기부양으로 인해 더 많은 세금을 걷을 수밖에 없는 상황까지 더해졌다. 이는 향후 국민들의 엄청난 세금 부담으로 다가올 것이 자명하다. 게다가 2019년 말부터 한국의 인구도 줄어들기 시작했다. 세금 낼 사람들이 줄어들고 있다는 의미이다. 세금을 써야 할 일은 많아지는데 세금 낼 사람들은 줄어들기 시작했다는 뜻이다. 결국 소득과 처분가능소득의 격차는 앞으로 더욱 커질 수밖에 없다.

세후 소득이 줄어들고 있는데 저신용자들이 주로 이용하는 저축은행과 대부업체의 연체율마저 급상승하고 있다. 금감원의 「2020년 1분기 저축은행 영업실적」 자료를 보면 2020년 1분기 대출 저축은행에 연체율은 4.0%로 2019년 말과 비교해 0.3% 상승했다. 기간 대비 급상승 중이고 개인사업자 대출과 가계 신용 연체율마저 급상승 중이다.

대부업체의 대출 연체율은 더 심각하다. 2018년 하반기 7.3%에서 2019년 8.3%로 1.0%나 증가했고 연체율은 더욱 오를 수밖에 없는 상황이다. 이런 상황들이 1금융권으로 이어지는 것은 시간문제다. 이미 시중 5대 은행의 개인과 중소기업의 대출 연체율이 일제히 상승하고 있기 때문이다.

코로나19발 위기로 인해 직장을 잃거나 은행으로부터 대출받은 사람들이 빚을 갚을 여력이 줄어들면 종국에는 금융권의 부실로 이어질 수 있다. 그로 인해 국내에는 심각한 경제 충격이 올 수 있고 실물, 부동산, 금융 등 복합적인 위기로 전개될 수 있다. 영화 「국가부도의 날」은 위기 상황에서도 누군가는 부자가 되고 누군가는 더욱 가난해질 것이라는 교훈을 준다. 많은 경제지표들이 경제 위기가 올 수 있음을 암시하고 있다. 미리 알고 대응하는 자와 그렇지 못하는 자의 미래는 분명 달라질 것이다. "서울로 가면 코 베간다."는 옛말이 이제는 "경제 흐름도 모르고 부동산 매입하면 코 베일 수 있다."라는 말로 바꿀 수 있을 듯하다. 자산증식을 위해 부동산을 공부하는 독자라면 경제 공부는 필수라는 점 강조한다.

미국과 한국이 동시에 빠진
유동성의 함정

"절대 오지 않을 것 같은 시간도 오고 절대 가지 않을 것 같은 시간도 간다."라는 말이 있다. 지금까지 살면서 메르스나 신종플루는 겪어봤지만 우리의 일상을 변화시키지는 못했다. 그러나 코로나바이러스는 우리의 일상을 송두리째 흔들었고 경제 성장은 마이너스를 기록했다. 욜로족들은 해외여행을 포기하고 제주도에 만족해야 했고 나라에서 공짜 돈(재난지원금)을 전 국민에게 나눠주는 사상 초유의 일도 일어났다.

우리 몸에 있는 적혈구보다도 작고 미세먼지 입자보다도 작은 코로나바이러스의 파워는 막강했다. 왜 유동성 이야기를 하면서 코로나바이러스 이야기를 하는 걸까? 바로 이 작은 코로나바이러스 때문에 미국과 한국은 유례를 찾아보기 힘들 만큼 많은 유동성을 공급했기 때문이다. 이 작은 코로나바이러스로 인해 절대 오지 않을 것 같은 시간이 온 것처럼 절대 가지 않을 것 같은 시간도 가고 있는지 알아보려 한다. 우리는 유동성 이후의 시장을 어떻게 읽어야 하고 어디로 갈 것인지 알아보자.

코로나19 충격 이후 세계 경제는 어디로 갈 것인가?

코로나19 이후 경제는 연착륙하게 될까? 다시 도약하게 될까? 엄청 난 유동성을 공급한 시장은 어떻게 변화할까? 일본의 잃어버린 20년 과 미국의 서브프라임 사태 같은 경제 위기를 겪게 되지는 않을지 불 안하기 짝이 없다. 미국과 일본의 선례를 보며 우리나라 상황을 유추 해보자. 미국과 일본은 각각 글로벌 금융위기와 잃어버린 20년을 겪 으며 급격한 주택시장의 하락을 겪어야 했고 그로 인해 상당한 고통 을 감내해야 했다. 두 나라가 위기를 맞은 내부적인 속사정은 다르지 만 같은 위기를 겪은 사건들에서 공통점 한 가지를 발견할 수 있다. 그것은 바로 두 나라 유동성의 흐름이 같다는 것이다.

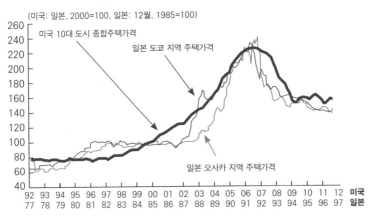

미국과 일본의 부동산 버블과 급락

(자료출처: 블룸버그)

유동성 지표

협의통화M1: 현금통화와 요구불예금과 수시입출식예금 합계
광의통화M2: 협의통화와 만기 2년 미만 금융상품 합계
Lf: 금융기관 유동성. L: 광의 유동성. 파생통화: 총통화량에서 본원통화를 뺀 값이다. 중앙은행에서 공급한 본원통화를 통해 파생된 통화량이 어느 정도인지를 보여주는 지표이다.

여기서 잠깐 시중에 공급되는 유동성에 대해 정리하고 넘어가자. 본원통화란 은행이 지폐와 동전 등을 직접 발행하며 공급하는 통화를 말한다. 화폐 발행액과 예금은행이 중앙은행에 예치한 지급준비금의 합계이다(지급준비금은 대개 은행이 대출한 금액의 10%). 협의통화M1와 광의통화M2는 쉽게 설명하면 한국은행이 발행한 본원통화를 개인이나 기업이 얼마만큼 받아쓰고 있는지를 나타내는 지표이다. 즉 본원통화를 발행하더라도 민간이 받아주지 않으면 협의통화와 광의통화는 증가하지 않을 수 있다.

일본은 '잃어버린 20년'이 오기 전 경기가 침체될 것을 예상하고 시중에 본원통화를 풀어 엄청난 양의 유동성을 공급했다. 동일본대지진이 있었던 2011년에도 또 한차례 엄청난 양의 유동성을 공급했다. 그러나 동기간 광의통화는 거의 증가하지 않았다는 걸 알 수 있다. 더 재미있는 건 동 기간 은행 대출은 오히려 줄었다는 것이다. 일본 정부는 경기를 살리기 위해 20년간 본원통화를 찍어 시장에 공급했지만 개인과 기업은 저금리 자금을 설비투자나 소비에 사용하지 않고 빚을 갚는 데 썼다는 뜻이다. 당시 일본은 경기를 살리기 위해 0%대의 저금리 기조를 유지했다. 그러나 기업은 사업을 확장하거나 고용을 늘리지 않았고 살아남기 위한 방법으로 다운사이징을 했다.

그러다 보니 일본의 상업용 부동산은 하락하기 시작했고 고점 대

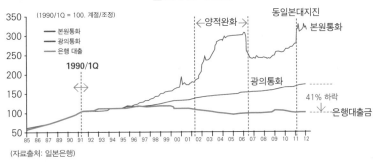

일본의 양적 완화

(자료출처: 일본은행)

비 70~80%까지 폭락했다. 당시 개인들도 돈을 빌리는 것을 줄이고 부채를 갚아가고 있었다. 정부는 본원통화를 찍어 공급했지만 시중에 돈이 돌지 않은 것이다. 결국 시장은 돈맥경화에 걸렸고 그로 인해 일본 경기의 회복은 더디어졌다.

미국이 위기를 대하는 자세

미국을 살펴보자. 미국도 경제 위기를 극복하기 위해 일본처럼 본원통화를 공급했다. 금융위기 이전과 비교해도 2배 이상의 유동성을 공급했다. 그러나 일본과 마찬가지로 본원통화를 공급했음에도 불구

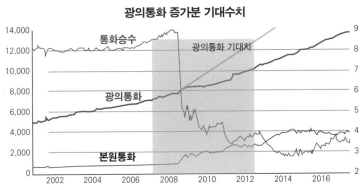

광의통화 증가분 기대수치

(자료출처: 연방준비제도 이사회)

하고 통화 승수는 급격히 떨어졌음을 알 수 있다. 특히 2008~2012
년을 세부적으로 살펴보면 광의통화의 증가세도 완만했고 은행에 대
출 실적 또한 증가하지 않은 것으로 나타났다. 돈이 돌지 않으니 동기
간 실물자산의 가격 또한 급락한 것이다. 이 부분은 유럽에 대입해도
같은 결과로 이어진다.

그렇다면 앞으로 미국은 경기를 살리기 위해 어떤 스탠스를 취할
까? 최근 미국 중앙은행은 경제 정책 기조를 바꾸었다. 물가안정에서
고용률, 즉 실업률을 보겠다는 뜻이다. 미국의 실업률을 살펴보면 IT
버블이 있었던 2000년도 초반에 높았고 글로벌 금융위기 때도 높았
다. 그러나 코로나19 이후 실업률에 비하면 아무것도 아니다. 코로나
19 이후 높아진 실업률이 심각한 것은 경기가 회복되더라도 일자리
가 다시 생기기 어렵기 때문이다.

전 세계는 금융위기 이후 오랜 기간 저금리를 유지하고 있지만 이
미 주요국들은 저성장의 기조에 들어섰다. 그럼에도 자국 통화와 달
러의 균형을 맞추어야 생존이 가능하다. 미국 금리에 따라 금리를 조
절해야 살아남는다는 뜻이다. 즉 미국이 천문학적인 유동성을 공급
해도 달러 가치가 많이 떨어지지 않는 이유이다. 다만 코로나19 사태

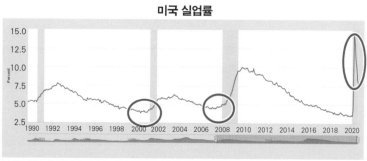

미국 실업률

(출처: 연방준비은행 경제 데이터)

이후에 풀린 엄청난 달러로 인해 2020년 6월부터 원 달러 환율이 지속적으로 하락했다. 달러가 좀 더 떨어질 거라는 전망도 있다. 따라서 단기적인 시각으로 달러에 접근하는 것은 주의가 필요하다.

우리가 앞으로의 경제를 유추할 때 반드시 주목해야 할 것이 저금리 기조다. 전문가들도 약간의 등락은 있겠지만 저금리 기조가 계속 이어지리라는 것에 동의한다. 우리나라와 일본을 비롯해 대부분의 국가들이 고령화 사회로 접어들었다. 누구나 나이가 들면 기력이 빠지고 열정이 줄어들고 변화보다는 안정을 찾게 된다. 노인이 금리가 낮다고 기존 사업을 확장하거나 스타트업에 도전하기는 쉽지 않다는 것이다. 아무리 금리를 내려도 돈을 가져다 쓰지 않는 이유일 것이다.

부채가 늘어도 문제고 줄어도 문제다

결론을 도출하자. 일본이 잃어버린 20년을 겪은 것은 당시 이미 초고령사회로 진입했기 때문이다. 그러나 미국은 다르다. 필자가 전작인 『위기를 기회로 바꾸는 부의 공식』에서도 언급했듯 미국의 인구는 신흥국인 인도와 비슷한 구조이다. 세계 최고로 부강한 나라가 가장 젊기까지 한 것이다. 미국이 금융위기를 4~5년 만에 극복한 것은 새로

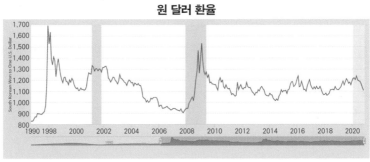

원 달러 환율

(출처: 연방준비은행 경제 데이터)

운 아이디어가 번뜩이고 열정적으로 사업을 확장하는 젊은 청년들이 몰려드는 나라이기 때문이다. 미국은 아직 고령사회로 갈 길이 요원하다.

미국은 경기조정 사이클을 지날 때 광의통화만 급격히 늘려도 빠르게 위기를 극복할 수 있다. 본원통화를 공급하면 아마존 구글, 애플, 페이스북 등을 운영하는 젊은 CEO들이 새로운 사업 확장을 위해 돈을 갖다 쓰기 때문이다. 그러나 일본은 인구구조상 금리가 낮아도 노인들이 돈을 갖다 쓰지 않고 오히려 저축만 한다. 이는 유럽도 마찬가지다. 심각한 것은 한국도 현재 상황이 일본과 비슷하다는 것이다. 미국은 돈을 갖다 쓸 청년들이 있지만 한국은 청년들이 부족하다. 설상가상 출산율은 0.92명(2019년 기준)으로 둘이 결혼해 한 명도 낳을까 말까이다(경제협력개발기구OECD 평균 1.63명).

다행인지 불행인지 판단이 모호하지만 앞에서 언급한 부채의 역습이 두려운 것일까? 한국 기업들은 현재 대출을 갚고 배당금을 늘리고 있다. 이런 상황이면 본원통화를 아무리 공급해도 기업에서 생산적으로 빌려가는 돈은 점점 줄어들 것이다. 이는 한국경제도 일본처럼 악순환의 고리에 빠질 수 있다는 뜻이다. 부채가 늘어도 문제지만 부채를 줄이는 것도 문제다. 둘 다 경제를 어렵게 만들 수 있는 혼돈의 상황인 것이다. 여러 경제지표들도 경제 위기를 경고하고 있다. 이번 쓰나미는 생각보다 강력할 수 있다. 경제 쓰나미가 지나고 난 뒤 미리 알고 대응하는 사람과 그렇지 못한 사람과의 사이엔 격차가 아니라 따라갈 수 없는 초격차가 벌어질 수 있음을 상기하자. 이 책을 정독한다면 위기에도 부동산을 고를 안목을 가지게 돼 내 집 마련과 노후준비까지 할 수 있게 될 것이다.

사상 최대 유동성 증가,
부동산 시장은 어디로 갈 것인가?

자산증식의 가장 큰 수단은 부동산과 금융이다

한국 주식시장은 미국과 마찬가지로 테크주를 중심으로 달아오르고 있다. 코로나19의 팬데믹 속에서도 최고점을 찍고 있는 주식시장은 과거 닷컴 버블과도 닮아 있다. 미국 연방준비위원회 전 의장 앨런 그린스펀Alan Greenspan마저 증시가 비이성적 과열이라며 경고하고 나섰다. 그러나 실상 내면은 다르다. 닷컴 버블 당시는 IT 기술이 본격적으로 도입되는 초기였다. 신기술에 대한 기대감은 컸지만 보급속도가 느렸다. 그러다 보니 기업들은 기술을 이용해 수익창출을 하지 못했다.

그러나 지금은 다르다. 4차 산업혁명이 시작됐고 코로나19가 발생하면서 우리의 모든 생활이 빠르게 디지털 전환을 하고 있다. 그만큼 기업의 실적이 좋아지고 있다. IT 버블 직후인 2001년 코스피 상장

기업의 순익은 6조 5,000억 원 불과했지만 2019년엔 71조 4,000억 원으로 11배 증가했다. 2020년엔 88조 2,000억 원 정도를 기록할 예정이라고 한다. 그러나 주가는 절반에도 못 미치는 4.7배 상승했다.

갑자기 왜 주식시장 이야기를 하는 걸까? 대한민국에서 자산증식의 수단은 큰 맥락에서 부동산과 금융이다. 이 두 마리 토끼를 모두 잡아야 부자가 될 수 있다. 개별주식을 추천하는 것은 아니지만 흐름 정도는 알아야 한다. 그래야 돈이 지나는 길목에 그물을 칠 수 있다. 부동산은 주식과 상관관계에 있다. 부동산 공부를 할 때 기본적으로 주식 공부도 해야 한다. 국내 주식시장이 하락한다면 부동산도 하락할 가능성이 크기 때문이다. 주식시장만큼이나 국내 부동산도 버블이니 아니니 말도 많고 탈도 많다.

부동산을 그저 감이나 대충 이럴 거 같다는 어림짐작으로 판단해서는 안 된다. 사람처럼 오류에 취약하지 않은 정확한 빅데이터를 통해 국내 주택시장에 버블이 있는지 없는지 진단해보자. 국내 주택시장에 버블을 진단하는 데이터는 은행 대출위험 인덱스, 통화량 대비 대출위험 인덱스, 통화량 대비 주택버블 인덱스다. 이 세 가지 지표를 보면 국내 부동산에 버블 여부를 진단할 수 있다

은행 대출이 위험하다

데이터를 통해 자체 제작한 은행 대출위험 인덱스는 예금 대비한 대출금 총액의 비중을 나타내는 지표다. 2020년 기준 우리나라 은행의 총대출금은 1,820조 원이다. 총예금액은 1,605조 원으로 대출액은 사상 최대를 기록하고 있고 예금액도 거의 사상 최고치다. 예금보다 대출이 많다는 것은 버블이 생길 가능성이 커졌다고 판단할 수 있

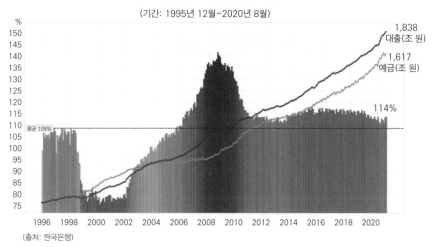

전국 예금은행 대출위험 인덱스

(기간: 1995년 12월~2020년 8월)

1,838
대출(조 원)

1,617
예금(조 원)

114%

평균 109%

(출처: 한국은행)

다. 과거를 통해 현재를 반추하듯 금융위기 직전을 살펴보자. 이 지표가 금융위기가 오기 1년 전인 2007년 7월부터 경고 수준인 130%를 상회한 것으로 나타났다.

과거 평균치 통계를 내보면 평균지수가 109%인데 2020년 8월 기준 114%로 다소 위험한 수준이라고 할 수 있고 최근 좀 더 증가 추세에 있다. 대출이 늘어난다는 것은 사람들이 판단 능력을 상실하고 패닉바잉(공황 구매)에 나서고 있다는 뜻이다. 실제 우리는 패닉바잉이란 단어를 심심치 않게 듣고 있다. 이 지표의 경우 아직은 위험 수준은 아니지만 지속적으로 증가하면 경제 위기가 올 수 있으니 보수적인 전략을 취해야 한다.

다음 지표는 통화량 대비 대출위험 인덱스다. 이 지표는 시중의 통화량이라고 할 수 있는 협의통화 통화량 대비한 대출금의 총액 비율로 자체 제작한 인덱스다. 이 수치가 100%를 넘었다는 것은 시중의 통화량보다 대출금이 더 많다는 의미다. 이는 경제에 버블이 생겨난

통화량 대비 대출위험 인덱스

(기간: 1991년 1월~2020년 8월)

평균 100%
평균 94%
평균 85%

66.7%

(출처: 한국은행)

다는 뜻으로 받아들일 수 있다. 과거 글로벌 금융위기에 대입해도 맞아 떨어진다. 2007년 2월부터 시중의 통화량보다 대출이 급격히 증가하며 경제 위기가 오는 것을 보여주고 있다. 이 지표는 최근 급락하면서 안전 이하로 떨어진 상태다. 코로나바이러스라는 이슈로 인해 시중의 통화량이 너무 많이 풀리고 있어 대출 위험지표가 하락한 것이다. 경제가 성장하면서 자연스럽게 통화량이 증가한 것이 아니기 때문에 건전한 상황은 아니다. 개인들의 경우 역사상 최대 부채 비율을 기록하고 있고 소득은 증가했지만 실질 소득이라고 할 수 있는 처분가능소득이 늘어날 기미를 보이지 않기 때문이다. 오히려 각종 세금 부담으로 인해 향후 처분가능소득의 증가 속도는 더욱 느려질 예정이다.

여기에서 한 가지 중요한 맹점은 은행 대출위험 인덱스와 통화량 대비 대출위험 인덱스에는 개인사업자 대출과 전세자금 대출이 빠져 있다는 것이다. 현재는 공식 데이터가 없어 지표상에 포함하지 못했다. 하지만 어느 정도 유추는 가능하다. 이데일리가 실시한 2019년 주거실태조사에서 전월세 거래 규모는 756조 2,000억 원 규모로 추산하고 있다. 이 부분까지 고려하면 이야기가 상당히 달라진다는 것을 참고하자.

아파트 가격에는 버블이 없는 걸까?

다음 지표는 주택버블 인덱스다. 이 지표는 시중의 통화량 대비해서 주택시장의 버블이 어느 정도 있는지를 체크하는 중요한 데이터이다. 시중에서 볼 수 없는 자체 제작 데이터다. 이 지표가 70% 이상이면 주택시장의 버블이 많은 고평가 상태이고 55% 미만이면 버블이 없어 저평가된 상태다. 서울 등 수도권 아파트 시장의 고점과 저점을 판단하는 데 매우 유용하고 신뢰도와 정확도가 높은 데이터다. 과거 데이터를 살펴보면 2001년 3월에서 2004년 6월까지가 저평가 상태

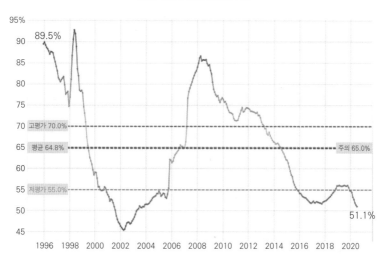

통화량 대비 주택버블 인덱스

(기간: 1995년 12월~2020년 7월)

(출처: 한국은행)

였고 2015년 10월에서 2018년 9월까지가 저평가 상태였다. 이때가 매수적기란 뜻이다. 실제로 당시 매수했던 사람들은 큰 수익을 냈다.

외환위기가 터지기 직전인 1996년 1월에서 1999년 4월까지는 주택버블 인덱스가 70% 이상으로 매우 고평가 상태임을 보여주고 주택시장에 버블이 오고 있음을 미리 알려주었다. 이후 2007년 중순부터 2009년 10월에는 주택버블 인덱스가 70% 이상을 넘으며 주택시장에 버블이 끼고 있음을 알려주었다. 실제로 데이터의 예언대로 집값은 하락했다.

최근엔 이 지표가 하락해서 저평가 구간으로 들어섰다. 최근 시중에 통화량이 엄청나게 많이 풀렸다는 의미다. 그러나 앞서 언급한 것처럼 건전한 통화량 증가는 아니라는 것을 숙지하길 바란다. 주택시장의 실수요자인 개인들의 유동성이 증가한 것이 아니라 대출로 인한 유동성 증가와 나라에서 주는 재난지원금이 포함된 것이다.

최근 데이터를 보면 51.1%로 과거 20년 평균치인 64.8%보다 아직 낮은 상태이다. 아직 국내 주택시장의 버블이 크지 않고 여건만 형성된다면 현재보다 더 상승할 여력이 있다는 의미이다. 데이터는 주택시장이 시중에 풀린 유동성 대비 현재 상당히 저평가 구간에 있다고 말하고 있다. 이는 전체 자산 중에서 부동산 비중은 일정 비율 이상 유지할 필요가 있다는 뜻으로 받아들이면 된다.

지금까지 국내 주택시장에 버블을 판단하는 통화량 관련된 지표들을 살펴보았다. 대체로 아직은 안정권이지만 세부적으로 들어가면 위험 신호들이 포착됨을 알 수 있다. 그러나 좀 더 거시적인 부분으로 접근하면 이야기 달라진다. 다음 장에서는 국내총생산 대비해서 국내 주택가격이 어느 정도인지를 가늠해보려 한다. 약간은 논조가 다르게 들릴 수 있겠지만 독자들의 유연한 사고를 돕기 위함이다. 이 책을 읽는 독자라면 다양한 시각으로 국내 경제를 바라보고 부동산을 읽는 힘을 기르길 바란다. 그저 감이나 그럴 거 같다는 식으로 부동산을 판단해서는 안 된다. 대충의 어림짐작이나 감정적 판단 대신 빅데이터를 통해 국내 주택시장의 버블을 정확하게 통찰하기를 바란다.

부동산 버핏지수로
자산시장 버블 진단하기

　이번에는 국내 부동산 시장의 본질가치를 점검하기 위해 거시적인 측면에서 분석해보고자 한다. 한국의 전체적인 경제 규모를 통해 국내 부동산의 현재 상황을 알아보는 방법이다. 전 세계적으로 주택가격을 산정하고 버블 여부를 판단하는 방법이라 매우 신뢰할 만하다. 한국의 전체 경제 규모를 나타내는 지표는 국내총생산과 국민순자산이 있다. 이 두 가지 지표를 가지고 한국의 아파트 시가총액과 비교하면 현재 아파트 시장의 버블 여부 점검이 가능하고 저평가와 고평가를 판단할 수 있다. 이 자료는 아파트 시가총액을 가지고 자체 제작한 자료이다

투자의 귀재 워렌 버핏이 국내 주택시장 버블을 진단한다면?

　첫 번째, 국내총생산 대비 아파트 시가총액을 비교해보자. 국내총생산은 특정 국가의 경제 규모를 이야기할 때 많이 사용하는 자료이

다. 국내총생산은 한 나라의 영역 내에서 가계, 기업, 정부 등 모든 경제 주체가 일정 기간 생산활동에 참여해 창출한 부가가치 또는 최종 생산물을 시장 가격으로 평가한 합계다. 쉽게 설명하면 국내총생산은 한 나라의 전체 경제 규모를 나타낸다. 국내총생산은 그 나라의 아파트 시장 규모와 유사하게 움직이는 것이 타당하다. 국내총생산 대비 아파트의 시가총액이 높다면 버블이 많고 고평가됐다는 것이고 반대로 낮다면 버블이 없고 저평가됐다는 것이다. 주식의 버핏지수*와 동일하다고 생각하면 된다.

기본 개념을 이해했으니 차트를 보자. 다음 차트는 국내총생산 대비 한국의 아파트 시가총액 비율을 나타내고 있다. 지금은 역사상 그 어느 시점보다도 국내총생산 대비 아파트 시가총액이 매우 높다. 차트만 보면 한국 부동산에 역사상 최고의 버블이 있다고 할 수 있다. 과거 2007년에도 이 수치가 급상승하며 위험신호를 나타내는 빨간불이 들어왔다. 이후 미국의 부실한 모기지론이 불러온 서브프라임 모기지 사태가 터지면서 시가총액의 상당수를 차지했던 수도권 아파트 시장에 대세 하락이 찾아왔다. 금융위기 이전 부동산 시장이 과열됐을 때 정부가 버블 7 지역**을 지정한 적이 있다는 걸 기억하는가?

---

* 국내총생산GDP 대비 주식 시가총액 비율을 일컫는다. 투자의 귀재로 불리는 버크셔 해서웨이의 워렌 버핏Warren Buffett 회장이 2001년 미국 경제전문지 『포춘』과의 인터뷰에서 이것을 '적정한 주가 수준을 측정할 수 있는 최고의 단일 척도'라고 평가하면서 버핏 지수라고 부르게 됐다. 투자자들은 버핏 지수가 70~80% 수준이면 저평가된 증시로 판단해 주식을 사들이고 100% 이상이면 고평가된 증시로 해석해 주식을 팔아 투자 위험을 낮춘다.

** 아파트 값에 거품이 끼어 가격붕괴가 시작될 것이라고 예상한 7개 지역은 서울 강남·서초·송파구와 양천구 목동, 분당, 평촌, 용인시 등이다. 실제로 당시 용인의 32평 아파트 가격은 6억 원이었고 전세가는 2억 원이었다. 미래가치를 포함한 집값보다 실 사용가치가 지극히 낮은 것은 거품이 있다고 판단하는 기준이 된다. 실제로 금융위기 당시 용인의 집값은 6억 원에서 4억 원 초중반으로 하락했다.

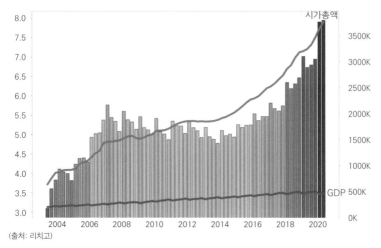

국내총생산 대비 아파트 시가총액 비율

(출처: 리치고)

금융위기를 지나고 국내총생산 대비 아파트 시가총액 비율은 2013년 4분기에 최저점을 찍었다. 당시는 수도권 아파트가 가장 저렴한 시기였다. 실제로 이때부터 필자는 국내 수도권 부동산 시장에 관심을 두기 시작했다.

이후 다시 국내총생산 대비한 시가총액 비율(막대그래프)은 꾸준히 우상향하며 버블을 키웠고 그래프 차트에서 보는 것처럼 2020년은 아주 심각한 수준까지 치솟았다. 과거 최고점으로 기록됐던 2007년 1분기의 5.8이 2020년 2분기 기준으로 7.9까지 상승하며 2007년 대비 무려 36% 이상 버블을 키운 것이다. 즉 지금은 국내총생산 대비 아파트 시가총액이 역사상 최고로 높은 상태다. 한국 경제 펀더멘털과 대비해서 아파트 시장에 역사상 최고의 버블이라고 해석할 수 있다.

두 번째 지표도 살펴보자. 국민순자산 대비 아파트 시가총액 비율이다. 국가 전체의 부를 의미하는 국민순자산 데이터는 2019년 국민대차대조표(잠정) 자료를 참고했다. 2019년 말 우리나라의 국민순자산

국민순자산 대비 아파트 시가총액 비율

시가총액/국민순자산×10,000

(출처: 리치고)

은 전년인 2018년과 비교해 1,057.7조 원(+6.8%) 증가한 1경 6,621조 5,000억 원이다. 이 수치는 국내총생산(1,919조 원)의 8.7배 규모이다.

국민순자산 대비 아파트 시가총액의 비율을 살펴보면 얼마만큼의 버블이 있는지 체크할 수 있다. 참고로 이 데이터는 2019년 말 자료가 최신자료다. 국민순자산에는 당연히 부동산 가격도 포함된다. 부동산 가격이 상승하면 순자산의 규모도 덩달아 커진다. 국민순자산 대비 아파트 시가총액 비율이 커진다는 의미는 순자산(부동산 가격 상승을 포함한)이 커지는 속도보다 아파트 시가총액이 커지는 속도가 더크다는 의미이다. 즉 아파트 시장에 버블이 커지고 있다는 것이다. 위의 차트는 아파트 시가총액/국민순자산×10,000을 가지고 계산한 비율을 보여주고 있다.

아파트 시가총액의 비중은 서울과 수도권에 집중돼 있다는 점을 유념하자. 즉 이 지표는 서울과 주요 수도권 부동산 시장의 저평가 정도를 평가하는 데 상당히 유용하다. 국민순자산 대비 아파트 시가총액의 비율이 높아 위험 상황을 나타내는 빨간 불이 들어왔던 시기는 2006~2008년이었다. 국내총생산 대비 아파트 시가총액 비율과 동일한 결과다.

국내총생산 대비 아파트 시가총액 비율에서도 확인했듯이 2007~2008년은 수도권 아파트 시장이 과열되다 못해 나라에서 나서서 버블 지역을 선정해준 시기다. 국내총생산 대비 아파트 시가총액 비율과 거의 동일하게 2013~2014년에는 국민순자산 대비 아파트 시가총액 비율이 상당히 낮아졌다. 국민순자산 대비 주요 수도권 아파트 시장이 저평가됐다는 의미다. 이미 앞에서 당시가 수도권 아파트 시장의 중기 저점이었다고 이야기했다. 국내총생산 대비 아파트 시가총액 비율과 국민순자산 대비 아파트 시가총액 비율 데이터는 시장의 흐름을 정확하게 짚어낸 것이다.

국민 순자산 대비 아파트 시가총액 비율은 사상 최대이다

가장 중요한 최근 상황을 짚어보자. 2016년부터 위험한 빨간 불이 들어오기 시작했고 2019년 말 수치는 19.9%까지 상승했다. 이는 역대 최대의 수치다. 국민순자산 대비 2019년 말의 아파트 시가총액의 비율이 사상 최대라는 뜻이다. 즉 역사상 최고 과열 상태이고 고평가됐다는 의미이다. 2016년 이후 지속 상승 중이고 2019년이 역사상 가장 높았고 2020년에도 수도권 아파트 가격이 꽤 상승했다. 이 책을 집필하고 있는 2020년 12월 기준으로 수치가 더 높을 것으로 예상된다. 이 수치가 지속적으로 상승해서 빨간 불이 들어온 지 5년째다. 역사상 가장 높다는 것이 어떤 의미인지 숙고하는 독자가 되길 바란다.

입주물량이 부족해 집값이 오른다고? 어설픈 통계의 함정

수요와 공급이라는 기본 원칙이 깨질 수 있다

자, 그럼 이번에는 독자가 부동산을 공부하며 당연하다고 믿었던 상식이 잘못된 편견일 수 있다는 것을 알려주겠다. 세상의 모든 사물과 현상에는 양면성이 있다. 모순이란 두 가지의 서로 다른 상황이나 판단이 대립하는 상태를 말한다. 중국 공산당 최고지도자 마오쩌둥毛澤東은 "모든 물질과 현상은 모순 상태에서 생겨나고 발전하며 소멸한다."라고 말했다. 어떤 사물이든 현상이든 우리가 모순 상태에 직면했을 때 두 가지 사실이 모두 불가능하다고 생각하지 않고 모든 사실을 인정하고 균형감을 더해 사물을 바라보는 것을 맥락적 사고라고 한다.

세상은 과거와는 달리 너무 복잡해졌다. 과거에는 경제 위기가 오는 것을 각종 지표를 통해 어느 정도 확인할 수 있었다. 그러나 예상치 못했던 코로나바이러스라는 이슈는 과거 통계로 미래를 유추하기 힘든 상황을 만들었다. 부동산 시장도 마찬가지다. 과거처럼 단순하게 수요와 공급만으로 시장을 논하기에는 복잡해도 너무 복잡다단하다. 따라서 시장을 읽고 부동산을 통해 자산증식을 원하는 독자라면 맥락적 사고를 할 수 있는 유연한 뇌를 만들어야 한다.

요즘은 초등학생들도 수요와 공급의 법칙을 공부한다. 다음은 EBS 어린이 지식채널에 들어가면 나오는 내용이다. 초등학생들도 아는 경제 상식이 부동산 시장에도 통용된다. 2001년 이후 전국적으로 평균 공급량은 27만 8,039호이다. 공급량은 건설경기, 인허가, 수급조절 등의 영향을 받아 연 단위마다 등락이 크다. 하지만 수요량은 큰 경제 흐름에 기인하는 부분이라 단기적으로 큰 변화는 없다. 수요량은 정해져 있는데 매년 공급하는 입주량이 달라지니 아파트 가격에 영향을 미치는 것이다.

예를 들면 집이 필요한 사람이 10명인데 집 한 채당 1억 원이고 총

공급과 수요에 따라 결정되는 가격

가격은 어떻게 결정될까요? 시장은 공급과 수요가 모두 모이는 곳이에요. 그래서 공급과 수요가 어떻게 변하는지 알 수 있어요. 상품을 팔려는 사람은 가능하면 비싼 가격을 받고 싶어해요. 반대로 상품을 사려는 사람은 되도록 싼 가격에 사려고 해요. 하지만 가격은 팔려는 사람과 사려는 사람이 둘 다 동의하는 선에서 결정돼요. 그렇게 결정된 가격은 공급량과 수요량에 따라 끊임없이 변화하지요. 공급이 많거나 수요가 줄면 가격은 내려가고 반대로 공급이 줄거나 수요가 많아지면 가격은 오르게 돼요.

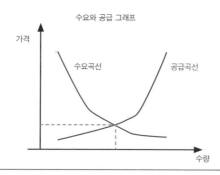

수요와 공급 그래프

10채가 있다고 가정하자. 이런 경우는 모두에게 공평하게(?) 돌아가니 가격은 1억 원을 그대로 유지한다. 그러나 집을 사고 싶은 사람이 10명인데 시중에 매물이나 입주할 수 있는 집이 1채뿐이라면 어떻게 될까? 집을 사고 싶은 사람은 높은 가격을 내고도 사고 싶어한다. 그것이 시장의 기본적인 논리이기도 하다.

특히 사람이 사는 데 꼭 필요한 의식주 중 하나인 아파트는 다른 대체재가 없다. 예를 들어 소고기와 돼지고기는 대체가 가능한 재화이다. 소득이 늘면 소고기 소비가 늘고 소득이 줄면 돼지고기 소비가 늘기 때문이다. 그러나 주택의 형태 중 아파트는 대한민국 대부분의 사람들이 선호한다. 다른 대체재들, 즉 단독주택이나 빌라들이 아파트를 대체하기 어렵다고 봐야 한다. 그렇게 다른 변수들이 많지 않다

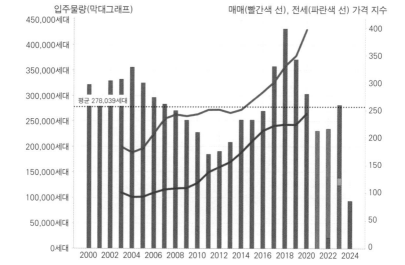

전국 아파트 입주물량

(출처: 리치고)

보니 그동안 수요 대비 공급량 추이를 보면 대략 부동산의 흐름을 예상할 수 있었다.

우리가 알고 있는 부동산 상식은 틀릴 수 있다

여기서 이 장을 시작하며 언급한 맥락적 사고에 대입해 대한민국 부동산 시장을 살펴보자. 수요와 공급의 법칙이 부동산 시장에서 항상 적중해왔을까? 수도권(서울, 경기, 인천)의 2000년부터의 입주물량 추이를 살펴보자. 수도권의 지난 20년간 평균 입주물량은 14만 3,160호이다. 입주물량과 가격은 데이터를 가지고 자체 제작했다. KB 부동산 시세(빨간색 선: 제곱미터당 평균 매매가격, 파란색 선: 제곱미터당 평균 전세가격)를 통해 공급량과 가격을 비교해보자.

2001~2005년에는 입주물량이 평균보다 많았음에도 불구하고 수

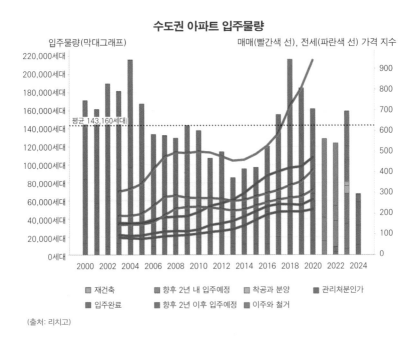

수도권 아파트 입주물량

(출처: 리치고)

도권 아파트의 매매가격이 지속적으로 상승했다. 이후 2008년 정도까지 상승의 흐름을 이어갔다. 우리가 알고 있는 것처럼 입주물량이 많으면 매매가격이 하락할 것이라는 상식이 전혀 맞지 않았다. 입주물량은 상당히 중요한 데이터이다. 하지만 입주물량 데이터 하나만을 가지고 전체를 판단하면 오류가 생길 수 있다. 사람도 성격 하나만 보고 결혼해도 괜찮으리라 생각하는 것과 같다. 이는 자칫 잘못된 판단으로 원하지 않았던 결과를 가져올 수 있기 때문이다.

이제는 반대로 입주물량이 평균과 비교해 꽤 많이 줄어드는 2011년부터의 흐름을 살펴보자. 다시 한번 강조하지만 데이터는 거짓이 없고 정직하다. 사람처럼 과대포장을 하거나 가식을 떨지도 않는다. 입주물량이 평균 대비 지속적으로 감소하니 수도권의 매매가격은 계속해서 상승할 것이라고 예상했을 것이다. 마치 지금처럼 말이다. 지금도 많은 사람들이 향후 입주물량이 줄어든다면서 수도권 아파트가 계속 상승할 것이라고 이야기하고 있다. 하지만 수도권의 실제 매매가격의 흐름은 어떻게 전개됐는가? 입주물량이 줄어들면 가격이 오를 것이라는 예상과는 다르게 공급량이 현격히 줄어든 2011~2013년까지 오히려 하락한 것으로 확인된다. 우리가 배운 수요와 공급의 법칙에 의하면 크게 상승해야 할 시기에 반대로 하락한 것이다.

그렇다면 평균 입주물량보다 상당히 적었던 2011~2013년 매매지수는 무엇 때문에 하락한 것일까? 왜 우리가 거의 진실에 가깝다고 알고 있던 상식과는 다른 흐름이 펼쳐진 것일까? 그것은 입주물량 말고도 부동산 가격에 더 큰 영향을 미치는 요인들이 있다는 것이다. 과거에 수도권의 입주물량만 가지고 전망했다면 완전 잘못된 전망을 했을 것이다. 즉 단순하게 공급량만을 가지고 부동산 시장을 예측하다가는 잘못된 전망을 할 수 있다는 뜻이다. 그런데도 지금 많은 사람들은 향후에 입주물량이 부족하다며 서울과 수도권의 추가 상승을 전망하고 있다.

몇 년 전에도 입주물량만 가지고 잘못된 전망을 한 사례가 있었다. 2017~2018년 수도권 입주폭탄 관련한 기사들과 전문가들의 분석이다. 입주물량이 많고 정부가 2017년 8·2 부동산 대책을 꺼내면서 본격적으로 규제를 시작하니 수도권 아파트 가격이 오르기 힘들다는 내용이다. 그런데 실제 결과는 어떠했는가? 당시 수도권 아파트 시장은 과잉공급과 정부 규제에도 불구하고 지속적으로 우상향했다. 입주물량만을 가지고 예측하는 것이 얼마나 잘못될 수 있는지 보여주는 확실한 사례이다.

대한민국 부동산 시장은 그 어느 때보다 복잡해졌다

자, 이제는 미래를 이야기할 차례다. 2021~2022년 수도권 입주물량이 평균보다 조금 더 줄어든다. 많은 전문가들은 새 아파트가 부족하니 수도권 아파트가 계속해서 더 오를 것으로 전망하고 있다. 과연 그럴까? 혹여 2011~2013년처럼 입주물량이 적어도 다른 요인들 때문에 아파트 가격이 대세 하락했듯 다른 충격이 있다면 하락할 수 있다고 유연하게 접근하는 것은 어떨까?

우리는 이번 장을 통해 그동안 알고 있던 상식이 틀릴 수 있다는 것을 배웠다. 부동산을 공부하는 독자에게 맥락적 사고와 유연한 사고를 강조하는 이유다. KB부동산 시계열 자료만 보더라도 60여 가지의 통계가 있고 모든 프롭테크 기술엔 방대한 양의 데이터가 사용된다. 한 개인이 그 많은 데이터를 분석해 자기만의 자료를 만든다는 것은 어찌 보면 주식시장에서 개미가 기관의 정보력을 뛰어넘겠다는 오만일 수 있다. 한 가지 데이터만을 가지고 시장을 판단하는 것은 장님이 코끼리 만지는 것과 같다. 부동산 시장에서 감이 통하는 시대도 지났지만 단편적인 통계로 판단하는 시대도 지났다. 인간이 처리하기 힘든 양의 정보를 가지고 빅데이터와 인공지능 기술을 이용해 의사결정에 활용하고 맥락적 사고를 할 수 있는 유연함이 필요하다.

똑똑한 한 채, 서울 부동산, 살까요? 말까요?

양극화 시대에도 살아남는 부동산은 무엇일까? 국내 부동산 시장의 양극화는 이미 상당히 진행 중이다. 초도심 집중 현상은 세계적인 현상이고 4차 산업혁명 시대의 핵심 소재는 빅데이터다. 데이터가 많이 만들어지려면 그만큼 인구가 집중돼야 한다. 빅데이터 시대에는 초집중된 도시일수록 유리하다. 인구와 산업이 집중된 초도심과 그렇지 않은 도시 사이의 양극화는 더 커질 전망이다. 타 지역과 비교해 인구, 생산, 부동산, 금융, 지식 자산을 비교해보면 엄청난 집중도를 보이기 때문이다. 4차 산업혁명도 실수요자도 서울을 선호한다.

서울 부동산, 그것이 궁금하다

그렇다면 대한민국에서 가장 핫한 서울 부동산을 지금 사야 할까, 말아야 할까? 이슈만으로도 뜨거운 감자이다. 서울 부동산에 대해 언급한다는 것 자체가 부담이다. 그러나 이 책을 선택한 독자들을 위해 인간의 감정과 사심은 모두 빼고 빅데이터가 알려주는 서울 부동산에 관해 기술해보겠다.

주식시장엔 '서킷브레이커'라는 제도가 있다. 주가가 갑자기 급등하거나 급락하면 시장에 미치는 충격을 완화하기 위해 주식매매를 일시적으로 정지하는 제도이다. 1987년 10월 미국에서 처음으로 도입됐다. 당시 미국은 역사상 최악의 주가 대폭락 사태인 블랙먼데이를 겪었다. 이후 주식시장의 붕괴를 막기 위해 서킷브레이커 제도가 시행됐다. 뉴욕증권거래소는 주가가 10~30% 하락할 때 1~2시간 정도 거래가 중단되거나 아예 그날 시장을 멈춰버리기도 한다.

주식시장이 아니라 국내 부동산 시장에도 2020년 7·10 부동산 대책 이후 서킷브레이커가 걸렸다. 종합부동산세를 최대 6% 인상하고 분양권 양도 시에 최대 70% 세금을 부과한다고 하니 그야말로 폭탄급이다. 주거복지 로드맵을 통해 임차인의 주거안정을 꾀하기 위해 등록을 유도하던 주택임대사업자 등록제도를 폐지(아파트에만 해당)하는 것도 모자라 조정대상지역에 2주택을 소유하거나 3주택을 소유(지역불문)한 사람들과 법인이 주택을 매입하면 취득세 12%를 부과했다. 농특세와 지방교육세를 적용하면 무려 13.2~13.4%의 세금을 내야 한다는 뜻이다. 다주택자가 10억 원짜리 집을 매입하면 취득세만 1억 3,200만 원을 내야 하고 5억 원짜리 집을 사도 6,600만 원을 세금으로 내야 한다.

보유세는 거의 핵폭탄 급이다

보유세는 거의 핵폭탄급이다. 15억 원 이상 아파트는 5년 안에 시세의 90%까지 공시가를 끌어올린다는 계획이다. 예를 들어 서초구의 반포자이(전용면적 84제곱미터·시세 26억 원) 아파트를 한 채 보유했을 때 보유세가 2020년에는 1,080만 원인데 5년 뒤인 2025년 3,220만 원으로 3배 정도 증가한다(1주택자 기준 시세는 연평균 5% 상승 가정). 강남에 괜찮은 아파트 2채만 가지고 있어도 앞으로 1억 이상의 종부세를 내야 할 각오를 해야 한다. 부동산 거래도 부담되고 법인투자자들과 다주택자 그리고 고가주택을 보유한 1주택자 모두 세금이 더욱 부담스러워진다. 무주택자를 제외하고 1주택 이상 보유자라면 추가로 주택을 매수하기 부담스러워졌다. 정부의 2020년 7·10 부동산 대책으로 인해 투자 수요가 상당히 줄어들 수밖에 없다. 다주택자들도 보유세 부담으로 아파트들을 매도할 가능성이 커지고 있다. 현재는 서울과 주요 수도권 아파트 가격이 계속 상승하니 보유세 내면서 버틸 수 있다. 하지만 만의 하나 향후 2~3년 뒤부터 아파트 가격이 하락하면 재산이 줄어드는데다 엄청난 보유세까지 내야 하는 이중고를 겪을 수 있음을 명심해야 한다.

세금 부담이 커진 것은 부동산 시장 전망을 어둡게 한다. 그런데 그 외에도 또 안 좋은 신호가 있다. 바로 아파트 거래량이다. 아파트 거래량을 보면 시장이 어느 정도 고점을 찍었다는 신호들이 보인다. 시장의 변곡점에서는 어김없이 엄청난 거래량이 터졌다. 다음의 차트는 전국 월별 아파트 거래량을 보여주고 있다. 수도권 시장이 고점을 치기 1년 반 전쯤인 2006년 말에 거래량이 크게 터졌다. 수도권 시장이 바닥을 찍고 본격적인 상승을 하기 시작했던 2015년에 또다시 엄청난 거래량이 터졌다. 마지막으로 가장 최근인 2020년 중순에 사상 최대의 엄청난 거래량이 터졌다. 특히 이번에 터진 거래량은 수도권 시장이 대세 상승을 계속해왔던 2006년 말의 거래량과 매우 유사하다.

전국 월별 아파트 거래량

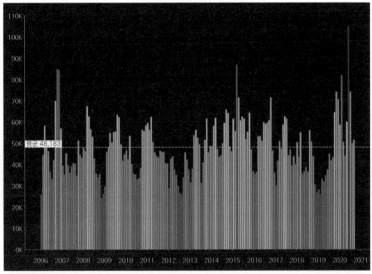

(출처: 리치고)

전국 월별 아파트 거래대금

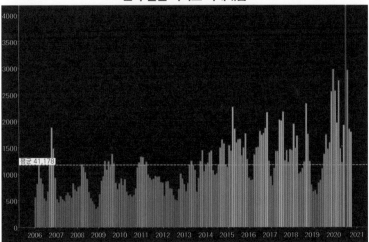

(출처: 리치고)

그렇다면 향후 1~2년 후에는 또 다시 시장에 변곡점이 올 수 있다는 것이다.

거래량이 아니라 거래대금 데이터를 살펴보자. 2020년 6월 기준 전국 월별 아파트 거래대금 데이터로 확인된 금액만 무려 42조 원이 넘는다. 2006년 이후 비교가 안 될 정도로 높은 금액을 기록했다는 것이 놀라울 따름이다. 역사상 최고의 아파트 거래 금액이 터진 것이다. 당연히 아파트가 많고 금액이 비싼 서울을 포함한 수도권 시장의 비중이 가장 크다. 엄청난 금액을 주고 누군가는 매수한 것이고 누군가는 매도한 것이다. 매도한 사람은 이미 몇 년 전에 사서 상당한 시세차익을 보고 매도했을 것이다. 반면 매수한 사람들은 그동안 미루고 미루다 지금이라도 안 사면 안 될 거 같아 패닉에 빠져 매수했을 것이다. 부동산 시장이 몇 년간 대세 상승한 이후에 나타나는 대중들의 패닉바잉은 거의 정점에 왔음을 알려주는 상당히 중요한 지표이다.

2015년 거래량 증가와 2020년 거래량 증가가 의미하는 것은 무엇일까?

자, 이제는 한국 부동산 시장에서 가장 큰 비중을 차지하는 수도권 아파트의 거래량 데이터를 살펴보자. 수도권에서 최근 같은 거래량이 터진 것은 2006년 말, 2015년 초, 2020년 중순으로 단 3번뿐이다. 공교롭게도 시장의 변곡점 근처에서 거래량이 터진 것이다. 2006년 말은 서울과 주요 수도권 시장의 과열된 분위기는 지금과 흡사하다. 즉 부동산 시장이 몇 년 동안 상승한 후 거래량이 터진 것이다. 당시 선수들은 팔고 초보들은 매수했을 것이다. 몇 달 후 2007년 초 서울의 강남 3구인 서초구, 강남구, 송파구의 고가 아파트들은 고점을 찍었다. 연

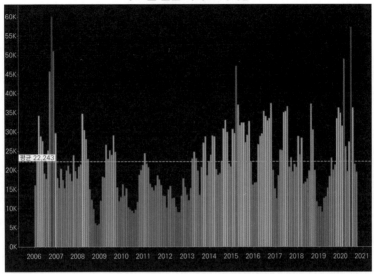

수도권 월별 아파트 거래량

(출처: 리치고)

이어 중저가 아파트들이 많은 강북, 경기, 인천으로 매수세들이 확산되며 수도권의 마지막 상승 파도가 2008년 중순 정도까지 이어졌다. 하지만 이후 대세 하락이 시작됐다. 이러한 흐름이 의미하는 바는 고점에서 엄청난 거래량이 터지고 1~2년 정도 지나면 시장에 변곡점이 올 수 있다는 것이다.

수도권 아파트 시장에 두 번째 엄청난 거래량이 터진 것은 2015년 초반이었다. 2010년부터 하락했던 수도권 시장은 2014년 초부터 서서히 흐름이 좋아지기 시작했고 본격적인 상승이 시작되는 2015년 초반 거래량이 증가했다. 시장이 바닥을 치고 우상향하다 터진 거래량은 어떤 의미가 있는 걸까? 2015년 초반에 터진 거래량은 상승의 확실한 신호탄이라고 할 수 있다. 향후 가격 상승에 확신을 가진 선수들이 매수한 것이다. 반면 초보들은 지난 몇 년간 하락만 하다 조금 오르니까 매도를 한 것이다.

최근 2020년 중반 세 번째로 거래량이 터졌다. 수도권 시장이 몇 년간 상승해 역사상 최고가를 기록하는 시점에 터진 것이다. 이 거래량은 무엇을 의미하는 것일까? 또다시 수도권 시장에 변곡점이 다가오고 있는 것은 아닐까? 내 답은 "그렇다."이다. 주식이든 부동산이든 거래량이 갖는 의미는 매우 크다. 대중들이 탐욕에 빠져 있을 때 터지는 거래량은 선수들은 털고 나오고 대중들은 패닉에 빠져 영끌 매수하면서 만들어지는 것이다. 이에 더해 경제 위기까지 직면했을 때 돌다리 같던 서울 아파트 가격이 얼마만큼 추락했는지 알아보자.

금융위기 당시 서울아파트 가격이 궁금하다

구축아파트들을 먼저 살펴보자. 올림픽선수촌 아파트 34평은 2006년 11월 실거래가 기준으로 최고 10.4억(평균 9.7억) 원을 기록했고, 2008년 12월 금융위기로 최저 5.9억(평균 6.5억) 원까지 하락했다. 이후 2009년에는 상승하는가 싶더니 다시 하락해 2013년 1월 6.1억(평균 6.6억) 원에 최저로 실거래됐다. 2006년 11월부터 2013

올림픽선수촌 아파트 실거래 차트

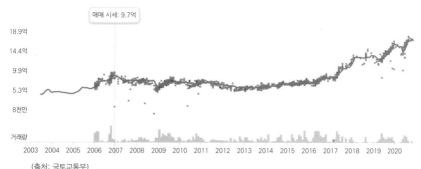

(출처: 국토교통부)

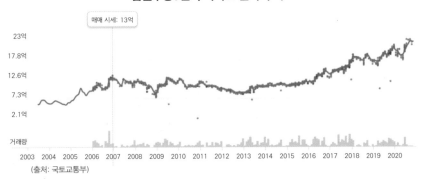

잠실주공5단지 아파트 실거래 차트

매매 시세: 13억

23억
17.8억
12.6억
7.3억
2.1억

거래량

2003 2004 2005 2006 2007 2008 2009 2010 2011 2012 2013 2014 2015 2016 2017 2018 2019 2020

(출처: 국토교통부)

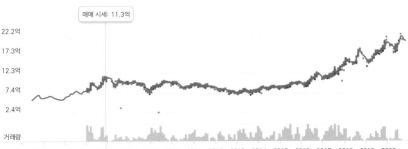

은마 아파트 실거래 차트

매매 시세: 11.3억

22.2억
17.3억
12.3억
7.4억
2.4억

거래량

2003 2004 2005 2006 2007 2008 2009 2010 2011 2012 2013 2014 2015 2016 2017 2018 2019 2020

(출처: 국토교통부)

년 1월까지 최고와 최저 실거래가를 비교해보면 43% 하락(층수와 동등은 고려하지 않음)한 것을 알 수 있다. 평균치를 잡아도 약 32% 정도 하락했다.

대표적인 재건축 단지인 잠실주공 5단지 33평의 경우 2006년 12월에 13.6억(평균 13억) 원을 기록하며 최고점을 찍더니 약 2년여 만인 2008년 12월 7.7억(평균 8.6억) 원으로 최저점을 찍었다. 고점 대비 최대 무려 43%(평균 34%) 하락한 것이다. 2012년 9월 기록한 최저점 8.5억(평균 9억) 원도 고점 대비 최대 37%(평균 31%) 하락한 바 있다.

강남구에서 대표 재건축 단지인 은마 아파트 30평은 2006년 11월

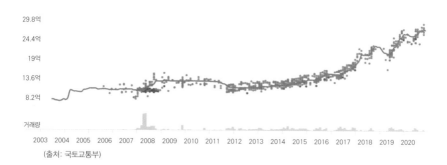

반포자이 아파트 실거래 차트

29.8억
24.4억
19억
13.6억
8.2억

거래량

2003 2004 2005 2006 2007 2008 2009 2010 2011 2012 2013 2014 2015 2016 2017 2018 2019 2020

(출처: 국토교통부)

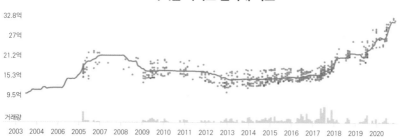

도곡렉슬 아파트 실거래 차트

32.8억
27억
21.2억
15.3억
9.5억

거래량

2003 2004 2006 2007 2008 2009 2010 2011 2012 2013 2014 2015 2016 2017 2018 2019 2020

(출처: 국토교통부)

최고점 11.6억(평균 11.3억) 원에서 약 2년 만인 2008년 12월 7.1억(평균 7.6억) 원을 기록하며 고점 대비 최대 39%(평균 33%) 하락을 기록했다. 5년이 지난 2013년 1월에도 최저점 6.9억(평균 7.2억) 원을 기록했고 고점 대비 최대 40%(평균 36%) 하락한 바 있다.

이번에는 신축아파트들을 분석해보자. 2009년 3월 입주한 반포자이 35평은 2010년 2월 최고점 16억(평균 13.9억) 원을 찍었지만 2012년 12월 최저점 10.7억(평균 12.2억) 원으로 고점 대비 최대 33%(평균 12%) 하락했다. 금융위기 터지고 나서 입주한 신축이라 구축 대비해서 하락폭이 적었다는 것을 알 수 있다.

그러나 같은 신축인 도곡렉슬은 얘기가 다르다. 43평의 경우 2006년 9월 최고점 22.5억(평균 20억) 원을 찍더니 2009년 1월 13억(평균 15억) 원에 거래되며 고점 대비 최대 42%(평균 25%) 하락했다. 4년 뒤인 2012년 12월에도 10.1억(평균 13억) 원을 기록하며 고점 대비 최대 55%(평균 35%) 하락한 바 있다. 강남에서 선호하는 대형에 신축이지만 거의 반토막이 났다는 걸 알 수 있다.

아직도 많은 전문가들이 강남 불패를 언급하며 계속 오를 것이라고 예견하고 있다. 그들에게 묻고 싶다. "당신은 현재 같은 상황에서 서울에 아파트를 그것도 강남 3구인 강남, 서초, 송파에 매수할 것인가?" 하고 말이다. 그 대답에 과연 그렇다고 답하는 전문가가 과연 몇 명이나 될까?

강남 3구도 하락할 때는 바닥을 모르고 하락할 수 있다는 것을 명심하자. 데이터는 최고점 대비 30~50% 정도 하락했고 평균으로 잡아도 대략 30% 정도는 하락했다고 경고하고 있다. 하락 시기엔 구축이 비교적 더 많이 떨어진다는 것을 명심하자. 그리고 거래하기 전 데이터를 통해 매입하려는 아파트의 가격이 시세보다 저렴한지 확인하자. 매도할 때는 내가 원하는 매도가가 시세보다 비싼지 데이터로 확인하자. 대체로 상승기에는 시세보다 실거래가가 더 높고 하락기에는 시세보다 실거래가가 더 낮다는 것을 명심하자.

고평가 지역은 보수적인 전략이 필요하다

결론을 도출하자. 과거 수도권 시장에서 거래량이 터진 2006년 말 이후 얼마 지나지 않은 2007년 초 고가아파트 시장이 고점을 먼저 찍었고 이후 수도권 전체의 상승은 2008년 중순 정도까지 이어졌다. 최근 거래량은 2020년 중순에 터졌으니 정부가 규제하고 있는 고가 아파트 시장은 2020년 말에서 2021년 상반기 정도가 고점이 될 수 있다. 수도권 전체의 상승은 이보다 좀 더 길게 2021년 가을에서 2022년 중순 정도까지 이어질 수 있다.

그러나 현재 경제 상황은 녹록지 않다. 사람들의 실질 소득은 정체되고 세금은 갈수록 늘어나고 가계부채는 전세계 최고 수준이다. 상당수 수도권 아파트 시장은 본질가치 대비 역사상 최고 고평가돼 향후 대세 하락장이 연출된다면 2010년대 초반의 대세 하락장보다 더욱 고통스러울 수 있다. 자칫 분위기에 휩싸여 주요 수도권 아파트를 영끌로 매수했다가는 큰 고통을 겪게 될 수 있다. 따라서 지금 상황에서 서울과 주요 수도권에 내 집 마련을 하는 것은 상당히 보수적으로 접근해야 한다.

2장

2018년 빅데이터 투자 전망 완벽 리뷰
: 그때 그 데이터를 믿을 걸 그랬네요

2018년 빅데이터가 유망 지역으로 선정했던 부동산의 현주소

"오늘 나의 불행은 과거 언젠가 잘못 보낸 시간의 보복이다."

프랑스의 영웅 나폴레옹 1세Napoléon I가 한 말이다. 그는 황제에 등극한 후 자신의 정치적 기반이었던 유럽 인민들에게 등을 돌렸고 그럼으로써 몰락했다. 그는 워털루 전투에서 패배한 후 아프리카 서해안에서 약 2,000킬로미터 떨어진 세인트헬레나 섬에 유폐됐다. 그로부터 6년 뒤인 1821년 5월 죽기 직전 자신의 과오를 인정하며 마지막으로 남긴 말이다. 뭔가를 해야 할 시기에 안일하게 살거나 쉽게만 살다가는 언젠가 그 시간들이 내 인생에 보복하는 날이 올 수 있다. 부동산도 빅데이터도 마찬가지다. 한 사람이 살아온 역사를 보면 그 사람이 어떤 사람인지 대략은 알 수 있다. 부동산도 과거의 미시적인 현상과 거시적인 데이터를 보면 대략적인 미래 예측이 가능하다. 오늘 아무것도 하지 않고 잘못 보낸 시간들로 인해 노후나 미래가 나에게 복수하기 전에 부동산과 빅데이터를 공부하고 스스로 준비해야 한다.

2018년의 데이터는 시장을 정확하게 분석했다

2018년 이전은 KB부동산 시계열 자료만 가지고 주먹구구식으로 그래프를 그려 부동산을 분석해도 전문가로 인정받았다. 필자는 이런 부분에 회의를 갖고 방대한 양의 데이터를 통해 국내 부동산을 분석하는 리치고라는 분석 프로그램을 만들었다. 아직도 부동산 데이터를 가지고 어떻게 미래를 예측할 수 있냐고 이야기하는 사람들이 종종 있다. 그들에게 2018년에 출간된 책『빅데이터 부동산 투자』를 읽어보라고 하고 싶다. 얼마나 정확하게 적중했는지를 보여주고 있다.

필자는 과학적인 접근법으로 데이터를 활용해 상당히 정확한 부동산 전망을 했다. 실제로도 많은 수강생들이 성공적으로 내 집을 마련했고 노후를 준비하고 있다. 이번 장에서는 2018년 2월에 출간된『빅데이터 부동산 투자』의 리뷰를 통해 데이터가 국내 부동산 시장을 얼마만큼 정확하게 예측했는지 시도별로 정리해보려 한다. 이른바 데이터가 전망한 부동산 시장 팩트 체크인 셈이다.

당시에는 지금처럼 회사를 창업해 전문적으로 연구하던 때도 아니었고 데이터 분석도 지금보다 훨씬 초보적인 수준이었다. 그럼에도 그때 했던 빅데이터 전망은 거의 다 들어맞았다.『빅데이터 부동산 투자』에서 전망한 부분은 2017년 말 데이터를 분석해 2019년 말까지 약 2년간의 흐름을 유추하고 부동산 시장이 어떻게 움직일 것인가에 대한 전망이었다는 점 참고 바란다.

당시 사용한 데이터는 전세수급, 대출위험 인덱스, 아파트버블 인덱스, 미분양 물량, 입주물량과 지역마다 고평가와 저평가 기준을 나누는 플라워차트였다. 현재는 좀 더 세분화돼 3개의 데이터가 추가됐다. 이 부분은 4장의 '유망 지역' 부분을 참고하자. 데이터를 보는 원리도 사람을 보는 것과 비슷하다. 우리는 좋은 배우자를 고르거나 이성친구를 사귈 때 성격, 능력, 외모, 가정환경 등을 두루두루 보게 된다. 그 사람이 가진 이러한 세부 요인들이 모두 훌륭하다면 그 사람은 괜찮은 사람일 가능성이 크다. 데이터도 같은 맥락으로 이해하면 된다. 즉 여러 데이터 분석상 좋은 지역은 상승하리라고 예측했다. 또한 그렇지 않은 지역은 하락하리라 예측했다. 일부 지역은 같은 행정구역이라도 다른 양상이 나타날 수 있다고 했고 좋은 것은 노란색이고 나쁜 것은 붉은 색으로 표시했다.

먼저 지수와 시세에 대해 알아야 한다

지역별로 살펴보기 전에 먼저 지수와 시세에 대해 알아야 한다. KB부동산과 한국감정원에서는 매월과 매주 단위로 시도별, 시군구별 매매가격과 전세가격지수를 발표하고 있다. 물론 매매가격과 전세가격지수는 표본을 추출해서 가공해 만들다 보니 현실에서 중장기 상승률을 제대로 반영하지는 못한다. 하지만 단기와 중기 흐름을 살펴보는 데 유용하다.

시세 그래프는 KB부동산 아파트 개별 시세 데이터를 가지고 자체적으로 제작했다. 개별 아파트 가격에 세대수를 고려해 평균 매매와 전세가격을 산출했다. 자체 제작을 하면서 KB부동산 시세 데이터와 KB부동산 지수와 한국감정원 지수는 방향성은 매우 유사하지만 중장기적으로는 상당한 증감률 차이가 나는 것을 확인할 수 있었다. 예를 들어보자. KB부동산 지수(파란색 선)는 2003년 6월부터 2020년 6월까지 서울이 100% 상승했다. 그런데 KB부동산 시세(주황색 선)는 200% 이상 상승한 것으로 나타난다. 서울만이 아니라 전국의 모든

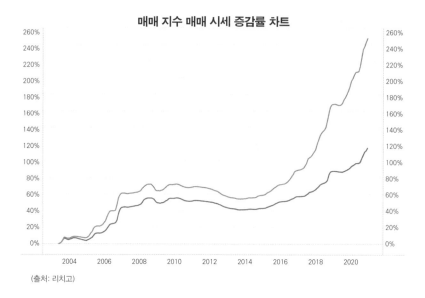

매매 지수 매매 시세 증감률 차트

(출처: 리치고)

시도가 그렇다. 제대로 된 증감률을 반영하지 못하는 지수 통계 데이터만을 가지고 중장기적인 분석을 하면 오류를 범할 가능성이 크다는 뜻이다. 지수와 시세 데이터의 차이에 대해 인지하고 종합적으로 판단하는 것이 필요하다. 단기적으로는 지수와 시세가 거의 비슷한 흐름을 나타내지만 중장기적으로는 증감률에서 상당한 차이가 난다. 그래서 10년 이상의 중장기적인 평가(특히 각종 저평가 인덱스들)를 할 때에는 실제 가격 상승을 제대로 반영 못하는 지수 데이터보다 실제 가격을 제대로 반영하는 시세 데이터에 더 무게를 두고 해야 할 것이다. 그 점을 이해하면서 이번 장의 내용을 보길 바란다.

서울, 대전, 전남 적중률 확인,
뜨거웠던 상승장 전망이 맞았을까?

이제 본격적으로 2017년 말의 데이터를 가지고 각 시도를 전망했던 『빅데이터 부동산 투자』 책을 리뷰해보자. 데이터들의 날짜 기준은 책을 집필한 2017년 11월 1일부터 2019년 12월 31일이다. 데이터의 전망은 기본적으로 향후 1.5~2년 정도다. 데이터를 보는 시점에서 향후 2년여의 시장을 분석하고 보합, 상승, 하락을 예상했고 2020년 1월 이후의 상승과 하락분은 제외했다. 지금 이 책을 읽는 독자도 제공하는 데이터들을 통해 향후 2년 정도의 시장을 예상해보길 바란다. 장기 전망은 거시경제와 맞물려서 간다. 이 책의 1장을 참고로 보면 좋을 듯하다.

2018년 빅데이터가 상승을 예측했던 서울은 얼마나 올랐을까?

가장 핫한 서울의 매매가 증감률을 살펴보자. 2017년 말·서울은 매매가 대비 69.1% 로 상당히 저평가 지역이었고 플라워차트 대출위

매매·가격지수 누적증감률 순위

순위	지역	증감률	순위	지역	증감률
1위	서울	+18.0%	10위	제주	-2.8%
2위	대전	+10.1%	11위	부산	-3.7%
3위	광주	+6.0%	12위	전북	-4.8%
4위	경기	+4.0%	13위	충남	-6.0%
5위	대구	+3.4%	14위	강원	-6.3%
6위	전국	+3.0%	15위	울산	-9.2%
7위	전남	+2.3%	16위	충북	-9.4%
8위	세종	+0.9%	17위	경북	-9.5%
9위	인천	+0.3%	18위	경남	-10.2%

매매·가격시세 누적증감률 순위

순위	지역	증감률	순위	지역	증감률
1위	서울	+40.0%	10위	전북	+2.0%
2위	대전	+25.0%	11위	부산	+0.9%
3위	광주	+18.5%	12위	제주	+0.5%
4위	전국	+17.4%	13위	충남	-0.5%
5위	세종	+15.9%	14위	강원	-2.1%
6위	경기	+14.8%	15위	충북	-5.0%
7위	대구	+10.6%	16위	경북	-6.7%
8위	전남	+10.2%	17위	경남	-7.3%
9위	인천	+5.1%	18위	울산	-7.9%

(지수 출처: 한국감정원, 시세 출처: 리치고)

험 인덱스, 아파트버블 인덱스, 미분양 데이터가 모두 양호했고 우상
향할 것이라고 결론지은 곳이다.

위의 표는 2017년 11월 1일을 기준으로 2019년 12월 31일까지 시
도별 매매지수와 매매시세의 증감률을 나타내고 있다. 한국감정원 지
수 기준으로 서울은 약 2년간 18% 상승했지만 실제 증감률을 더욱
정확하게 알 수 있는 시세 기준으로는 무려 40% 상승을 기록했다.
2017년 말의 서울은 대부분의 데이터가 좋았기 때문에 상승할 것으
로 예상했다. 데이터가 상승을 정확하게 예측했던 것이다.

다음 표는 『부동산 빅데이터 투자』에 나와 있는 시도별 종합정리에
서 서울을 정리한 내용이다. 당시 서울은 미분양도 없고 장기적인 저
평가 지역으로 상승 추세가 가장 좋다고 판단했고 2020년 11월 기준
시세로 보면 무려 64.4% 급상승한 지역이다. 당시에도 전문가들의 의

서울 종합정리

항목	서울	
플라워차트	매매	전세
2017년	5.6%	2.1%
	17.1%	17.5%
2014.7~2017년	매매가 0.4% 저평가	
	11.0%	80.1%
2009~2017년	매매가 69.1% 저평가	
최근 시세 변곡	2014년 중순부터 매매와 전세 상승 중	
플라워차트 결론	장기 저평가 지역 중 하나로 최근 상승 추세 가장 좋음	
전세수급	계속 하락해 131.1까지 떨어졌으나 아직은 탄탄한 수준. 2018년에 입주물량이 조금 늘기 때문에 더 하락할 수 있음	
대출위험 인덱스	-12%로 꽤 양호한 수준	
아파트버블 인덱스	꽤 저평가	
미분양 물량	미분양 거의 없음	
입주물량	2018년과 2019년 모두 평균보다 약간 많음	
결론	꽤 저평가 지역이고 입주물량이 특정 구에 집중되어 대체적으로 꾸준한 우상향 예상	

(출처: 『빅데이터 부동산 투자』, 2018)

견이 분분했던 서울의 상승을 데이터가 정확하게 예측했던 것이다.

대전의 상승 전망도 적중했다

서울과 더불어 모든 데이터가 양호했던 대전의 흐름은 어땠을까? 매매가격이 22.58% 저평가됐다고 예측한 대전은 2017년 11월 1일부터 2019년 12월 31일까지 지수 기준으로 10.1% 상승했다. 시세 기준으로는 서울에 이어 무려 25% 상승했다. 당시 대전은 상승이냐, 하락이냐로 갑론을박이 벌어졌던 지역이다.

다음의 표는 2017년 말의 대전을 종합정리한 것을 그대로 사용한 것이다. 2017년 말에 대전에 있는 아파트를 매입한 사람 전문가는 대전이 상승한다는 글을 썼을 것이고 동네 주민이라면 상승하는 것에

대전 종합정리

항목	대전	
플라워차트	매매	전세
2017년	1.1%	0.6%
	2.0%	3.6%
2014.7~2017년	매매가 1.6% 저평가	
	39.7%	62.5%
2009~2017년	매매가 22.8% 저평가	
최근 시세 변곡	2013년 말부터 매매와 전세 상승 중	
플라워차트 결론	어느 정도 저평가. 상승 추세 살아 있음	
전세수급	2017년 하락해 144.1까지 떨어졌으나 아직은 탄탄한 수준. 2018년 입주물량도 줄어들어 안정적인 수준 예상	
대출위험 인덱스	-3%로 양호한 수준	
아파트버블 인덱스	상당히 저평가	
미분양 물량	평균의 0.53배	
입주물량	2018년은 평균보다 약간 적은 물량. 2019년은 평균보다 많이 적은 물량	
결론	꽤 저평가 지역이고 다른 데이터도 양호해서 꾸준한 우상향 예상	

(출처: 『빅데이터 부동산 투자』, 2018)

대전 매매전세 KB부동산 시세 및 증감률

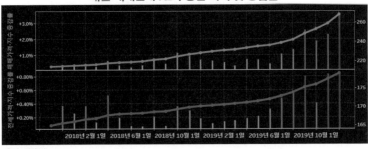

(출처: 리치고)

표를 던졌을 것이다. 또한 어떤 사람 전문가는 하락을 얘기했던 애매한 지역이다. 그러나 데이터는 대전을 매입한 전문가도 아니고 대전에 사는 주민도 아니다. 모든 사적인 감정을 빼고 대전의 데이터가 양호하고 서울보다는 덜하지만 상당히 저평가된 지역으로 예측했다.

기존 부동산 전망 책들 중에서 저자가 실제로 그 내용이 맞았는지 팩트체크해준 적은 거의 없다. 아마 독자들도 이 부분에는 이의가 없을 것이다. 필자는 바로 그 팩트체크를 하는 것이다. 이 책의 전망은 한 개인의 인생 경험을 녹여내 예측한 것이 아니다. 수백만 수천만 혹은 수십만 명 사람들의 부동산 관련한 의사결정이 만들어낸 엄청난 양의 데이터를 가지고 분석하고 과학적으로 접근해 시장을 예견한 것이기 때문이다. 대전은 입주물량도 줄고 다른 데이터들의 흐름도 양호해 꾸준한 우상향을 예측했다. 이 또한 매우 정확하게 맞아떨어졌다.

모든 데이터가 좋았던 전남도 상승을 전망하다

다음은 전남이다. 아파트버블 인덱스 데이터상으로 최대 저평가 구간이었다. 지역 내 여러 데이터가 양호했고 2015년 10월부터 매매 전세가 상승 추세라고 보았다. 아파트버블 인덱스상에도 사상 최대 저평가 지역으로 2018년은 공급이 약간 많지만 2019년은 공급이 적어 입주물량도 크게 부정적인 요인이 아니라고 보았다.

전남 종합정리

항목	전남	
플라워차트	매매	전세
2017년	1.7%	0.8%
	2.1%	1.9%
2014.7~2017년	매매가 0.2% 고평가	
	29.1%	39.9%
2009~2017년	매매가 10.8% 저평가	
최근 시세 변곡	2015년 10월부터 매매와 전세 상승 중	
플라워차트 결론	장기 기준 약간 저평가 지역으로 상승 추세 살아 있음	

전세수급	185로 매우 좋은 수준. 2018년 입주물량이 평균보다 약간 많아서 향후에는 떨어지겠으나 탄탄한 수준 유지할 것으로 예상		
대출위험 인덱스	-6%로 양호한 수준		
아파트버블 인덱스	거의 사상 최대 저평가		
미분양 물량	평균의 0.25배		
입주물량	2018년은 평균보다 약간 많고 2019년은 평균보다 약간 적음		
결론	상당히 저평가 지역으로 여러 데이터도 양호함. 완만한 상승 예상		
지수	7위 전남 +2.3%	시세	8위 전남 +10.2%

(출처: 『빅데이터 부동산 투자』, 2018)

　가격도 저렴하면서 추세도 살아 있고 다른 데이터의 흐름도 양호하고 입주도 적정선에서 이루어진다면 그 지역은 하락할까, 상승할까? 이 책을 읽는 독자들도 예상해보길 바란다. 데이터는 전남을 완만하게 상승할 것으로 봤다. 실제로 지수로는 2.3% 상승했고 시세로는 10.2% 상승했다.

경기, 인천 적중률 확인,
지역별로 달랐지만 이마저도 읽어냈다

데이터는 지역별 흐름을 정확하게 읽어냈다

매매가격이 69.7%로 가장 저평가됐다고 판단한 경기도는 어떨까? 당시 저평가를 나타내긴 했지만 경기도에는 2018년, 2019년에 꽤 많은 입주폭탄이 기다리고 있었다. 데이터도 입주물량이 많아 지역 간의 흐름이 양극화로 갈 것으로 예측한 바 있다. 당시 지역별로 특히 수도권 남부의 역전세 현상이 극심했다. 하루에도 수차례 깡통주택 이야기가 대서특필되고 임차인에게 전세금을 돌려주지 못해 보증기관마다 임대인을 대신해 세입자에게 내준 돈이 수백억이라는 기사도 심심찮게 올라왔으니 말이다. 당시 데이터는 이러한 흐름도 정확하게 예측했다.

경기도는 전국에서 가장 저평가된 지역 중 하나이고 전세가는 하락세를 예상했지만 지역별로 양극화가 나타날 것이라고 예상했다. 전체적으로 볼 때 시세로는 14.8% 상승했고 지수로는 4.0% 상승했지

경기도 종합정리

항목	경기	
플라워차트	매매	전세
2017년	1.5%	0.2%
	10.6%	13.6%
2014.7~2017년	매매가 3% 고평가	
	4.6%	74.3%
2009~2017년	매매가 69.7% 저평가	
최근 시세 변곡	2017년 10월부터 전세 하락 중	
플라워차트 결론	전국에서 가장 저평가된 지역 중 하나이나 최근 전세가 하락하고 있음	
전세수급	100.1까지 하락함. 향후 많은 양의 입주물량까지 있어 추가 하락 예상	
대출위험 인덱스	63%로 꽤 높으나 하락하고 있음	
아파트버블 인덱스	상당히 저평가	
미분양 물량	최근 감소해 평균의 절반	
입주물량	2018년 사상 최대. 2019년도 꽤 많은 물량	
결론	매우 저평가된 지역이나 2018~2019년 입주물량이 너무 많아 시군구 지역 간에 양극화 흐름 예상	
지수	4위 경기 +4.0%	시세	6위 경기 +14.8%

(출처: 『빅데이터 부동산 투자』, 2018)

경기도 하락 지역 (기간: 2018~2019년)

23위	화성시	-0.2%
24위	파주시	-0.8%
25위	고양시 일산동구	-1.1%
26위	고양시 일산서구	-1.3%
27위	양주시	-1.6%
28위	동두천시	-2.1%
29위	광주시	-2.4%
30위	시흥시	-2.7%
31위	용인시 처인구	-2.7%

(출처: 리치고)

만 입주물량이 많았던 지역들은 하락을 기록했다. 위의 표는 동 기간 경기도에서 하락한 지역들이다. 같은 경기도 내에서도 양극화가 벌어질 수 있다는 부분이 증명됐다. 데이터는 이 부분도 매우 정확하게 짚어냈다.

빅데이터는 용한 점쟁이일까? 인천의 소름 돋는 완벽 분석

다음으로 인천을 살펴보자. 장기적인 저평가 지역이었고 매매가 대비 48.9% 저평가로 판단했던 지역이다. 하지만 당시 전세수급이 급락 중이었다. 입주물량도 적지 않아 전세가는 하락을 예상했고 일부 지역은 매매가도 하락을 예상했다. 예상대로 인천의 전체적인 매매가는 상승했지만 전세가는 하락해 역전세를 겪어야만 했다. 인천은 앞으로도 주의해야 할 지역 중 하나이다. 앞으로 입주폭탄이 예정돼 있

인천 종합정리

항목	인천	
플라워차트	매매	전세
2017년	1.4%	0.8%
	12.9%	13.4%
2014.7~2017년	매매가 0.5% 저평가	
	1.7%	50.6%
2009~2017년	매매가 48.9% 저평가	
최근 시세 변곡	2017년 11월부터 전세가 하락 반전	
플라워차트 결론	장기 저평가 지역으로 최근 전세만 하락 반전	
전세수급	2017년 10월부터 급락해 87.4까지 떨어졌고 향후 입주물량이 많아 계속해서 좋지 않을 것으로 예상	
대출위험 인덱스	83%로 매우 높으나 추세 하락 중	
아파트버블 인덱스	꽤 저평가	
미분양 물량	평균의 0.57배	
입주물량	2018년과 2019년 모두 평균보다 약간 많음	
결론	꽤 저평가 지역이나 최근 전세수급이 급락했고 입주물량도 적지 않아서 전세가는 하락 예상. 일부 지역은 매매가도 하락 예상.	
지수	9위 인천 +0.3%	시세	9위 인천 +5.1%

(출처: 『빅데이터 부동산 투자』, 2018)

인천 매매 가격·지수 누적증감률 순위

1위	서구	+8.6%	6위	강화군	+2.8%
2위	연수구	+6.0%	7위	계양구	+2.3%
3위	남동구	+3.6%	8위	중구	+0.1%
4위	부평구	+3.5%	9위	동구	-0.4%
5위	미추홀구	+3.4%			

인천 전세가격·지수 누적증감률 순위

1위	강화군	+8.4%	6위	부평구	+0.3%
2위	서구	+5.5%	7위	동구	+0.3%
3위	미추홀구	+2.0%	8위	연수구	-4.7%
4위	계양구	+1.4%	9위	중구	-6.1%
5위	남동구	+1.1%			

(출처: 리치고)

어 다시 한번 각골통한의 역전세를 겪어야 할 수 있다. 인천 전체적으로는 시세는 5.1% 상승했고 지수는 0.3% 상승했지만 구별로 보면 얘기가 달라진다.

세부적으로 들어가며 소름 돋을 정도로 놀라운 결과가 도출된다. 동 기간 인천의 지역별 증감률 표를 보면 시세 기준으로 동구 매매가는 0.45 하락했고 전세가는 연수구가 4.7%, 중구는 무려 6.1% 하락했다. 경기도처럼 인천도 지역별로 상승하는 곳도 있고 하락하는 곳도 있을 것으로 예상했는데 아주 정확하게 들어맞은 것이다.

데이터의 적중률이 놀라울 따름이다

2018년에 『부동산 빅데이터 투자』 책을 출간하며 2년 뒤 리뷰를 쓴다는 계획은 있었지만 이렇듯 정확하게 예측했다는 것이 놀라울 따름이다. 다양한 데이터로 분석한다면 이처럼 놀라운 지역별 적중률을 보일 수 있다. 만일 인간 전문가의 사심이 들어갔다면 이 정도의 적중률을 보이기는 어려웠을 것이다. 실제로 데이터에 근거해 투자하거나 내 집 마련을 한 수강생들의 수익률은 그 어떤 투자 상품보다 높다. 사람은 실수하고 본인의 이익에 따라 거짓말을 할 수도 있다. 하지만 데이터는 실수가 없고 거짓이 없다는 것이 증명된 셈이다.

빅데이터의 분석은 한 사람의 전문가가 경험과 간접경험을 통해 지식을 습득하고 강의나 방송 혹은 개인 채널을 통해 독자들에게 전달해줄 수 있는 정보의 양과는 차원이 다르다. 수백 수천만 명이 만들어낸 결괏값이 데이터에 반영되기 때문이다. 많은 사람들이 만들어낸 결괏값을 통해 시장을 분석하기 때문에 적중률이 올라가는 것이다. 이제는 왜 데이터의 의해 의사결정을 해야 하는지 판단하는 독자가 되길 바란다.

경남, 경북, 부산 적중률 확인, 데이터는 지방의 하락장도 알고 있었다

데이터는 상승장뿐만 아니라 하락장도 읽어냈다

다음은 데이터가 흐름이 별로 좋아 보이지 않았던 경남이다. 본질 가치와 비슷해 보이지만 추세가 하락 국면이고 전세수급지수가 지속적으로 하락 중이었다. 지방 시장은 공급 여파가 더 크게 작용할 수 있다고 이미 언급한 바 있다. 당시 경남은 2018년 사상 최대 물량이 공급됐고 2019년에도 상당한 입주가 예정돼 있었다.

경남은 추세가 하향 중이고 입주물량마저 많아 약세를 예견했다. 그 예측대로 지수는 10.2% 하락했고 시세로는 7.3% 하락했다. 사람도 장점보다는 단점이 많으면 성공 확률이 줄어드는 것처럼 경남은 좋지 않은 데이터가 많았고 큰 폭의 하락을 기록했다.

경남 종합정리

항목	경남	
플라워차트	매매	전세
2017년	-3.2%	-3.3%
	0.5%	0.8%
2014.7~2017년	매매가 0.3% 저평가	
	48.1%	58%
2009~2017년	매매가 9.9% 저평가	
최근 시세 변곡	2016년 중순부터 매매가와 전세 하락 중	
플라워차트 결론	본질가치에 수렴한 것 같으나 현재 추세가 하락 중이라 신중한 접근 필요	
전세수급	계속 하락해 66까지 떨어졌고 사상 최대의 입주물량으로 추가 하락 예상	
대출위험 인덱스	67%로 꽤 높고 최근 하락	
아파트버블 인덱스	평균, 추세 하향 중	
미분양 물량	최근 증가해 평균의 1.5배	
입주물량	2018년 사상 최대. 2019년도 꽤 많은 물량.	
결론	추세 하향 중이고 입주물량도 많아서 2018년에도 약세 지속 예상	
지수	18위 경남 -10.2%	시세 · 17위 경남 -7.3%

(출처: 『빅데이터 부동산 투자』, 2018)

다음은 경북이다. 당시 경북의 플라워차트는 본질가치 정도의 가격 수준이었지만 2018년에 입주폭탄이 쏟아지고 2019년에도 입주가 많은 지역이었다.

경북 종합정리

항목	경북	
플라워차트	매매	전세
2017년	-2.6%	-1.9%
	-1.0%	0.7%
2014.7~2017년	매매가 1.7% 저평가	
	40.1%	50.0%
2009~2017년	매매가 9.9% 저평가	
최근 시세 변곡	2016년 중순부터 매매와 전세 하락 중	
플라워차트 결론	본질가치 정도. 그러나 현재 추세가 하락 중이라 신중한 접근 필요	

전세수급	계속 하락해 102.8까지 떨어졌고 2018년에도 2017년과 비슷한 양의 많은 입주물량으로 인해 약세 예상		
대출위험 인덱스	21%로 최근 정체		
아파트버블 인덱스	평균보다 약간 높음. 추세 하향 중		
미분양 물량	최근 증가해 평균의 1.5배		
입주물량	2018년 사상 최대 물량. 2019년은 평균보다 약간 많은 입주물량 대기 중		
결론	추세 하향 중이고 2018년에도 약세 지속 예상		
지수	17위 경북 -9.5%	시세	16위 경북 -6.7%

(출처: 『빅데이터 부동산 투자』, 2018)

당시 경북은 추세가 하향 중이라 약세가 지속될 것으로 전망했고 정확하게 맞아떨어졌다. 경북은 시세로는 -6.7% 하락했고 지수로는 -9.5% 하락했다.

빅데이터는 지방권도 정확하게 예측했고 적중했다

그렇다면 데이터가 대부분 붉은색을 나타내며 좋지 않다는 평가를 받았던 부산은 어떨까? 당시 부산은 매매가 대비 4.4% 고평가됐고 2018년, 2019년 평균 입주물량이 많고 추세도 꺾이는 중으로 추가적인 하락을 예상했다.

2017년 말 당시 표들을 보더라도 좋음을 나타내는 노란색보다는 붉은색을 나타내는 데이터가 월등히 많음을 알 수 있다. 부산은 장기적인 고평가 지역으로 추가 하락을 예상했고 정확하게 맞아 떨어졌다. 앞의 지역들과 동기간 동일한 데이터를 살펴보면 지수로는 3.7% 하락했지만 증감률을 더 정확히 보여주는 시세 데이터로는 0.9% 상승했다. 데이터가 잘못 예상한 걸까? 그렇지 않다.

좀 더 자세히 보면 부산은 데이터의 분석대로 2017년 11월 1일 이후 약 2년여간 하락장을 겪었고 2019년 10월 이후에 상승 반전한 것

부산 종합정리

항목	부산	
플라워차트	매매	전세
2017년	1.6%	0.2%
	13.1%	8.7%
2014.7~2017년	매매가 4.4% 고평가	
	69.6%	69.6%
2009~2017년	매매가 0% 고평가	
최근 시세 변곡	2017년 9월부터 매매와 전세 동반 하락 중	
플라워차트 결론	중기, 장기 고평가 지역이고 2017년 9월부터 추세 하락 반전	
전세수급	계속 하락해 100.6까지 떨어짐. 2018년 입주물량이 더 많아져 추가 하락 예상	
대출위험 인덱스	28%로 최근 정체	
아파트버블 인덱스	꽤 고평가	
미분양 물량	평균의 0.27배	
입주물량	2018년과 2019년 모두 평균보다 많은 물량	
결론	꽤 고평가 지역이고 이제 막 추세도 꺾이고 있고 입주물량도 꽤 있어서 추가 하락 예상	
지수	11위 부산 -3.7%	시세	11위 부산 +0.9%

(출처: 『빅데이터 부동산 투자』, 2018)

부산 매매·전세 KB부동산 시세 및 증감률

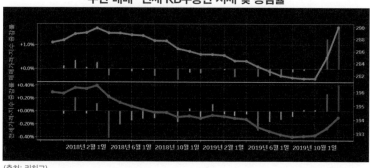

(출처: 리치고)

을 확인할 수 있다. 시세에는 2019년 후반부에 상승률이 반영된 것이다. 정확한 데이터의 분석 능력이 놀라울 따름이다.

울산, 제주 적중률 확인, 데이터는 인간보다 똑똑했다

제주도는 데이터의 예측대로 하락했다

대부분의 데이터가 좋지 않았던 제주도는 어떨까? 최대 고평가 지역으로 은행 대출위험 인덱스도 사상 최대치고 아파트버블 인덱스마저 사상 최고로 고평가됐던 지역이다. 입주물량이 적은 것이 그나마 다행이었다. 하지만 대부분 데이터의 흐름이 좋지 않아 붉은색으로 표기했고 가격도 높다고 판단했다.

제주 종합정리

항목	제주	
플라워차트	매매	전세
2017년	−0.4%	−0.1%
	20.0%	14.6%
2014.7~2017년	매매가 5.4% 고평가	
	66.3%	58.4%
2009~2017년	매매가 7.9% 고평가	
최근 시세 변곡	2017년 6월부터 매매와 전세 동시 하락 중	

플라워차트 결론	중기 1위, 장기 1위 고평가 지역으로 매매와 전세 동반 하락 중		
전세수급	127.8로 양호한 수준이고 입주물량이 줄어들어 현재 수준 유지 예상		
대출위험 인덱스	43%로 거의 사상 최대치		
아파트버블 인덱스	거의 사상 최대 고평가		
미분양 물량	사상 최대. 평균의 3배		
입주물량	2018년과 2019년 모두 평균보다 약간 적음		
결론	최대 고평가 지역으로 다른 데이터도 좋지 않음. 다행히 입주물량은 양호한 편. 약세 예상		
지수	10위 제주 -2.8%	시세	12위 제주 +0.5%

(출처:『빅데이터 부동산 투자』, 2018)

입주물량을 제외하고 대부분의 데이터가 좋지 않다면? 이제 이 책을 읽고 있는 독자라면 어떤 결론을 내릴 것인가? 당시 필자는 어렵지 않게 제주의 약세를 예상했고 적중했다. 제주도는 시세로는 0.5% 상승했지만 지수로는 -2.8% 하락을 기록했으니 말이다.

울산의 추가 하락 흐름도 빅데이터는 알고 있었다

다음은 울산이다. 울산은 당시 대출위험 인덱스가 66%로 사상 최대였고 상당히 고평가됐던 지역이다. 아파트버블 인덱스도 좋지 않았고 다른 데이터들의 흐름도 좋지 않았으며 입주물량마저 많아 추가적인 하락을 예상했다. 이 또한 적중했다. 시세로는 -8.0% 하락했고 지수로는 무려 -9.2%로 뼈아픈 하락장을 거쳐야만 했다.

울산 종합정리

항목	울산	
플라워차트	매매	전세
2017년	-1.9%	-1.2%
	5.6%	4.3%
2014.7~2017년	매매가 1.3% 고평가	
	47.5%	54.6%

2009~2017년	매매가 6.8% 저평가		
최근 시세 변곡	2016년 중순부터 매매와 전세 하락 중		
플라워차트 결론	중기 매매가 살짝 고평가 지역이고 현재 추세가 하락 중이니 신중한 접근 필요		
전세수급	하락해 83까지 떨어졌고 2018년 입주물량도 많아 좋지 않을 것으로 예상		
대출위험 인덱스	66%로 거의 사상 최대		
아파트버블 인덱스	상당히 고평가		
미분양 물량	평균의 0.23배		
입주물량	2018년과 2019년 모두 평균보다 꽤 많음		
결론	꽤 고평가 지역에 여러 데이터도 좋지 않고 입주물량마저 많아 추가 하락 예상		
지수	15위 울산 -9.2%	시세	18위 울산

(출처: 『빅데이터 부동산 투자』, 2018)

　지수나 시세 평균이 거의 10% 가까이 빠졌다는 것은 실제로는 20
~30% 떨어진 아파트들도 있다는 뜻이다. 다행히 울산의 최근 흐름은
좋아지고 있다. 이 부분은 이 책의 시도별 전망편을 참고하길 바란다.

　여기까지 데이터가 하락을 예견했던 지역을 살펴보았다. 그러나 인
생에서 영원한 꼴찌도 영원한 일등도 없음을 명심하라. 누군가가 금
수저로 태어나 부모 덕 보며 호의호식하며 사는 것을 부러워할 필요
는 없다. 흙수저도 열심히 살고 부동산을 공부하고 경제 공부를 하고
빅데이터를 통한 과학적인 투자를 한다면 얼마든지 잘살 수 있다는
말씀을 드리고 싶다. 이미 여러 번 강조했지만 실행하지 않는 지식은
아무짝에도 쓸모가 없다. 이 책을 보고 빅데이터를 통한 과학적인 부
동산 투자에 대한 눈을 떴다면 꾸준히 공부하고 절호의 기회가 왔을
때는 과감하게 실행에 옮기는 것을 추천한다. 리뷰를 통해 검증했으
니 빅데이터가 알려주는 지역을 더욱 파고들고 공부하자.

3장

빅데이터와 함께
전국 17개 시도를 임장하다

: 데이터가 알려주는 돈 되는 곳,
안 되는 곳

앞으로 2년 실행한 자와
실행하지 않은 자의 초격차가 벌어진다

앞장에서 필자가 2018년도에 출간한 『빅데이터 부동산 투자』에서 한 전망을 지역별로 검증하는 시간을 가졌다. 빅데이터 전망이 얼마만큼 정확했는지 알았을 것이다. 이제는 지역별로 앞으로 약 2년간 어떤 흐름을 보일지 예상해보고자 한다. 이 책에서 사용된 데이터들은 상당히 방대한 데이터들을 가지고 오랜 시간의 노력을 더해 만든 것이다. 대한민국에서 출간된 그 어떤 부동산 책과 비교할 수 없을 정도로 방대한 양의 정보를 담고 있고 또 그 정확성이 뛰어나다는 점 강조한다.

실행하는 자와 실행하지 않는 자의 자산 격차는 더욱 벌어진다

이 책을 읽고 실행하는 사람과 실행하지 않는 사람의 4~5년 뒤는 분명히 다를 것이다. 이 책을 통해 독자들이 경제적인 자유를 얻을 수 있기를 기원한다. 시장의 흐름을 읽기 위해선 데이터를 보는 방법부터 알아야 한다. 데이터가 어렵다는 편견을 버리고 읽기를 바란다. 데이터를 수집하고 시각화하고 프로그래밍하는 것은 어렵다. 하지만 그림으로 만든 데이터를 보는 것은 초등학생도 할 수 있는 일이기 때문이다. 다음과 같은 데이터들에 대한 팩트체크를 해본다면 전국 17개 시도에 대한 향후 아파트 전망을 상당히 정확한 확률로 가늠해볼 수 있다.

1. 매매·전세 시세 흐름: 최근 6년간의 시도별 매매가와 전세가의 흐름을 살펴보고 현 상황에 대해 판단한다.

2. 전세 대비 매매 저평가 인덱스: 실제 사용가치인 전세 대비해서 매매가가 얼마나 저평가인지, 고평가인지 알 수 있다.

3. 소득 대비 저평가 인덱스: 사람들의 소득 대비해서 매매가가 얼마나 저평가인지, 고평가인지 알 수 있다.

4. 물가 대비 저평가 인덱스: 물가 상승률 대비해서 실물자산인 아파트가 얼마나 고평가인지, 저평가인지를 알 수 있다.

5. 주택구매력지수HAI: 현재 소득으로 대출원리금상환에 필요한 금액 부담 능력을 의미한다. 이 수치가 높으면 저평가이고 낮으면 고평가를 의미한다.

6. 전세가율: 매매가 대비해서 전세가의 비율을 알 수 있다. 이를 통해서 적정 매수 타이밍을 잡을 수 있고 투자 유망 지역까지도 찾아낼 수 있다.

7. 매매와 전세수급: 매매시장에서 매수세와 매도세가 얼마나 많은지 알 수 있다. 전세 시장에서 공급이 많은지, 수요가 많은지 알 수 있다. 이 데이터를 통해서 적정한 매매 타이밍까지도 잡아낼 수가 있다.

8. 향후 입주물량: 향후 얼마나 많은 아파트들이 공급되는지 알 수

있다. 입주폭탄이 예정된 지역은 피해 가자.

9. 미분양: 미분양의 추이를 통해서 해당 지역의 부동산 시장이 좋아지는지, 안 좋아지는지 알 수 있다. 미분양이 지속적으로 줄어드는 지역에 관심을 가지자.

10. 시도별 종합결론: 여러 가지 데이터를 가지고 종합결론을 내려보자. 향후 올라갈 가능성이 큰 지역은 어디이고 향후 리스크가 큰 지역은 어디인지.

세부 지역별로 전망하기

자, 이제는 지역별로 구체적인 팩트체크를 해보자. 참고로 설명하는 각 시도의 순서는 수도권 → 광역시(가나다 순) → 특별 자치시, 자치도 → 나머지 지역들(가나다 순) 순이다. 이번 장에서 사용하는 시도별 매매와 전세가격 데이터 출처는 주로 KB부동산 지수 통계이다. 다만, 10년 이상의 중장기를 비교해야 할 때는 실제 가격 증감률을 더 잘 보여주는 KB부동산 시세 데이터(KB부동산의 개별 아파트 시세와 세대수를 감안한 해당 지역의 제곱미터당 매매가격)도 같이 보여줄 것이다.

매매·전세 흐름으로
유망 지역 파악하기

시도별로 매매가와 전세가의 흐름을 보자. 그전에 먼저 2015년 1월부터 2020년 9월까지 6년간의 플라워차트를 통해 시도별 매매와 전세가격의 추이를 살펴보자. 특정 지역의 시세 변동 추이만 보는 것보다는 다른 지역과 서로 비교해가면서 보자. 그러면 내가 관심 있는 지역의 매매가와 전세가가 다른 지역 대비해서 상대적으로 어떤 흐름을 보이는지를 파악할 수 있기 때문이다.

데이터의 꽃 플라워차트 보는 법

플라워차트 보는 방법을 간단하게 설명하면 X축의 0%를 기준으로 오른쪽으로 이동하면 매매가가 상승한 것이고 왼쪽으로 이동하면 매매가가 하락한 것이다. Y축의 0%를 기준으로 위로 이동하면 전세가가 상승한 것이고 아래쪽으로 이동하면 전세가가 하락한 것이다. 이제 플라워차트가 한눈에 들어올 것이다.

전국 시도별 매매 전세 플라워 차트

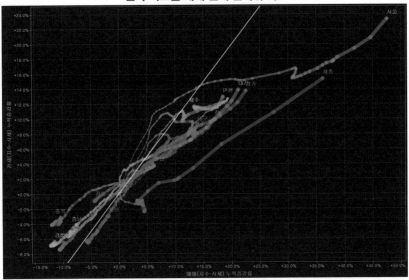

(출처: 리치고)

매매(지수) 누적증감률 순위

1위	서울	+47.5%	10위	부산	+9.9%
2위	세종	+36.2%	11위	전남	+6.2%
3위	경기	+22.5%	12위	강원	+2.0%
4위	대전	+21.1%	13위	울산	-1.8%
5위	인천	+18.4%	14위	전북	-4.2%
6위	전국	+17.0%	15위	충남	-7.5%
7위	대구	+13.9%	16위	경남	-9.9%
8위	광주	+13.4%	17위	충북	-10.5%
9위	제주	+13.3%	18위	경북	-11.5%

(출처: 리치고)

전세(지수) 누적증감률 순위

1위	서울	+23.4%	10위	부산	+5.7%
2위	세종	+15.4%	11위	전남	+3.8%
3위	대전	+13.9%	12위	강원	+2.0%
4위	경기	+13.8%	13위	전북	-0.8%
5위	인천	+13.0%	14위	울산	-2.9%
6위	제주	+11.7%	15위	충북	-3.1%
7위	전국	+10.0%	16위	충남	-4.2%
8위	대구	+9.2%	17위	경북	-6.4%
9위	광주	+8.5%	18위	경남	-6.5%

(출처: 리치고)

지난 6년간 매매가와 전세가가 가장 많이 오른 곳은 어디일까? 가장 오른쪽으로 많이 이동했고 가장 위쪽으로 많이 이동한 서울이다. 그다음으로 매매가가 많이 상승한 곳은 세종이다. 반대로 매매가와 전세가가 하락을 한 곳도 보인다. 바로 왼쪽으로 이동하고 동시에 밑으로 이동한 충남, 충북, 경남, 경북 등이다. 플라워차트와 더불어 시도별 매매와 전세 누적 증감률을 같이 보면 지난 6년간의 흐름이 훨씬 더 잘 파악된다.

지금까지 모든 시도를 서로 비교 분석해서 큰 흐름을 보았다. 이제는 시도별로 매매와 전세가의 흐름을 좀 더 자세히 살펴보자

1) 서울 아파트 시세 추이: 2015년부터 꾸준한 매매가 상승세

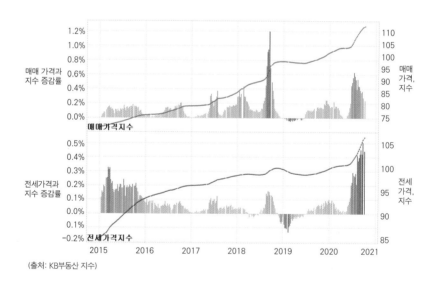

(출처: KB부동산 지수)

위 그래프는 매매지수와 증감률과 전세 지수와 증감률을 보여주고 있다. 서울은 2019년 상반기에 잠깐 매매가가 약세를 보인 것 말고

는 2015년 이후 지속적인 상승세를 보이고 있다. 2018년 가을에 가장 상승폭이 컸고 2020년 중순부터는 상승세가 다시 커지는 모습이다. 전세가는 매매가와 비슷하게 2018년 11월부터 2019년 중순까지 잠깐 약세를 보였다. 하지만 2015년 이후 지속적인 상승세다. 2020년 중순부터는 서울의 전세가격은 아주 큰 상승세를 보이고 있다.

2) 경기 아파트 시세 추이: 2015년부터 꾸준한 매매가 상승세

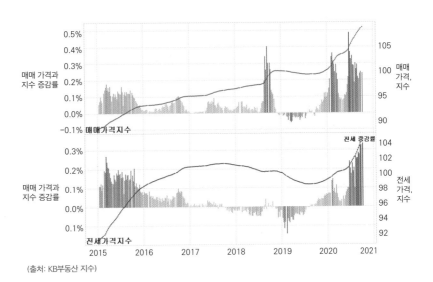

(출처: KB부동산 지수)

경기 역시 서울과 비슷하게 2018년 12월부터 2019년 9월까지의 매매가가 일시적으로 약세를 보였지만 2015년 이후 지속적인 상승세를 보이고 있다. 2018년 중순 상승폭이 매우 컸고 2020년 들어서는 상승세가 더욱 두드러지는 중이다. 전세가는 2017년부터 약 2년간 집중된 입주물량 때문에 2017년 10월부터 2019년 7월 정도까지 약세를 보였지만 2019년 중순 이후부터는 지속적인 상승 추세다. 특히

2020년 중순부터는 아주 큰 상승 흐름을 이어가고 있다.

3) 인천 아파트 시세 추이: 2015년부터 꾸준한 매매가 상승세

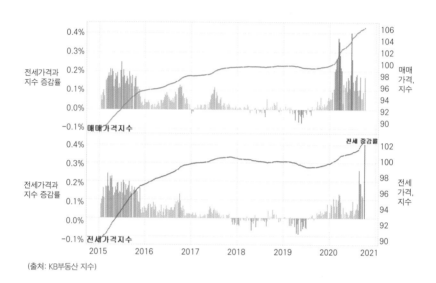

(출처: KB부동산 지수)

인천은 2018년 4월부터 2019년 8월까지 매매가가 잠깐 약세를 보였지만 다른 수도권과 비슷한 흐름으로 2015년 이후는 지속적인 상승장을 기록 중이다. 2020년 2월부터는 상승폭이 더욱 커지는 중이다. 전세가의 경우 2017년 11월부터 2019년 7월까지 약세였지만 2019년 중순 이후는 상승세를 보이고 2020년 8월부터는 매우 큰 폭으로 큰 상승 중이다.

4) 광주 아파트 시세 추이: 2019년부터 매매가 보합세

광주광역시 매매가는 2015년부터 지속적인 상승을 보여왔고 2018년 중순에는 상당히 큰 상승을 했으나 2019년 3월부터는 작은 하락

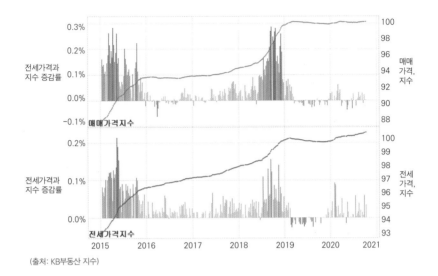

(출처: KB부동산 지수)

과 상승을 반복하며 횡보 중에 있다. 전세가는 2019년 1월까지는 지
속적인 상승을 했고 2019년 10월까지 약세를 보였지만 2019년 12월
부터는 다시 완만한 상승세를 보이고 있다.

5) 대구 아파트 시세 추이: 2017년 7월부터 매매가 꾸준한 상승세

대구광역시 매매가는 2015년 12월부터 지속적으로 하락하다 2017
년 7월부터 다시 상승의 흐름으로 전환했다. 그 후 꾸준한 상승세를 보
이다가 2020년 7월 들어서는 상승세가 상당히 큰 폭으로 커졌다. 전
세가의 경우 매매가와 비슷하게 2015년 말부터 약세를 보였지만 2017
년 7월부터 다시 상승세를 보이고 있다. 2020년 7월부터는 상승세가
상당히 가팔라지고 있는 모습이다.

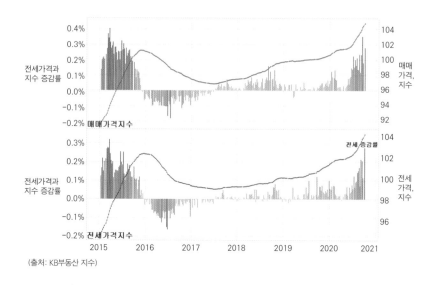

(출처: KB부동산 지수)

6) 대전 아파트 시세 추이: 2016년 6월부터 매매가 꾸준한 상승세

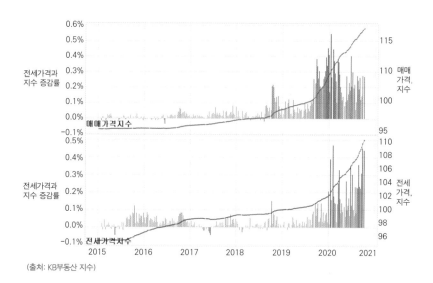

(출처: KB부동산 지수)

대전광역시 매매가는 2018년 8월 정도까지 완만하게 상승하다가
이후부터 상승세가 상당히 가팔라졌다. 2019년 9월부터는 큰 폭의

상승세를 보이고 있다. 전세가도 매매가와 비슷하게 2019년 9월 정도까지 완만한 상승을 하다 이후 상승세가 상당히 가팔라졌고 2020년 1월부터는 매우 큰 폭의 상승세를 보이는 중이다.

7) 부산 아파트 시세 추이: 2019년 말부터 매매가 상승 전환

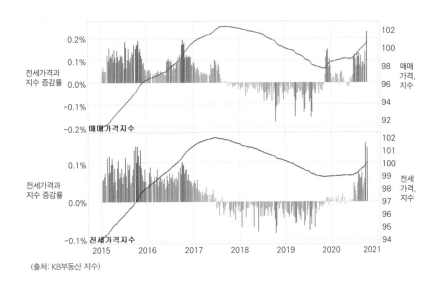

(출처: KB부동산 지수)

부산광역시 매매가는 꾸준한 상승세를 보이다 하락한 것은 2017년 9월부터이다. 다시 상승 반전한 것은 2019년 11월이고 2020년 6월부터는 상승세가 조금씩 가팔라지고 있다. 전세가도 매매가와 비슷하게 2017년 6월 정도까지 꾸준히 상승하다가 하락으로 전환했다. 2019년 12월부터는 보합으로 전환하더니 2020년 6월부터는 상승세가 커지고 있다.

8) 울산 아파트 시세 추이

: 2019년 10월부터 매매가 상승 전환 (대세 상승 초중반)

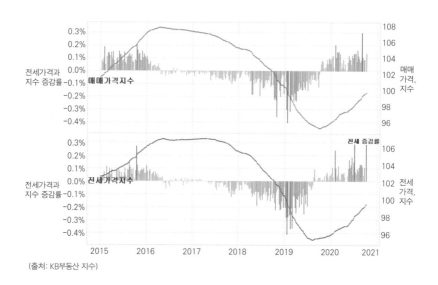

(출처: KB부동산 지수)

    울산광역시 매매가는 2016년 4월까지 상승하다가 하락으로 전환했고 2019년 9월까지 꽤 오랜 기간 하락했다. 현재는 다시 상승으로 전환해 2020년 10월까지 꾸준한 상승세를 보이고 있다. 전세가도 매매가와 비슷하게 2016년 6월 무렵부터 하락하기 시작해서 2019년 8월까지 상당히 오랫동안 하락했다. 현재는 매매가와 더불어 상승 전환해 2020년 10월까지 꾸준하게 상승하고 있다.

9) 세종 아파트 시세 추이: 2020년 1월부터 매매가 큰 폭의 상승

    세종의 매매가는 작은 상승과 하락을 반복하며 횡보의 흐름을 보이다가 2019년 말부터 본격적인 상승의 흐름을 보였고 2020년 6월부터는 큰 폭의 상승세를 보이고 있다. 전세가도 대체로 약보합의 모

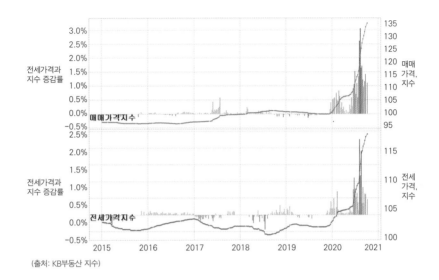

(출처: KB부동산 지수)

습을 오랜 기간 보이다가 2019년 말부터 본격적인 상승의 흐름으로
전환했고 2020년 6월부터는 매우 큰 폭의 상승세를 보이고 있다.

10) 제주 아파트 시세 추이: 2017년 4월부터 매매가 대세 하락 중

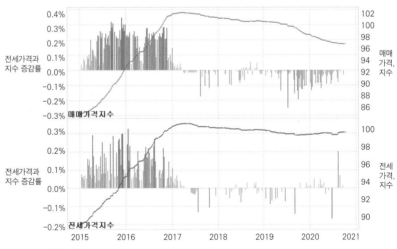

(출처: KB부동산 지수)

제주의 매매가는 2017년 4월부터 하락세로 전환했고 2020년 10월까지도 계속해서 하락 중이다. 전세가도 매매가와 비슷하게 2017년 5월부터 하락을 시작해 2020년 8월부터는 바닥을 다지고 있는 모습이다. 실제 수요인 전세가가 바닥을 다지고 있는 것으로 보아 향후 긍정적인 변화의 흐름이 나타날 여지가 조금씩 생긴다고 할 수 있다.

11) 강원 아파트 시세 추이

: 2020년 6월부터 매매가 상승 전환 (대세 상승 초반)

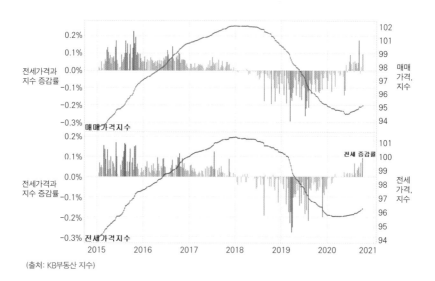

(출처: KB부동산 지수)

강원의 매매가는 2017년 12월까지 상승하다가 2018년 4월부터는 하락세로 전환해 2020년 5월까지 지속했다. 이후 다시 상승세로 전환해 2020년 10월까지 꾸준한 상승세를 보이고 있다. 전세가도 매매가와 비슷하게 2018년 1월부터 하락했고 2020년 2월까지 이어졌다. 현재 전세가는 상승 전환했고 2020년 10월까지 꾸준한 상승세를 보이고 있다.

12) 경남 아파트 시세 추이

: 2020년 6월부터 매매가 상승 전환 (대세 상승 초반)

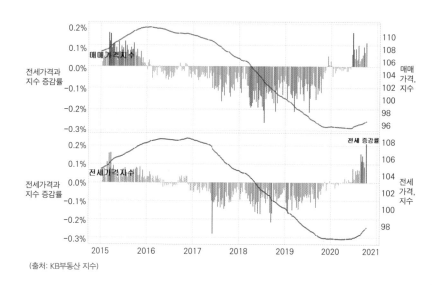

(출처: KB부동산 지수)

경남의 매매가는 2016년 2월부터 하락하기 시작해 2020년 5월까지 오랜 기간 하락했다. 기나긴 하락장을 끝낸 것은 2020년 6월이다. 이때부터 상승 전환해 2020년 10월까지 유지 중이다. 전세가도 매매가와 비슷하게 2016년 11월부터 2020년 3월까지 상당히 오랜 기간 하락했다. 그러나 전세가도 2020년 4월부터는 반전됐고 상승폭을 키우고 있다.

13) 경북 아파트 시세 추이

: 2020년 6월부터 매매가 상승 전환 (대세 상승 초반)

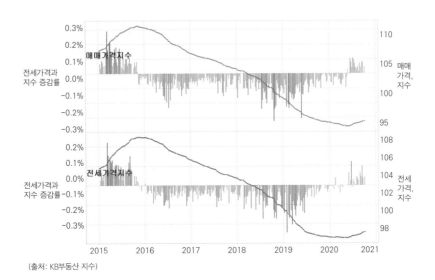

(출처: KB부동산 지수)

경북의 매매가는 경남보다 먼저 하락했다. 2015년 12월부터 시작해 2020년 5월까지 하락했다. 경남과 같은 시기인 2020년 6월에 상승 전환했고 현재까지 상승세를 유지하고 있다. 전세도 동일하게 2015년 12월부터 대세 하락을 시작해 2020년 5월까지 상당히 오랜 기간 하락했다. 2020년 6월부터는 상승 전환했고 2020년 10월까지 상승세를 유지하고 있다.

14) 전남 아파트 시세 추이

: 2019년 약한 조정 후 2020년 중순부터 다시 상승 중

전남의 매매가는 2015년 7월 정도부터 상승했고 2019년 5월 약간

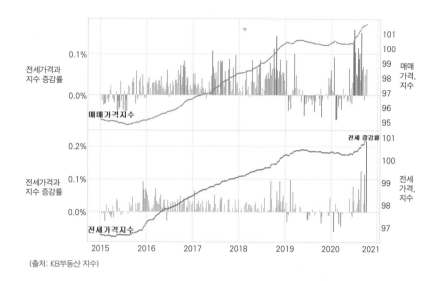

전세가격과
지수 증감률

0.1%

0.0%

매매가격지수

전세가격과
지수 증감률

0.2%

0.1%

0.0%

전세가격지수

전세 증감률

101
100
99
98
97
96
95

매매
가격,
지수

101

100

99

98

97

전세
가격,
지수

2015   2016   2017   2018   2019   2020   2021

(출처: KB부동산 지수)

의 조정을 거쳤지만 2020년 6월부터 다시 상승세로 돌아섰다. 2015
년부터 큰 조정 없이 지속적으로 상승해온 것이다. 전남의 전세가도
비슷한 양상인데 2015년 8월부터 상승했고 2019년 6월에는 살짝 약
세였지만 2020년 6월부터 다시 상승 중이고 10월 들어서는 상승 폭
을 확장 중이다.

15) 전북 아파트 시세 추이
: 2020년 6월부터 매매가 상승 전환 (대세 상승 초반)

전북의 매매가는 2016년 11월부터 조금씩 하락했고 2019년에는
매우 큰 폭락장이 이어졌다. 그러나 2019년 말 하락폭이 줄어들더니
2020년 6월에는 바닥을 찍고 드디어 상승으로 전환한 모습이다. 전
세가도 매매가와 비슷하게 2018년 1월 정도부터 하락이 시작됐고
2019년에 하락폭이 상당히 커졌다. 2020년 6월부터는 하락을 끝내
고 상승을 계속하고 있다.

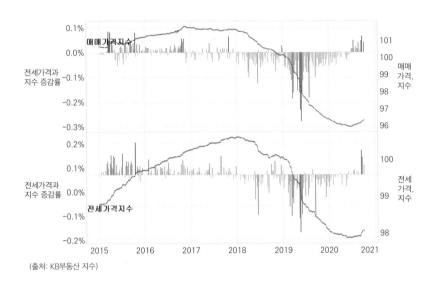

(출처: KB부동산 지수)

16) 충남 아파트 시세 추이

: 2019년 12월부터 매매가 상승 전환 (대세 상승 초반)

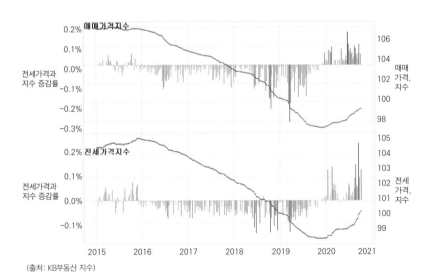

(출처: KB부동산 지수)

충남의 매매가는 2015년 11월부터 대세 하락을 시작했다. 특히 2018년 10월부터 2019년 3월까지의 하락폭이 매우 컸다. 이후 하락 폭이 조금씩 줄어들었다. 2019년 12월 드디어 상승세로 전환했고 지속적으로 상승의 흐름을 이어가고 있는 모습이다. 전세가는 매매가와 비슷한 시기인 2015년 12월부터 대세 하락을 시작했다. 2019년 12월 부터 상승세로 전환했고 이후 꾸준히 상승의 흐름을 이어가고 있다.

17) 충북 아파트 시세 추이
: 2020년 5월부터 매매가 상승 전환 (대세 상승 초반)

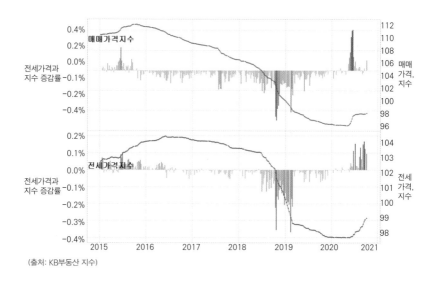

(출처: KB부동산 지수)

충북의 매매가는 2015년 10월 하락하기 시작해 2018년 10월부터 2019년 2월까지의 하락폭이 매우 컸다. 하락폭이 조금씩 줄며 2020년 5월 상승세로 전환했고 지속적으로 상승 중이다. 전세가는 매매가보다 조금 더 늦은 2016년 6월부터 하락해 특히 2018년 10월부터

2019년 2월까지의 하락폭이 매우 컸다. 2020년 6월부터는 상승세로 전환했고 이후 꾸준히 상승 추세다.

전세 대비 저평가 인덱스로
덜 오른 지역 파악하기

모든 투자의 기본은 저평가일 때 사고 고평가일 때 파는 것이다. 최소한 저평가일 때 팔지는 말아야 하고 고평가일 때 사지는 말아야 한다. 하지만 우리는 이러한 실수를 상당히 많이 한다. 대중들은 최근 몇 년 동안의 가격 흐름만 보는 성향이 있기 때문에 주식이든, 부동산이든 많이 올라서 고평가됐을 때 매수(패닉바잉)하거나 많이 떨어져서 저평가됐을 때 매도(패닉셀링)하는 큰 실수를 저지른다.

고평가됐다는 의미는 본질가치 대비 그동안 많이 올랐다는 의미다. 대중들은 지난 몇 년 동안 상승이라는 달콤한 유혹에 빠져 앞으로도 계속 더 많이 오를 것으로 기대하며 패닉바잉을 한다. 많은 사람들이 각종 호재와 정부 정책들을 이야기하지만 정작 부동산 시장에 대해서 고평가인지 저평가인지를 이야기하지 않는다. 부동산에 대한 본질가치 대비해서 저평가인지 고평가인지를 평가할 방법들이 없기 때문이다. 필자는 어떻게 하면 부동산의 본질적인 가치를 평가할 수 있

전세 대비 매매 저평가 인덱스

순위	지역	비율	순위	지역	비율
1위	충북	+7.3%	10위	부산	-4.2%
2위	경북	+5.0%	11위	대구	-4.9%
3위	경남	+3.6%	12위	광주	-4.9%
4위	충남	+3.5%	13위	인천	-5.1%
5위	전북	+3.3%	14위	전국	-6.9%
6위	강원	+0.2%	15위	대전	-6.9%
7위	울산	-1.2%	16위	경기	-8.7%
8위	제주	-1.6%	17위	세종	-22.5%
9위	전남	-2.3%	18위	서울	-24.0%

(출처: 리치고)

을지에 대해 심도 있게 고민했고 그 결과물로 3개의 저평가 인덱스를 만들었다.

이 3개 저평가 인덱스만 잘 봐도 특정 지역의 부동산이 본질가치 대비해서 고평가인지 저평가인지를 가늠해볼 수 있다. 실제로 이 3가지 저평가 인덱스들을 가지고 각 지역의 변곡점을 잘 찾아낼 수 있었다. 지금 이야기하려고 하는 전세 대비 매매 저평가 인덱스도 그중 하나다. 필자의 전작인 『빅데이터 부동산 투자』에서 이야기했던 플라워 차트의 개념을 가지고 전세 대비 매매 저평가 인덱스라는 것을 만들었다.

전세가격을 본질가치로 한 전세 대비 매매 저평가 인덱스

전세는 투자 목적이 전혀 없다. 순수하게 실제 거주 수요가 움직이는 만큼 전세가격은 변동된다. 전세가격을 본질가치로 놓고 만든 인덱스가 바로 전세 대비 매매 저평가 인덱스다. 전세 대비 매매 저평가 인덱스를 보면 실제 사용가치인 전세 대비 투자나 투기 수요가 들어간 매매가 얼마나 고평가인지 저평가인지를 확인할 수가 있다.

앞의 표는 2020년 10월 12일 기준으로 보았을 때 전국의 시도별 매매와 전세 저평가 인덱스 순위, 고평가 혹은 저평가된 비율을 보여주고 있다. 만약 +5%라면 그 지역은 매매가 전세 대비해서 5% 저평가됐다는 것을 의미한다. 반대로 -5%라면 그 지역은 매매가 전세 대비해서 5% 고평가됐다는 것을 뜻이다.

자, 기본 개념을 이해했으니 왼쪽의 표를 보면서 전국에서 전세 대비해서 어디가 고평가 지역이고 어디가 저평가 지역인지를 알아보자. 사용가치인 전세 대비 전국에서 매매가 가장 저평가된 지역은 바로 가장 위에 있으면서 7.3% 저평가된 충북이다. 값이 +인 경북, 경남, 충남, 전북, 강원까지 전세 대비 매매 저평가된 지역들이다. 반대로 전국에서 전세 대비 매매 저평가 인덱스에서 가장 고평가된 지역은 가장 밑에 있으면서 24% 고평가된(-24%) 서울이다. 그리고 세종, 경기, 대전, 인천, 광주, 대구, 부산, 전남, 제주, 울산 순으로 고평가됐다. 전세 대비 매매 저평가 인덱스 데이터만 보면 가장 위험한 지역들은 가장 하위에 있는 서울과 세종이다. 반대로 지금 내 집 마련하기에 가장 좋은 지역은 가장 위에 있는 충북과 경북이다.

수도권과 지방의 고평가·저평가 지수는 다르게 파악하자

역사적으로 일자리와 사람이 집중된 서울과 수도권이 타 지역 대비 고평가의 정도가 더 심하게 변동하는 모습을 보여왔다. 서울은 많게는 30% 이상 고평가되기도 했지만 상대적으로 지방은 10% 이상 고평가 구간에 들어가는 것이 매우 드물었던 것이다. 광역시나 지방의 경우 고평가가 10% 이하라도 수도권과는 다르게 해석해야 한다는 뜻이다.

어떤 한 사람을 평가할 때 성격만 보고 해서는 안 되는 것처럼 부동산도 전세 대비 매매 저평가 인덱스 하나만으로 결론을 내리면 안 된다. 실수할 확률이 높다. 다른 데이터들도 참고해서 종합결론을 내리는 것이 좋다. 필자가 이 책에서 제시하는 9가지 요소만 제대로 체크한다면 상당히 정확한 부동산 의사결정을 내릴 수 있을 것이다.

이제 시도별로 전세 대비 매매 저평가 인덱스 추이를 살펴보자. 시도별로 나오는 전세 대비 매매 저평가 인덱스를 보는 방법을 먼저 알아보자.

1) 서울: 상당히 고평가 20.2%(평균 대비 18.6% 고평가)

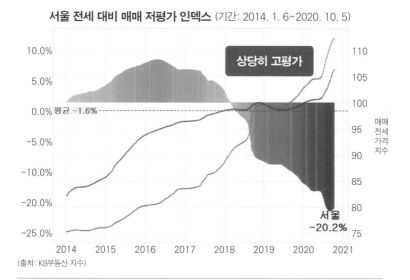

서울 전세 대비 매매 저평가 인덱스 (기간: 2014. 1. 6~2020. 10. 5)

(출처: KB부동산 지수)

빨간색 선   : KB매매 지수
파란색 선   : KB전세 지수
막대그래프: 전세 대비 매매 저평가 인덱스
　　　　　　 (녹색은 저평가 구간이고 빨간색은 고평가 구간이다.)

서울은 2014년부터 저평가 구간에 속해 있었고 막대그래프가 가장 높았던 2016년 4월이 전세 대비 매매가 가장 저평가됐던 시기다. 2017년 8·2 부동산 대책이 나왔을 때도 서울은 여전히 전세 대비 4% 정도 저평가됐던 시기다. 당시는 수도권에 입주물량이 꽤 많았고 정부가 강력하게 부동산 규제를 시작했다. 많은 전문가들조차 서울 아파트 가격이 조정받을 것으로 봤다.

그러나 필자는 아직은 서울 아파트 가격이 실제 사용가치인 전세 대비 매매 저평가 구간이고 정부가 부동산 규제 정책을 펼친다고 바로 집값이 잡히는 건 아직 아니라고 강의와 방송을 통해 강조한 바 있다. 전작 『빅데이터 부동산 투자』에서도 당시 가장 데이터들이 좋은 지역으로 세 곳을 다뤘다. 그중 하나가 서울이었다. 그랬던 서울이 2018년 3월부터는 전세 대비 매매 저평가 인덱스가 마이너스 값으로 돌아섰고 계속해서 집값이 상승하면서 고평가되더니 지금은 2014년 이후에 가장 고평가된 수준인 -20% 정도까지 떨어졌다.

결론적으로 지금의 서울 아파트는 전세 대비해서 역사적으로 상당히 고평가 구간(20% 고평가)이라고 평가할 수 있다.

2) 경기: 고평가 5.3%(평균 대비 7.9% 고평가)

경기도의 전체적인 흐름은 서울과 비슷한 모습이다. 2014년부터 지속적으로 전세 대비 매매가 저평가됐던 구간이고 2016년 4월부터 2017년 5월 정도까지가 가장 저평가됐던 구간이다. 2018년 12월부터는 고평가 구간으로 접어들기 시작했고 이후 점점 더 고평가됐다. 정부의 고가 주택에 대한 강력한 대책이 발표된 2019년 12월 12일 이후로는 풍선 효과로 말미암아 경기도의 매매가격이 크게 올라가면

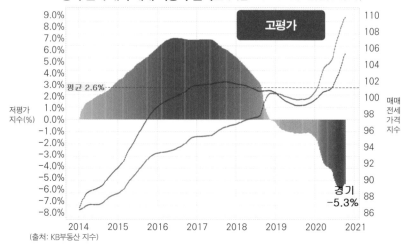

경기 전세 대비 매매 저평가 인덱스 (기간: 2014. 1. 6~2020. 10. 5)

고평가

평균 2.6%

경기
-5.3%

저평가
지수(%)

매매
전세
가격
지수

(출처: KB부동산 지수)

서 전세 대비 매매 저평가 인덱스가 내려가는 속도가 더 가팔라지고 있다. 그러나 아직은 5.3% 고평가된 정도로 그 수치가 서울과 비교해 꽤 양호한 편이다. 물론 경기도에서도 어느 지역인지에 따라 정도가 달라지겠지만 서울만큼 고평가 구간은 아니다. 경기도 내에서 지역만 잘 고른다면 아직은 살 만한 집이 있다고 보인다.

결론적으로 지금의 경기도 아파트는 전세 대비 고평가 구간(5.3% 고평가)에 있다. 하지만 고평가 정도가 심하지는 않기에 매매가의 상승 여력이 있다.

3) 인천: 아주 살짝 고평가 1.1%(평균 대비 4.2% 고평가)

인천은 2014년부터 지속적으로 전세 대비 매매 저평가 인덱스가 저평가 구간이었고 2016년 1월부터 2017년 6월 정도까지 가장 저평가됐다. 수도권의 다른 지역보다 저평가 구간이 오랫동안 지속됐고 2020년 중순 이후 비로소 고평가로 접어들기 시작했다. 2019년 12

인천 전세 대비 매매 저평가 인덱스 (기간: 2014. 1. 6~2020. 10. 5)

약간 살짝 고평가

평균 3.1%

저평가
지수(%)

매매
전세
가격
지수

인천
-1.1%

(출처: KB부동산 지수)

월 12일 이후로는 풍선 효과로 인해서 인천의 매매가가 크게 상승하며 저평가 인덱스가 내려가는 속도가 꽤 가팔라지고 있다. 하지만 오랜 기간 저평가됐고 2020년 6월이 돼서야 전세 대비 매매가 고평가로 들어섰고 아직은 그 수치가 상당히 약한 수준이다. 즉 고평가의 정도가 상당히 미미하다는 것을 의미한다.

결론적으로 지금의 인천 아파트는 전세 대비해서 이제 막 고평가 구간(1.1% 고평가)에 들어섰고 매매가도 좀 더 상승할 여지가 있다. 그렇다고 바로 내 집을 마련하거나 투자하기에 좋다는 의미는 아니다. 부동산 가격에 영향을 주는 요소는 상당히 다양하기 때문이다. 이후에 나오는 다른 데이터들도 검토하면서 최종적인 결론을 내리길 바란다.

4) 광주: 고평가 6.0%(평균 대비 2.7% 고평가)

광주는 2014년 9월부터 전세 대비 매매가 고평가 구간으로 들어섰

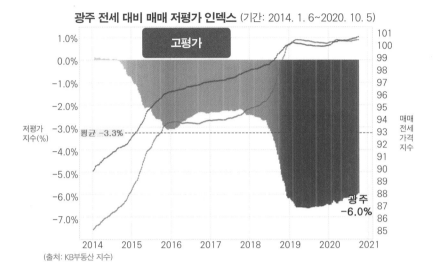

광주 전세 대비 매매 저평가 인덱스 (기간: 2014. 1. 6~2020. 10. 5)

고평가

저평가
지수(%)

평균 −3.3%

광주
−6.0%

매매
전세
가격
지수

(출처: KB부동산 지수)

지만 그 정도가 그리 높지 않게 유지되다가 2018년 6월부터 매매가가 급격하게 상승하며 고평가 정도가 더 가파르게 내려갔다. 고평가 정도가 가장 심할 때조차 6.6% 정도로 서울처럼 높지 않고 2019년 6월부터는 다시 전세 대비 저평가 지수가 조금씩 상승하는 상황이다. 즉 다시 전세 대비해서 매매가 조금씩 더 저평가되고 있다는 의미다.

결론적으로 지금의 광주 아파트는 전세 대비해서 고평가 구간 (6.0% 고평가)에 있지만 그 추세가 조금씩 줄어들고 있다. 그러나 2014년부터 보았을 때 지금의 고평가 수준이 높은 편이어서 보수적인 접근이 필요해 보인다.

5) 대구: 고평가 6.8%(평균 대비 3.1% 고평가)

대구는 2014년 1월부터 전세 대비 매매 저평가 인덱스에서 고평가 구간으로 들어섰다. 그 정도가 4.5% 정도 됐던 2015년 말부터 매매와 전세가 동반 하락하면서 다시 3% 정도로 축소됐다. 그 후 2017년

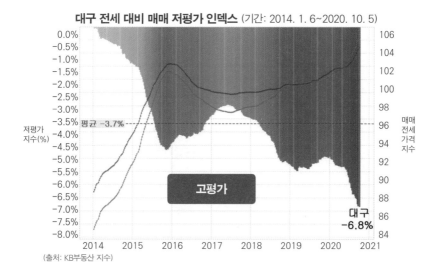

대구 전세 대비 매매 저평가 인덱스 (기간: 2014. 1. 6~2020. 10. 5)

저평가
지수(%)

평균 -3.7%

고평가

대구
-6.8%

매매
전세
가격
지수

(출처: KB부동산 지수)

중순부터 매매와 전세가 동반 상승하면서 고평가 정도가 지속적으로 하락했다. 현재는 6.8% 고평가로 지난 7년 중 가장 높은 상태다. 결론적으로 지금의 대구 아파트는 전세 대비해서 고평가 구간을 형성 중이고 2014년부터 보았을 때 지금이 가장 고평가라고 할 수 있다.

6) 대전: 고평가 7.0%(평균 대비 6.9% 고평가)

대전은 2015년 8월부터 지속적으로 저평가 정도가 상승했고 2017년 초반이 가장 저평가됐던 시기고 2019년 1월까지도 저평가 구간을 형성했다. 필자는 전작인『빅데이터 부동산 투자』에서 대전을 모든 데이터들이 좋아서 상승할 수밖에 없는 지역 중의 하나로 지목한 바 있다. 결론적으로 대전은 2018년 10월부터 매매가가 급등하면서 전세 대비 매매 저평가 인덱스도 급속도로 하락하기 시작했다. 지금은 7%로 매우 고평가 상태이다. 2014년 이후 현재가 상당히 전세 대비 고평가됐으니 보수적인 접근이 필요하다.

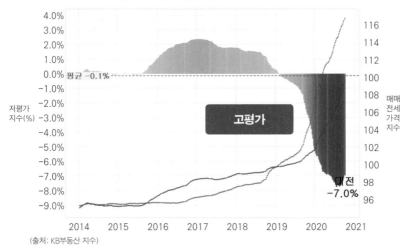

대전 전세 대비 매매 저평가 인덱스 (기간: 2014. 1. 6~2020. 10. 5)

평균 −0.1%

고평가

대전
−7.0%

(출처: KB부동산 지수)

7) 부산: 살짝 고평가 3.6%(평균 대비 1.8% 고평가)

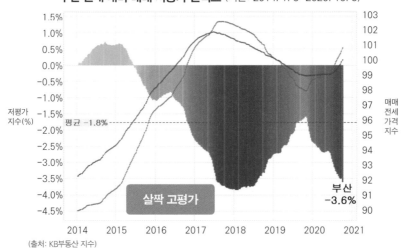

부산 전세 대비 매매 저평가 인덱스 (기간: 2014. 1. 6~2020. 10. 5)

평균 −1.8%

살짝 고평가

부산
−3.6%

(출처: KB부동산 지수)

부산은 2014년 1월부터 2015년 6월까지가 저평가 구간이었다. 2017년 8월에 3.6% 정도 고평가 상태였고 이때부터 매매가와 전세가 동반 하락하기 시작했다. 전작 『빅데이터 부동산 투자』에서도 모든 데이터들이 안 좋아서 하락할 수밖에 없는 지역 중의 하나로 꼽았던 곳이다. 필자가 언급한 대로 부산은 2019년 11월까지 하락했지만 반대로 저평가 인덱스는 -1.6% 수준까지 상승했다. 이때부터 부산의 매매가와 전세가는 다시 상승하기 시작했고 저평가 인덱스는 다시 -3.6%까지 하락했다. 지금의 부산은 가장 어려웠던 시기인 2017년 말부터 2018년 초까지와 거의 비슷한 수준이다. 결론적으로 지금의 부산 아파트는 전세 대비해서 살짝 고평가 구간(3.6% 고평가)에 들어섰고 2018년과 비슷한 수준의 고평가 정도를 보이고 있다.

8) 울산: 살짝 고평가 2.3%(평균 대비 0.3% 고평가)

울산 전세 대비 매매 저평가 인덱스 (기간: 2014. 1. 6~2020. 10. 5)

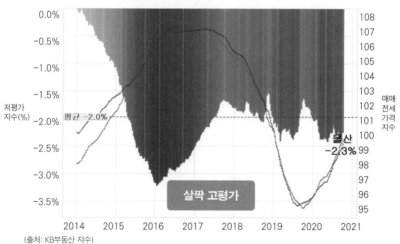

(출처: KB부동산 지수)

울산은 2014년부터 지속적으로 고평가 지역이었다. 2016년 초반 무렵 3% 조금 넘게 고평가되면서 매매가격이 하락하기 시작했다. 전작 『빅데이터 부동산 투자』에서도 대부분의 데이터들의 흐름이 나빠 하락할 수밖에 없는 지역으로 꼽았던 곳이다. 필자의 예상대로 울산은 2019년 9월까지 오랜 기간 하락했고 같은 해 10월부터 매매와 전세가 동반 상승하기 시작했다. 지금은 전세 대비 2.3% 정도 매매가 고평가된 수준으로 지난 7년간 평균보다 조금 안 좋은 수준이다. 결론적으로 지금의 울산 아파트는 전세 대비 매매 저평가 인덱스에서 살짝 고평가 구간(2.3% 고평가)이라고 평가할 수 있다. 단, 울산은 다른 데이터의 흐름이 좋으니 종합적인 판단이 중요한 지역이다.

9) 세종: 상당히 고평가 27.7%(평균 대비 20.5% 고평가)

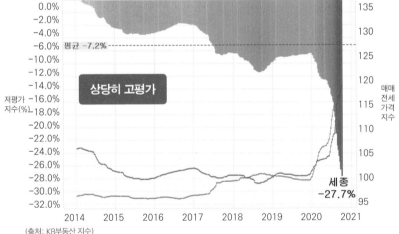

세종 전세 대비 매매 저평가 인덱스 (기간: 2014. 1. 6~2020. 10. 5)

(출처: KB부동산 지수)

세종은 2014년부터 연속해서 고평가 지역으로 나타나고 있다. 그리 큰 움직임을 보이지 않던 세종의 가격은 2020년부터 본격적으로 엄청난 급등을 시작했다. 그러면서 2020년 1월부터는 저평가 인덱스가 급속도로 하락했고 2020년 10월 기준 2014년 이후 가장 고평가인 27.7% 수준을 기록 중이다. 결론적으로 지금의 세종 아파트는 전세 대비 매매 저평가 인덱스에서 상당히 고평가 구간(27.7% 고평가)이라고 평가할 수 있다.

10) 제주: 보통. 0.2% 고평가(평균 대비 2.1% 저평가)

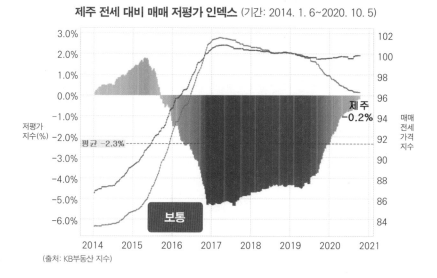

제주 전세 대비 매매 저평가 인덱스 (기간: 2014. 1. 6~2020. 10. 5)

(출처: KB부동산 지수)

제주는 2014년 1월부터 2015년 8월까지가 저평가된 구간으로 나타난다. 2015~2016년 매매가격이 엄청나게 급등하면서 고평가되기 시작했고 그 정도가 5%를 넘어가던 2017년 초반부터 매매가격은 대세 하락을 시작했다. 전작 『빅데이터 부동산 투자』를 읽은 독자라면 제주가 대부분 데이터들의 흐름이 안 좋아 하락할 수밖에 없었던 대표적인 지역이었음을 기억할 것이다. 제주의 2020년 10월 기준 하락 추세에 있지만 그나마 전세가가 2019년 중순 이후부터 횡보하다 보니 전세 대비 매매 저평가 인덱스는 상승하는 중이다(-0.2%). 결론적으로 지금의 제주 아파트는 전세 대비해서 0.2% 고평가이나 적정한 보통 수준이라고 평가할 수 있다. 제주도 아파트에 관심 있는 분들은 슬슬 관심권에 두는 것이 좋을 것으로 판단된다. 다만, 다른 데이터들을 같이 보면서 매수 시점을 판단하는 것이 좋다.

11) 강원: 저평가 1.1%(평균 대비 1.0% 저평가)

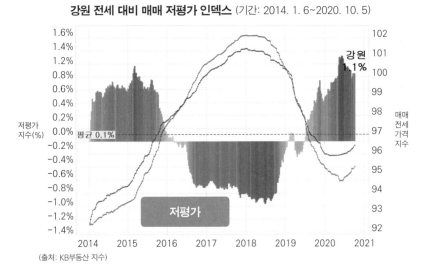

강원 전세 대비 매매 저평가 인덱스 (기간: 2014. 1. 6~2020. 10. 5)

(출처: KB부동산 지수)

강원은 2014년 1월부터 2016년 2월까지가 저평가됐던 구간이다. 2015~2017년 매매가격이 엄청나게 급등하면서 고평가되기 시작했고 그 정도가 0.9%를 넘어가던 2018년 초반부터 매매가격은 대세 하락을 시작했다. 매매가격이 하락하면서 전세 대비 매매 저평가 인덱스는 지속적으로 상승했고 2020년 5월에는 2014년 이후 가장 저평가된 수준인 1.3%를 나타내고 있다. 그 후 강원도의 매매가격은 2020년 5월에 바닥을 찍고 상승으로 전환했다.

필자는 2019년 말에 강원의 전세 대비 매매 저평가 인덱스가 상당히 좋아지는 것을 보고 (물론 다른 데이터들도 같이 보고 결론지었다) 2020년에 주목해서 봐야 할 지역으로 지목했다. 실제로 강원은 2020년 5월 이후로는 상승으로 전환했다. 데이터 분석을 통해 앞으로 시장의 흐름을 상당히 정확하게 짚어낼 수 있음을 다시 한번 증명했다. 결론적으로 지금의 강원 아파트는 전세 대비해서 저평가된 수준(1.1% 저평가)이다.

12) 경남: 꽤 저평가 3.8%(평균 대비 2.5% 저평가)

경남 전세 대비 매매 저평가 인덱스 (기간: 2014. 1. 6~2020. 10. 5)

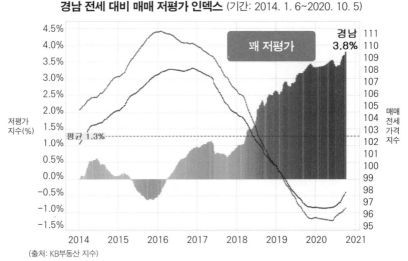

(출처: KB부동산 지수)

경남은 2015년 5월부터 2016년 3월까지 약간 고평가됐던 시기이다. 2015~2017년 매매 가격이 급등하면서 고평가되기 시작했고 그 정도가 0.9%를 넘어가던 2018년 초반부터 대세 하락을 시작했다. 매매가격이 하락하면서 전세 대비 매매 저평가 인덱스는 지속적으로 상승했다. 2020년 10월 기준 2014년 이후 가장 저평가된 수준인 3.8%를 기록 중이다. 경남의 매매가격은 2016년부터 4년 반 정도의 대세 하락 구간을 거친 이후 2020년 6월에 바닥을 찍고 상승으로 전환했다.

13) 경북: 꽤 저평가 4.7%(평균 대비 3.4% 저평가)

경북 전세 대비 매매 저평가 인덱스 (기간: 2014. 1. 6~2020. 10. 5)

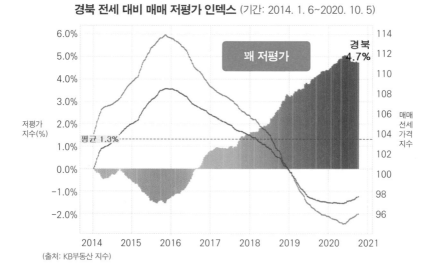

(출처: KB부동산 지수)

경북은 경남보다 더 일찍 고평가 구간에 들어선 것을 확인할 수 있다. 2014년 1월부터 약간의 등락을 거쳤지만 2016년 8월까지 전세 대비 매매가 고평가된 구간을 형성하며 매매가도 상승하기 시작해 2015년 11월까지 급등했다. 경남보다 조금 일찍 고평가 구간에 진입했듯이 경남의 하락장은 경북보다 더 일찍 찾아왔다. 그 정도가 1.5%를 넘어가던 2015년 11월부터 대세 하락 구간이 시작됐다.

이후 매매가격이 약 5년간 지속적으로 하락하면서 전세 대비 매매 저평가 인덱스는 반대로 상승하기 시작했다. 2020년 6월에는 2014년 이후 5.1%까지 저평가된 것을 확인할 수 있었다. 경남의 매매가격은 2015년 하반기부터 2020년 5월 상반기까지 5년여에 가까운 하락을 거친 뒤 2020년 6월에 비로소 대세 상승기에 들어서게 됐다는 점 기억하라.

14) 전남: 살짝 고평가 1.1%(평균 대비 1.6% 고평가)

전남 전세 대비 매매 저평가 인덱스 (기간: 2014. 1. 6~2020. 10. 5)

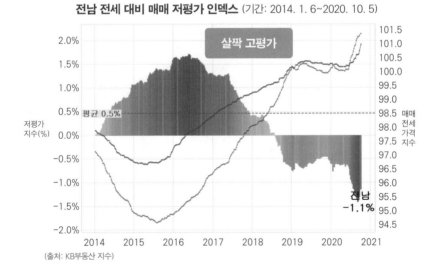

(출처: KB부동산 지수)

전남과 전북은 같은 행정구역이지만 약간의 다른 모습을 보인다. 먼저 전남을 살펴보자. 2014년 이전부터 하락장을 이어갔던 전남은 전세 대비 매매 저평가 인덱스가 지속적으로 상승했고 2015년 8월까지 하락 추세를 이어갔다. 2014년 1월부터 전세 대비 매매 저평가 인덱스가 형성되기 시작해 2015년 후반기까지 상승하면서 다시 오름 추세에 들어서기 시작했고 2015년 9월부터 시작된 상승장은 2019년 1월까지 약 3년 반 동안 이어졌다.

지방은 상승 기류에 올랐다고 하더라도 그 추세가 수도권보다는 짧은 경우들이 종종 있다. 바로 전남이 그랬다. 2019년 이후 약 1년여 간의 하락장을 겪은 뒤 2020년 6월 다시 상승하기 시작했으니 말이다. 전남은 2018년 중순 정도부터 고평가 구간에 들어섰는데 아직은 1.1% 고평가로 그리 위험한 수준으로 보이지는 않는다.

15) 전북: 꽤 저평가 4.1%(평균 대비 2.1% 저평가)

전북 전세 대비 매매 저평가 인덱스 (기간: 2014. 1. 6~2020. 10. 5)

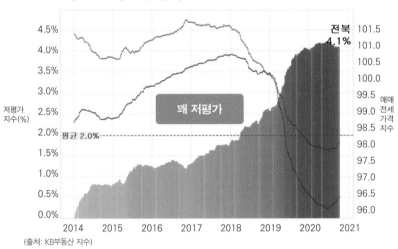

(출처: KB부동산 지수)

다음은 전북이다. 전북과 전남은 같은 행정구역임에도 지역색이 많이 다르고 부동산의 흐름도 현격히 다른 모습을 보이고 있다. 여기서

한 가지 독자들에게 하고 싶은 말은 같은 경상도나 전라도 지역 내 있으니 그 지역의 흐름이 같을 거라고 생각하면 안 된다는 것이다. 부동산 초보일수록 그런 실수를 많이 하게 된다. 전남과 전북이 다르고 포항, 부산, 울산이 다를 수 있다는 것을 명심하길 바란다.

전북의 저평가 인덱스는 2014년 1월부터 형성되기 시작해 2020년 10월 기준 매우 높은 수치인 4%대를 형성하고 있다. 전북의 매매가 흐름을 보면 재밌는 것을 발견하게 된다. 2014년 말까지 하락하다가 이후 상승 반전에 돌입해 2016년 11월까지 약 2년 여간 상승했다. 그런데 이후 약 1년 여간 횡보장을 형성했고 2018년 초부터 꽤 큰 하락장이 시작된 것이다. 전북은 지속적으로 저평가 인덱스가 상승했는데 왜 가격 등락이 타 지역보다 빈번하고 상승 추세도 짧았을까?

지방은 입주물량이 매매가나 전세가에 미치는 영향이 수도권보다 더 크다고 볼 수 있는데 지속적으로 저평가 인덱스가 형성됐음에도 매매가가 흔들린 해당 연도에 입주물량이 많았다는 것을 기억하자. 그러나 전북은 2021년 이후는 약 4년간 입주물량이 매우 부족하고 2014년 이후 사상 최대 저평가 구간을 형성하고 있다. 시장을 판단하는 중요한 팁이다.

16) 충남: 꽤 저평가 4.2%(평균 대비 2.0% 저평가)

다음은 일자리 호재가 많은 충남이다. 전북과 비슷하게 2014년 이후 지속적으로 전세 대비 매매 저평가 인덱스가 상승 중인 것을 확인할 수 있고 2020년 10월 기준 전북보다 더 높은 저평가지수 4.3%를 기록 중이다. 충남의 매매가는 2015년 상반기까지 상승하다가 중간에 살짝 하락하는 모습을 보이고 다시 상승하는가 싶더니 2014년

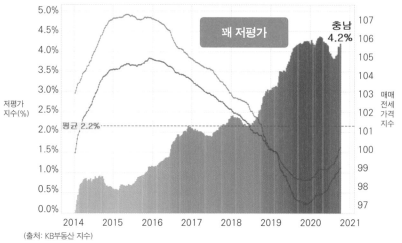

충남 전세 대비 매매 저평가 인덱스 (기간: 2014. 1. 6~2020. 10. 5)

꽤 저평가

충남 4.2%

저평가 지수(%)

평균 2.2%

매매 전세 가격 지수

(출처: KB부동산 지수)

말부터 2019년 말까지 기나긴 대세 하락장을 겪어야 했다. 전북과 마찬가지로 저평가 인덱스가 지속적으로 상승하던 충남이 왜 길고 긴 터널 같은 하락장을 겪어야 했을까? 충남은 2014년부터 2015년까지 2년간은 적정 수준으로 공급이 이루어졌다. 하지만 2016년부터 2018년까지 3년간이나 적정 수준에 2배에 달하는 공급 폭탄이 이루어진 곳이다. 지방의 부동산 시장에 입주물량이 얼마나 큰 영향을 주는지 알 수 있는 대목이다.

17) 충북: 상당히 저평가 5.8%(평균 대비 4.1% 저평가)

충북은 매매가에서는 충남과 비슷한 흐름을 보이지만 저평가와 고평가 인덱스는 다른 양상을 보인다. 매매가의 흐름은 2015년 말까지 상승하다가 이후 2019년 초반까지 약 3년 반 정도 하락장을 겪었다. 그리고 이후 2020년 상반기까지 횡보장을 지나 2020년 하반기 본격적인 상승 흐름을 타기 시작했다. 충북은 2014년부터 고평가 인덱스

충북 전세 대비 매매 저평가 인덱스 (기간: 2014. 1. 6~2020. 10. 5)

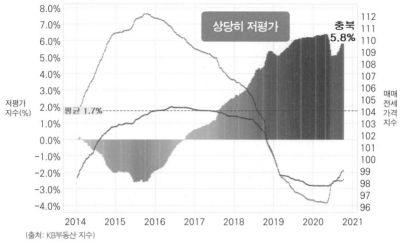

(출처: KB부동산 지수)

가 형성된 것은 동 기간 충남의 매매가보다 월등히 높은 상승률을 나타냈기 때문이다. 충남과 충북의 그래프 중 빨간색 선이 매매가의 흐름을 나타내고 우측에 있는 숫자를 보면 이해가 될 것이다.

충남은 입주물량으로 인해 저평가 구간이지만 하락했고 매매가격 지수가 107에서 97로 떨어져 약 9.4% 하락했다. 충북은 고평가 구간을 형성했는데 매매가격 지수 112에서 96.6으로 약 14% 하락했다. 이 부분은 지수로 본 것이므로 시세로 평가했을 때는 더 많이 하락했으리라는 예상이 가능하다.

여기서 우리가 얻을 수 있는 교훈을 하나 짚고 넘어가자. 고평가 구간을 형성하는 아파트를 매입했을 때 대세 하락장이 온다면 얼마나 큰 충격으로 올지 가늠해볼 수 있다. 이 책에서 언급하는 고평가 구간이 지속적으로 형성되는 지역은 신중하게 접근하길 바란다.

소득 대비 저평가 인덱스로
돈 되는 곳, 안 되는 곳 알아보기

사람들의 소득도 아파트 가격이 고평가인지 저평가인지를 판단하는 데 매우 중요하다. 소득이 오르면 집값이 오르는 구조이기 때문이다. 소득은 올랐는데 집값이 오르지 않았다면 앞으로 오를 여지가 많은 저평가의 기준이 될 수 있다. 반대로 소득은 그대로인데 집값만 올랐다면 고평가의 기준이 된다. 그래서 소득 대비해 아파트 가격이 높은지 낮은지를 평가해야 한다. 그러려면 먼저 사람들의 소득 추이가 어떻게 변하는지를 확인해야 한다.

실제로 쓸 수 있는 소득이 진짜 소득이다

그렇다면 사람들의 소득 대비 아파트 가격을 계산할 때 소득으로 하는 것이 맞을까? 처분가능소득으로 하는 것이 맞을까? 세금 떼고 통장에 찍히는 실제 소득인 처분가능소득으로 하는 것이 맞을 것이다. 하지만 현재 공개된 대부분의 소득 대비 주택가격 데이터들은 처

시도별 처분가능소득 대비 주택가격 비율

순위	지역	비율	순위	지역	비율
1위	서울	27.1	10위	울산	7.0
2위	세종	15.9	11위	광주	6.6
3위	경기	11.9	12위	경남	5.6
4위	제주	9.5	13위	충남	5.1
5위	전국	9.0	14위	전남	4.8
6위	부산	9.0	15위	충북	4.8
7위	인천	8.7	16위	강원	4.6
8위	대전	8.6	17위	전북	4.5
9위	대구	8.5	18위	경북	4.2

(출처: 리치고)

분가능소득이 아니라 소득으로 계산되고 있다. 그러나 최근 소득과 처분가능소득의 격차가 점점 더 벌어지고 있기에 처분가능소득으로 계산하는 것이 타당하다. 이 책에서는 소득 대비 주택가격 데이터를 산출할 때 소득이 아니라 처분가능소득으로 계산한 데이터를 보여주고 있다는 점 강조한다.

다음 데이터는 시도별 제곱미터당 평균 매매가격(즉 시세 데이터)과 처분가능소득을 가지고 만든 소득 대비 주택가격 비율PIR 데이터다. 서울(27.1)의 아파트 가격이 가장 높고 그다음이 세종(15.9)의 아파트 가격이다. 세종의 아파트 가격이 경기도(11.9)의 평균 가격보다 더 높다. 제주도(9.5)의 아파트 가격도 부산(9.0)보다 높다. 인천(8.7), 대전(8.6), 대구(8.5)의 아파트 가격 수준은 거의 비슷하다. 울산(7.0)과 광주(6.6)도 비슷하다. 현재 경북(4.2)의 아파트 가격이 전국에서 가장 저렴하다.

자, 이런 배경을 이해했다면 이제 시도별로 소득 대비 아파트 가격의 비율을 체크해보자. 소득은 처분가능소득 데이터를 가지고 계산했고 아파트 가격은 KB부동산의 월간 매매가격 지수와 월간 매매 시세

(제곱미터당 평균 매매가격) 데이터를 가지고 만들었다.

1) 서울

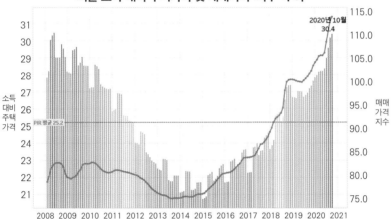

서울 소득 대비 주택가격 및 매매가격 '지수' 추이

2008년의 전고점과 비슷한 최대 고평가 (출처: 리치고, 기준: KB지수)

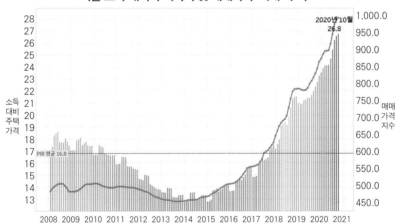

서울 소득 대비 주택가격 및 매매가격 '시세' 추이

2008년의 전고점보다 훨씬 더 엄청난 사상 최대 고평가 (출처: 리치고, 기준: KB시세)

빨간색 선이 서울의 매매가격 지수이고 막대그래프가 처분가능소득 대비 서울의 아파트 매매가격 비율이다. 막대그래프가 높을수록 빨간색이고 낮을수록 녹색이다. 높고 빨간색일수록 소득 대비해서 고평가이고 낮고 녹색이 진할수록 저평가이다.

우선 가장 중요한 서울을 보자. 2008년부터 추이를 보면 2008년 6월이 가장 높았다. 당시가 처분가능소득 대비 서울의 아파트 매매가격이 가장 비쌌다는 것을 의미한다. 반대로 2014~2015년이 가장 낮은 시기였고 저평가된 시기였다. 실제로 소득 대비 주택가격 데이터만 가지고 서울 아파트에 대한 의사결정을 해도 아주 성공적인 결과를 얻을 수 있었다. 2014년부터는 지속적으로 상승한 가격으로 인해 2020년 9월의 소득 대비 주택가격은 또다시 역사상 최고 수준까지 올라왔다. 즉 지금 서울의 아파트 가격이 소득 대비해서 매우 고평가됐다는 의미이다. 대략 2007년 중순 정도와 비슷하다. 과거와 비슷하게 큰 흐름이 흘러갈 것으로 가정하면 서울의 아파트 가격은 향후 1~1.5년 정도 후에는 대세 하락이 또다시 찾아올 수 있으니 주의가 필요하다.

지수가 아니라 실제 시세 데이터 기준으로 보면 서울의 소득 대비 고평가 정도는 훨씬 더 심각해진다. 2008년의 고점을 2018년에 뛰어넘었고 2020년 10월 기준으로 전고점이었던 2008년 6월보다 무려 45% 정도 더 고평가됐다. 지금의 서울 아파트는 소득 대비 역사상 최고의 버블이 꼈다고 할 수 있다.

2) 경기

경기도도 궁금하다. 경기의 처분가능소득 대비 아파트 가격은 2008

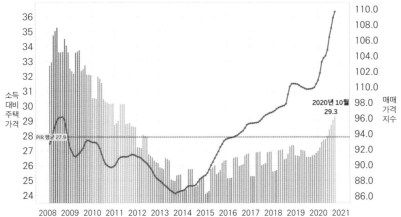

경기 소득 대비 주택가격 및 매매가격 '지수' 추이

살짝 고평가(평균보다 살짝 높은 수준) (출처: 리치고, 기준: KB지수)

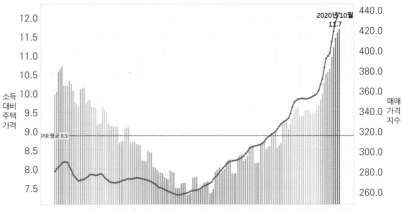

경기 소득 대비 주택가격 및 매매가격 '시세' 추이

2007~2008년의 전고점보다 더 심각한 고평가 (출처: 리치고, 기준: KB시세)

년 6월에 최고점에 이르렀다. 즉 이때가 소득 대비 가장 고평가됐다는 뜻이다. 반대로 2014~2015년이 가장 낮았고 저평가됐다. 이때가 경기도의 아파트 매수적기였다는 뜻이다. 경기도의 아파트 가격이 상승하면서 소득 대비 주택가격도 동반 상승했다. 현재는 과거 평균보다 살짝 높은 수준이고 아직은 저평가 구간에 있지만 시세 데이터는 다른 모습을 보여주고 있으니 주의가 필요하다. 단, 경기도는 워낙 넓어서 지역별로 편차가 있다는 점 유념하자(리치고 참고).

시세 데이터 기준으로 보면 경기도의 소득 대비 고평가 정도는 심각하다. 2007~2008년의 고점을 뛰어넘어 더 고평가된 모습이니 말이다. 실제 매매가격이 반영된 시세가격 기준으로 경기도의 처분가능소득 대비 아파트 가격은 역사적으로 사상 최고치를 기록 중이다. 그만큼 소득 대비해서 상당한 버블이 꼈다고 할 수 있다.

3) 인천

2022년부터 입주물량이 많은 인천도 살펴보자. 인천의 처분가능소득 대비 아파트 가격은 2008년 6월부터 2009년 6월까지에서 최고점에 이르렀다. 반면에 서울과 경기도와 비슷하게 2014~2015년이 가장 낮았고 저평가됐던 시기다. 당시가 인천의 아파트 매수적기였다는 것을 쉽게 알 수 있다. 수도권의 흐름은 거의 대동소이하다. 지수상으로는 아직 저평가 구간에 있어 상승 여력이 보인다. 하지만 시세로 보면 이야기가 좀 달라진다.

다른 지역과 마찬가지로 시세를 보면 인천의 소득 대비 고평가 정도는 월등히 높아진다. 2008년의 고점을 넘어 현재 더 높은 구간을 형성 중이다. 소득 대비한 인천의 아파트 가격은 역사적으로 매우 높은 수준이라고 할 수 있다.

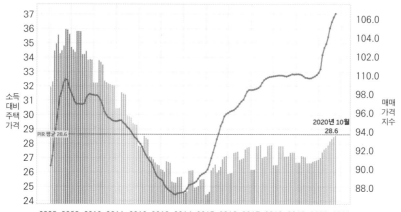

인천 소득 대비 주택가격 및 매매가격 '지수' 추이

적정 수준(거의 평균 수준) (출처: 리치고, 기준: KB지수)

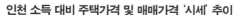

인천 소득 대비 주택가격 및 매매가격 '시세' 추이

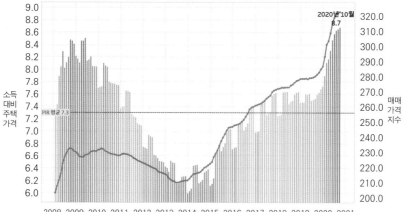

2007~2008년의 전고점보다 조금 더 큰 고평가 (출처: 리치고, 기준: KB시세)

4) 광주

광주의 처분가능소득 대비 아파트 가격은 인천과는 전혀 다른 양
상이다. 2008년 글로벌 금융위기 시에 평균 수준을 유지했지만 2010
년 가장 저평가 구간을 형성했고 2011년 이후 지속적으로 상승해서

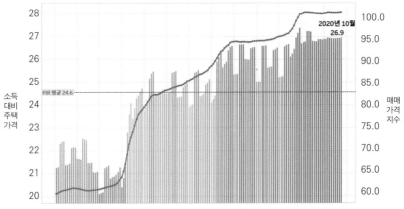

광주 소득 대비 주택가격 및 매매가격 '지수' 추이

금융위기 때보다 높고 역사적으로 가장 높은 수준 (출처: 리치고, 기준: KB지수)

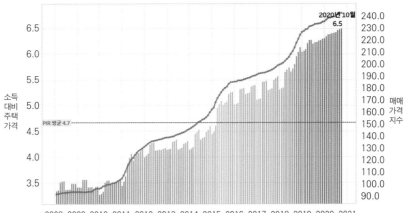

광주 소득 대비 주택가격 및 매매가격 '시세' 추이

2015년 이후 줄곧 상승해 역사상으로 가장 고평가 구간 형성 중 (출처: 리치고, 기준: KB시세)

현재는 역사적으로 가장 높은 수준이다. 광주의 소득 대비 주택가격이 가장 낮았던 2010~2011년이 매수적기였다.

광주의 시세 데이터를 보자. 2004년 이후 줄곧 저평가 구간을 형성하며 2013년까지 가격이 저렴했다는 것을 알 수 있고 2014년 후반기부터 평균 수치를 상회하고 있다. 2008~2010년 3.5 정도에서 움직이던 소득 대비 주택가격 수치는 2020년 10월 기준 6.5를 기록하며 두 배가 넘게 상승했다. 그만큼 광주는 장기간 상승 추세에 있었다. 또한 한 가지 팁을 드리자면 광주는 시세로 보든 지수로 보든 2010~2011년 매입하는 것이 기간 대비 수익률이 가장 높았다.

5) 대구

대구는 같은 광역시인 광주와 비슷한 흐름을 보인다. 두 도시 모두 2010~2011년이 가장 저점이었고 매수적기였다는 것을 확인할 수 있다. 이후 가파른 상승세를 보이다가 2016년 이후 하락했다가 다시 상승 추세에 있고 거의 전고점 수준까지 상승했다.

시세로 볼 때도 대구와 광주의 흐름은 비슷하다. 대구도 소득 대비 주택가격 수치가 가장 낮았던 2010~2011년 정도가 대세 상승장의 초반이었다. 반면 수도권의 경우 2010년부터 대세 하락을 시작했다.

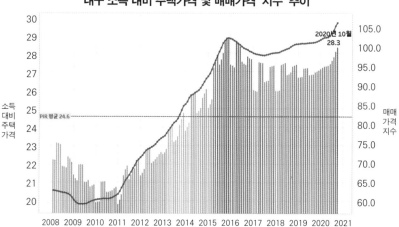

대구 소득 대비 주택가격 및 매매가격 '지수' 추이

2016년 고점과 비슷한 흐름 (출처: 리치고, 기준: KB지수)

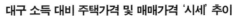

대구 소득 대비 주택가격 및 매매가격 '시세' 추이

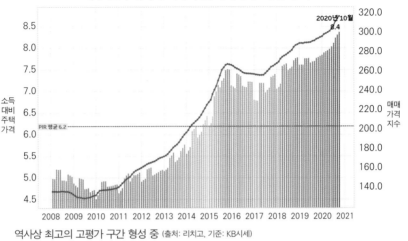

역사상 최고의 고평가 구간 형성 중 (출처: 리치고, 기준: KB시세)

수도권 아파트 시장과 지방의 흐름은 다를 수 있다는 점 명심하자.

6) 대전

대전은 지수 데이터 기준으로 2011~2012년 정도가 소득 대비해서 고평가 구간이었다. 그리고 2012년부터는 하락했다. 이후 2014~2019년 5년간 약간의 등락은 있지만 저평가 상태를 유지하다가 2019년 가을부터 가파르게 상승 중이다. 긴 시간 동안 억눌려 있던 대전의 소득 대비 주택가격은 짧은 기간 급상승했고 최근에는 전고점보다 좀 더 높은 수치를 보이고 있다.

대전은 2008년 이후 등락이 있긴 하지만 오랜 기간 저평가 구간을 형성하고 있고 시세로 보면 더 재미있는 현상을 발견하게 된다. 대전은 같은 광역시인 광주나 대구가 2015년부터 상승할 때 여전히 저평가 상태였고 이후로도 줄곧 저평가 상태를 유지하다가 2019년 들어서 급상승하는 모습을 보인 것이다. 당시 대전은 인근에 있는 세종 신

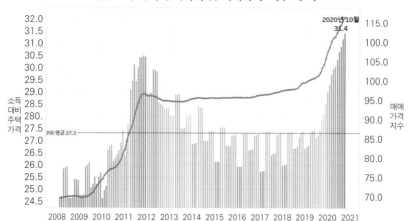

대전 소득 대비 주택가격 및 매매가격 '지수' 추이

2012년 전고점을 상회해 고평가 구간 형성 중 (출처: 리치고, 기준: KB지수)

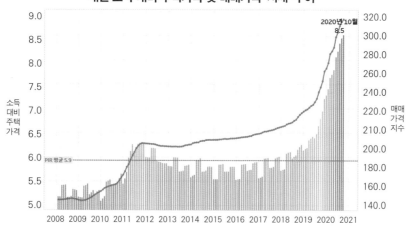

대전 소득 대비 주택가격 및 매매가격 '시세' 추이

역사상 최고의 엄청난 버블 형성 중 (출처: 리치고, 기준: KB시세)

도시의 영향으로 가격 탄력을 받지 못했다. 그로 인해 대전의 소득 대비 주택가격이 낮은 수치를 유지했지만 외부 영향으로 눌려 있던 가격은 화산이 분출하듯 폭발해 급상승하게 된 것이다.

"인생사에서 영원한 꼴찌도 없고 영원한 일등도 없다."라는 말이 있다. 인생사가 그렇듯 부동산도 영원한 일등은 없으니 "서울 부동산이 최고다."라는 말이 언제나 정답일 수는 없다는 유연한 사고로 접근하길 바란다.

7) 부산

부산 소득 대비 주택가격 및 매매가격 '지수' 추이

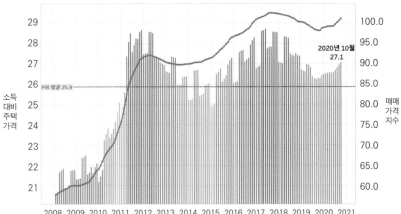

전고점보다는 낮지만 다시 상승 중 (출처: 리치고, 기준: KB지수)

부산 소득 대비 주택가격 및 매매가격 '시세' 추이

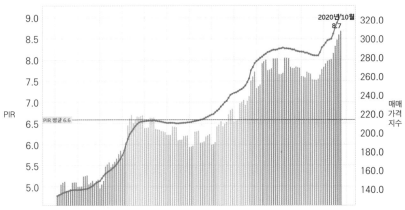

역사상 가장 고평가 구간 형성 중 (출처: 리치고, 기준: KB시세)

지수로 보는 대한민국 제2의 도시 부산의 흐름은 어떨까? 2008년 정도가 소득 대비 주택가격이 가장 저평가됐다. 그래서 2008년 금융위기 사태에도 불구하고 부산의 아파트 가격은 급등했다. 소득 대비해서 저평가 구간에 사는 것이 얼마나 중요한지 보여주는 사례다. 2019년 말부터 가격이 다시 상승하면서 소득 대비 주택가격도 상승하고 있지만 아직은 전고점보다 낮은 수준이다.

시세로 보는 부산은 어떨까? 2008~2009년이 가장 저평가 구간이었다. 그리고 소득 대비 주택가격이 평균 이하로 떨어졌던 2014~2015년도 매수 타이밍이라고 볼 수 있다. 현재는 소득 대비해서 역사상 고점에 상당히 근접해 있다. 부산은 지수와 시세 데이터 모두 불안정한 모습이니 다른 데이터들을 검토하고 신중하게 접근하는 것이 필요하다.

8) 울산

울산은 조선업의 침체로 환경미화원 지원자수가 증가했던 곳이다. 조선업이 활황이던 2008년 금융위기 때 소득 대비 주택가격이 다른 광역시들보다 높았을 정도로 수요가 넘쳤던 곳이기도 하다. 그러나 2016년부터 울산의 아파트 가격은 2019년 9월까지 상당히 오랜 기간 하락했다. 그러면서 소득 대비 주택가격이 상당히 낮아지면서 2019년 중순에는 소득 대비해서 상당히 저평가 구간에 들어서게 됐다. 그리고 2019년 10월부터 울산의 매매가격은 반등을 시작했다.

울산의 소득 대비 주택가격을 시세로 보아도 큰 흐름은 지수와 비슷한 것으로 나타난다. 2016~2017년이 가장 고평가됐던 구간이고 2017년 중순 이후 울산 아파트 가격이 대세 하락을 하면서 소득 대

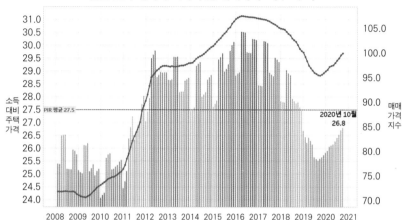

울산 소득 대비 주택가격 및 매매가격 '지수' 추이

최근 상승 중이나 아직은 평균 이하로 저평가 상태 (출처: 리치고, 기준: KB지수)

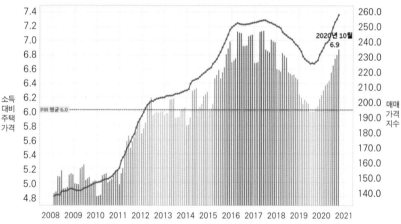

울산 소득 대비 주택가격 및 매매가격 '시세' 추이

최근 상승 중이고 전고점보다 조금 낮은 수준 (출처: 리치고, 기준: KB시세)

비 주택가격이 지속적으로 하락했고 2019년 가을에는 평균 정도까지 하락했다. 이후 가격이 반등을 하면서 소득 대비 주택가격도 상승했으나 아직 전고점보다는 낮은 수치이다.

9) 세종

세종 소득 대비 주택가격 및 매매가격 '지수' 추이

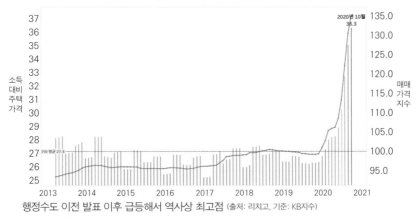

행정수도 이전 발표 이후 급등해서 역사상 최고점 (출처: 리치고, 기준: KB지수)

세종 소득 대비 주택가격 및 매매가격 '시세' 추이

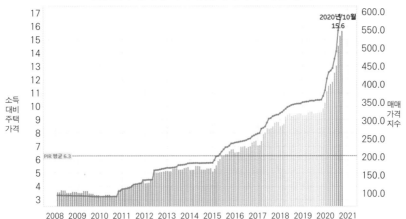

2012년 세종 신도시 입주 이후 상승 시작해 현재 역사상 최고점 (출처: 리치고, 기준: KB시세)

'공무원의 도시'로 불리는 세종을 살펴보자. 세종은 2012년 출범했고 이후 지속적인 공급이 이루어졌다. 지속적인 공급에도 소득 대비 주택가격이 안정세를 유지하다가 최근 노무현 정부 때 거론되던 행정수도 이전 이슈들이 터지면서 가격이 급등했다. 그로 인해 소득 대비 주택가격이 급등해서 사상 최고치를 기록 중이다.

　세종의 소득 대비 주택가격은 시세로 볼 때 지속적으로 꾸준히 상승했고 2020년부터 가격 급등으로 인해 역사상 최고치를 기록중이다. 세종은 시세와 지수가 모두 역사상 최고 고평가 구간을 형성 중이다.

10) 제주

　제주의 소득 대비 주택가격도 지수로 먼저 살펴보자. 2010년 초반이 가장 저평가 상태였고 이후 가격이 가파르게 상승하면서 소득 대비 주택가격에도 빨간불이 들어왔고 2012년 이후 잠깐 상승세가 주춤하면서 소득 대비 주택가격은 다시 하락했다. 2015년에 다시 가격이 급등하면서 소득 대비 주택가격은 2017년에 최고치를 기록했고 이후 지속적인 하락 추세에 있다. 외국인 투자이민제도 등과 외적인 요인(코로나19 등)들이 타 지역과는 더 민감하게 작용하는 곳이라는 점을 명심하자.

　제주는 시세로 보면 지수보다는 저평가 구간을 형성했던 기간이 길고 2015년 이후 급등하는 것으로 확인된다. 제주는 다른 지방의 흐름과는 다르게 2015~2016년 급등 이후 등락을 반복 중이고 현재는 약간의 하락 추세지만 여전히 고평가 구간을 형성하고 있다. 시세 소득 대비 주택가격 데이터는 좋지 않지만 2020년 8월부터 시세가 다시 상승하고 있다. 제주도에 관심을 두어야 할 시기가 왔다. 이 책에서 제공하는 다양한 데이터들을 면밀히 검토하길 바란다.

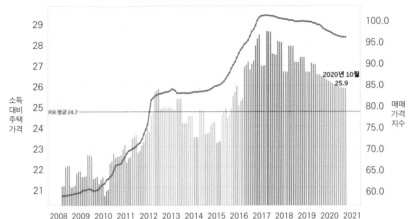

제주 소득 대비 주택가격 및 매매가격 '지수' 추이

지속적으로 하락 중이나 평균보다 높은 수준 (출처: 리치고, 기준: KB지수)

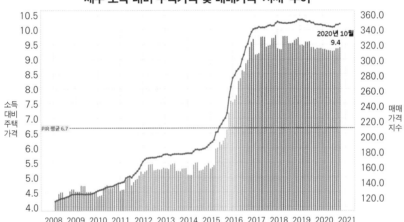

제주 소득 대비 주택가격 및 매매가격 '시세' 추이

최근 다시 상승 중이고 매우 높은 고평가 수준 (출처: 리치고, 기준: KB시세)

11) 강원

최근의 흐름이 좋은 강원도는 어떨까? 강원도는 2010~2011년에 소득 대비 주택가격이 가장 저평가됐다. 2011년부터 가격이 급등하면서 소득 대비 주택가격도 2012년에 급등했다. 입주폭탄이 터진 강

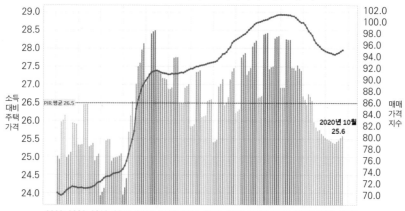

강원 소득 대비 주택가격 및 매매가격 '지수' 추이

2020년 10월
25.6

PIR 평균 26.5

2010년 이후로 상당히 저평가 구간에 있다. (출처: 리치고, 기준: KB지수)

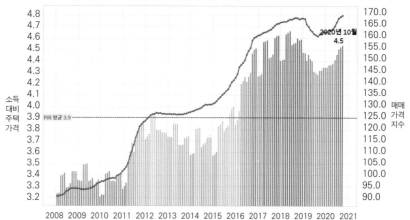

강원 소득 대비 주택가격 및 매매가격 '시세' 추이

2020년 10월
4.5

PIR 평균 3.9

최근 상승 중이고 전고점보다 조금 낮은 수준 (출처: 리치고, 기준: KB시세)

원도의 소득 대비 주택가격은 2018년부터 하락해서 2020년 중순경에는 2010년 이후 가장 저평가 구간을 형성했다.

강원도의 소득 대비 주택가격은 지수와 시세에서 차이가 크다. 지수로는 현재 저평가 구간이지만 시세로는 꽤 고평가 구간에 있다. 지수와 동일하게 입주폭탄이 터진 이후 하락하는 것이 확인된다. 지수와 시세가 큰 차이가 보여 이해하기 힘들 때는 다른 데이터의 흐름이 중요하다. 시세로 보는 강원도는 고평가 구간이지만 다른 데이터의 흐름이 좋으니 세심한 검토가 필요한 지역이다.

12) 경남

경남의 흐름을 살펴보자. 수도권도 마찬가지지만 지방도 같은 도에 속해 있더라도 경남과 경북이 다를 수 있고 광역시의 흐름과도 다를 수 있다는 점을 다시 한번 강조한다.

경남은 금융위기 직후인 2008~2010년이 가장 매수적기였고 이후 급등하는 모습을 보이며 2011년 하반기에 소득 대비 주택가격이 크게 상승했다. 이후로도 등락을 거듭하긴 했지만 지속적인 하락이 이루어졌다. 2020년 중순부터 매매가격이 상승 반전하고 있고 다른 데이터들도 양호해 관심권에 두어야 할 지역 중 하나이다.

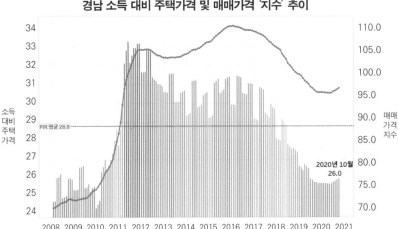

경남 소득 대비 주택가격 및 매매가격 '지수' 추이

2011년 이후 가장 저평가 수준 (출처: 리치고, 기준: KB지수)

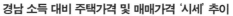
경남 소득 대비 주택가격 및 매매가격 '시세' 추이

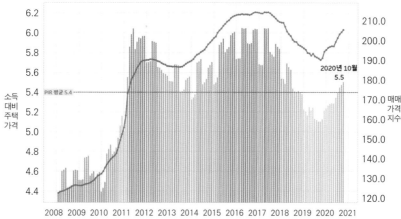

2019년에 바닥 찍고 상승 중이나 평균보다 조금 높은 수준 (출처: 리치고, 기준: KB시세)

경남은 지수와 시세에 큰 차이가 없는 것이 확인된다. 금융위기 이전에도 소득 대비 주택가격이 지속적으로 저평가 상태로 2008~2010년이 가장 매수적기였음을 확인할 수 있다. 2017년부터 대세 하락이 시작되면서 2019년에는 소득 대비 주택가격이 다시 저평가 구간으로 들어섰고 2019년 11월부터 다시 상승하고 있으나 전고점보다는 꽤 낮은 수준이다.

13) 경북

경북의 소득 대비 주택가격은 2010~2011년이 가장 낮아서 최고의 매수적기였다. 이후 지속적으로 크게 상승을 했고 2016년부터 4년 정도 대세하락을 했다. 2020년 중순부터 다시 상승 반전하고 있다.

경북의 시세 흐름도 지수와 비슷하다. 2008년 이후 줄곧 저평가 구간을 형성하다가 2011년 이후 아파트 가격이 무섭게 상승하기 시작했고 소득 대비 주택가격도 동반 상승했다. 2016년 최고점을 찍은

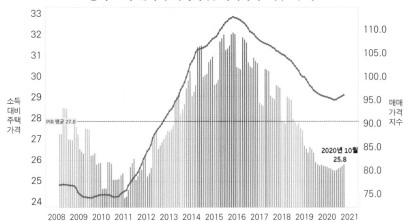

경북 소득 대비 주택가격 및 매매가격 '지수' 추이

2012년 이후 가장 저평가 상태 (출처: 리치고, 기준: KB지수)

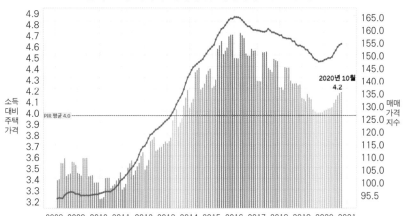

경북 소득 대비 주택가격 및 매매가격 '시세' 추이

최근 다시 상승 중이나 전고점 대비 꽤 낮은 수준 (출처: 리치고, 기준: KB시세)

이후 약 4년 동안 긴 하락을 거친 후 최근 상승 반전했다. 지수보다는 시세가 약간은 더 고평가 구간이지만 전고점보다는 한참 낮다는 것 이 확인된다.

14) 전남

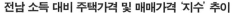

전남 소득 대비 주택가격 및 매매가격 '지수' 추이

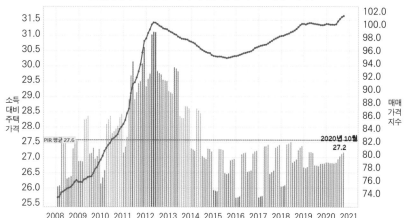

평균보다 조금 낮은 저평가 상태 (출처: 리치고, 기준: KB지수)

전남 소득 대비 주택가격 및 매매가격 '시세' 추이

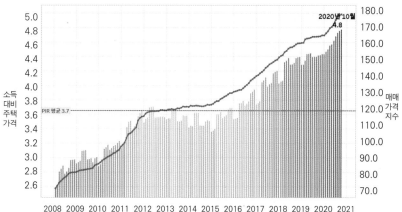

지속적으로 상승해서 역사상 최고 고평가 상태 (출처: 리치고, 기준: KB시세)

전남도 지수와 시세의 차이가 큰 것으로 나타났다. 지수로 보면
2012년이 가장 고점이고 이후 지속적으로 저평가 상태임을 알 수 있
고 최근 지수가 상승 중이라는 것이 확인된다. 지방의 많은 지역들이

금융위기 이후가 저평가 구간이어서 매수적기였다. 하지만 전남은 금융위기 이후보다 2016~2017년 소득 대비 주택가격이 더 낮았고 그래서 더 좋은 매수적기였다.

전남도 지수와 시세의 흐름이 많이 다른 모습이다. 실제 평균 매매가격인 시세로 보았을 때는 지속적으로 시세가 상승해왔고 그러면서 소득 대비 주택가격도 지속적으로 상승했다. 그래서 최근이 역사상 가장 높게 고평가됐다. 전남은 다른 데이터들의 흐름을 신중하게 검토해야 한다는 결론이 나온다.

15) 전북

가장 저평가됐던 2008년이 매수적기였고 이후 상승하기 시작해 큰 상승을 기록했다. 전북은 2012년이 가장 고평가 구간이었고 이후부터 하락해 아파트 가격도 꽤 오랜 기간 하락장을 겪어야 했다. 현재는 미미하지만 지수가 상승 중이다.

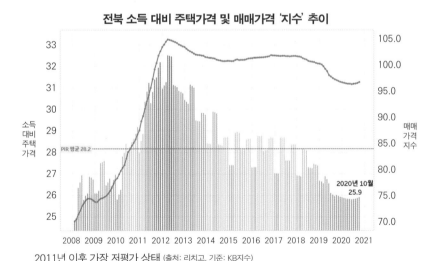

전북 소득 대비 주택가격 및 매매가격 '지수' 추이

2011년 이후 가장 저평가 상태 (출처: 리치고, 기준: KB지수)

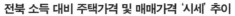

전북 소득 대비 주택가격 및 매매가격 '시세' 추이

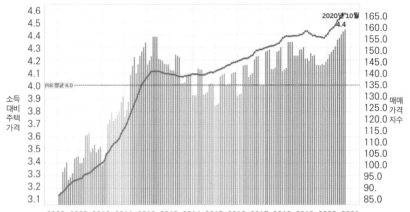

2012년 전고점보다 조금 더 높은 수준 (출처: 리치고, 기준: KB시세)

　전북의 시세도 2008년이 가장 저평가 상태였고 지수와 마찬가지로 이후 급등했던 것으로 나타난다. 2012~2013년 약간의 조정 이후에 전북의 시세는 다시 지속적으로 상승하면서 소득 대비 주택가격도 같이 상승했다. 2019년 다시 하락했다가 2020년 다시 상승해서 전고점보다 조금 더 높지만 다른 데이터의 흐름이 양호하다는 점 숙지하자.

16) 충남

　충청권의 흐름도 궁금하다. 일단 충남은 일반적인 지방과 흐름이 유사하지만 약간의 차이가 있다 2008년보다는 2011년이 가장 매수적기로 나타났고 2014년 가장 고점을 찍었다. 2018년 이후는 입주물량 여파로 가격이 하락하며 저평가 구간을 형성하기 시작했고 2019년 말 반등하는 모습이다. 이런 그래프가 나타나는 지역은 주목할 필요가 있다.

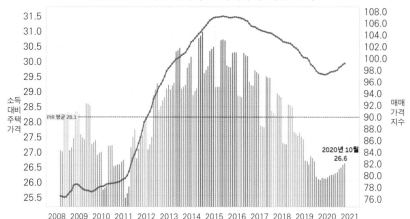

충남 소득 대비 주택가격 및 매매가격 '지수' 추이

2019년 가을에 바닥 찍고 상승 중이나 여전히 꽤 저평가 상태 (출처: 리치고, 기준: KB지수)

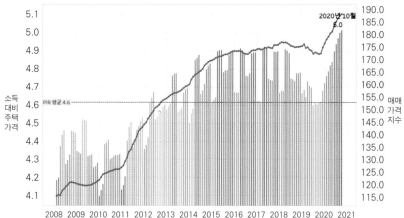

충남 소득 대비 주택가격 및 매매가격 '시세' 추이

최근 전고점 돌파하면서 가장 고평가 상태 (출처: 리치고, 기준: KB시세)

시세 그래프도 큰 흐름은 비슷하다. 2010~2011년 정도가 가장 저평가 구간을 나타내고 2014~2015년에는 고점을 형성했고 2019년 중순에 저점 찍고 다시 상승해서 전고점을 돌파했다. 충남도 시세와 지수의 차이가 큰 것은 최근 2~3년 내 신축아파트 입주가 많았기 때문이다.

17) 충북

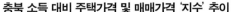

충북 소득 대비 주택가격 및 매매가격 '지수' 추이

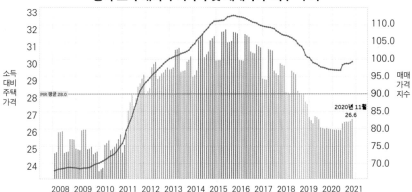

2020년 초에 바닥 찍고 상승 중이나 여전히 꽤 저평가 상태 (출처: 리치고, 기준: KB지수)

충북 소득 대비 주택가격 및 매매가격 '시세' 추이

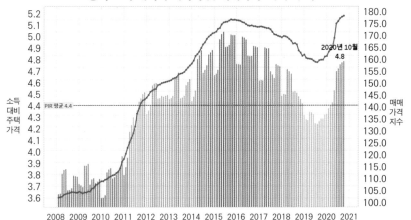

2019년 중순에 바닥 찍고 상승 중이나 전고점보다는 낮은 상태 (출처: 리치고, 기준: KB시세)

충북은 어떤 흐름을 보일까? 2010년이 소득 대비 가장 저평가됐다는 것을 이제 독자는 바로 알아차렸을 것이다. 고점 또한 마찬가지다. 2015년이 가장 고점인 것으로 나타났고 이후 지속적으로 하락해 2020년 중순 정도에 저점을 찍고 다시 상승하고 있으나 여전히 꽤 저평가 상태임을 알 수 있다.

시세 데이터도 비슷한 양상이다. 2010년이 가장 저점이었고 2015년이 전고점이었다. 이후 꾸준하게 하락하다가 2019년에 상승 반전해서 현재는 전고점 보다 조금 더 높은 고평가 수준이다. 언제가 매수적기였고 언제가 매수하면 위험했는지 바로 알 수 있을 것이다.

이번 장에서는 소득 대비 주택가격의 흐름을 통해 매수적기를 짚어보았다. 전세계적으로 주택가격을 판단하는 기준으로 소득이 얼마만큼 상승했는지를 기준으로 삼고 있다. 그만큼 시장을 통찰하는 데 매우 유용한 지표이다. 내가 원하는 지역이나 주택을 마련하고 싶은 곳이 있다면 대입해서 확인해보길 바란다. 시장의 흐름을 읽는 데 매우 유용한 지표이다. 리치고에 들어가면 좀 더 구체적으로 세부 지역까지 확인이 가능하다.

물가 대비 저평가 지수로
매수·매도 타이밍 잡기

자본주의 사회에서 살고 있다면 통화량이 증가하면 돈의 가치가 떨어진다는 것 정도는 기본 상식으로 알고 있어야 한다. 최근에도 통화량은 꾸준하게 증가 추세다. 우리는 거의 모든 물가가 오르는 인플레이션을 장기간 경험했다. 부동산은 실물자산이고 물가 오르는 속도만큼 부동산 가격이 오르는 것은 본질가치다. 이런 전제를 하고 만든 인덱스가 바로 물가 대비 매매 저평가 인덱스다. 물가 상승률보다 더 크게 부동산이 상승한다면 고평가라고 보았고 물가가 올라가는 속도보다 더 못 오른다면 저평가로 보았다. 특정 지역의 아파트 가격이 고평가인지, 저평가인지를 판단하는 데 좋은 지표다. 이번 장에서는 독자들에게 도움이 될 만한 한 가지 법칙을 소개하려 한다. 그 법칙을 이용해 시장에 대입한다면 상당한 적중률로 매입 시기를 잡을 수 있을 것이다. 이번 장을 꼭 정독하길 바란다.

저 23법칙과 고 23법칙으로 매도·매수 타이밍 잡기

일단 시도별로 물가 대비한 아파트 매매가격의 저평가 정도를 체크해보자. 녹색이고 막대가 높을수록 더 저평가이고 빨간색이고 낮을수록 더 고평가다. 통상적으로 물가 대비 고평가 구간으로 들어가고 2~3년 정도 후가 고점인 경우들이 꽤 있었다. 또한 반대로 물가 대비 저평가 구간으로 들어가고 2~3년 정도 후가 저점인 경우들도 상당수 있었다.

이런 관점에서 서문에서 기술한 법칙을 적용해보자. 고평가 구간이 시작된 이후 2~3년 후는 '고23법칙'이라 하고 저평가지수가 나타난 2~3년 후는 '저23법칙'이라 한다. 이를 통하면 상당히 높은 확률로 상승장에 편승하거나 매도 타이밍을 잡을 수 있으니 숙지 바란다. 그러나 이 법칙은 부동산에 영향을 줄 수 있는 입주물량이나 미분양 데이터가 극단에 가까운 수치라면 맞지 않을 수 있다. 예를 들어 저23법칙에 따라서 이제는 바닥을 치고 상승할 수 있는 구간이 왔다. 그런데 하필이면 엄청난 입주폭탄이 2년 정도 지속된다면 본격적인 상승의 시기는 더 늦어질 수 있다. 최종적인 결론은 다른 데이터들도 같이 검토하고 내리는 습관을 기르자.

물가 대비 저평가 인덱스도 지수와 시세 데이터 모두 보여주고 있는데 2003년도부터 무려 17년간의 장기 흐름을 보여주고 있다. 고평가 정도를 판단할 때는 시세 데이터의 흐름이 중요하다. 저23, 고23 법칙을 적용한 매매 타이밍을 잡는 데는 지수를 활용했다.

1) 서울

KB지수 기준: 15.4% 고평가 (평균 대비 15.5% 고평가)

KB시세 기준: 130.8% 고평가 (평균 대비 106.4% 고평가)

서울 '지수' 대비 물가 저평가 인덱스 (시기: 2003년 11월~2020년 10월)

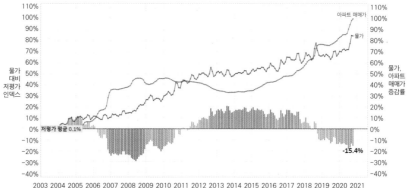

(출처: KB부동산 지수, 통계청)

서울 '시세' 대비 물가 저평가 인덱스 (시기: 2003년 11월~2020년 10월)

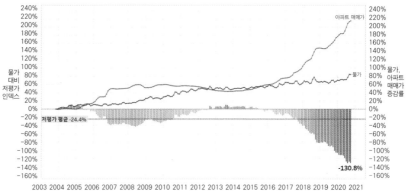

(출처: 리치고, 통계청)

파란색이 물가 증감률이고 빨간색이 아파트 매매가 증감률이다. 차트에서 보는 바와 같이 물가 증감률과 아파트 매매가 증감률은 오랜 기간 서로 엎치락뒤치락하면서 등락을 반복하고 있다. 물가 상승률보다 아파트 매매가 상승률이 과도하게 올라갈 때도 있다. 또 물가는 꾸준히 상승하는데 아파트 매매가 상승률은 오히려 하락하면서 중장기적으로 떨어질 때도 있다.

서울은 2003년부터 2006년 3월까지 물가 대비 저평가됐던 기간이고 2006년 4월부터 2010년 8월까지 고평가됐던 기간이다. 가장 고평가된 시기는 2007년 1월부터 2008년 10월까지였다. 실제로 이때 서울 아파트 가격이 고점을 기록한 바 있다. 물가 대비 고평가로 진입하고 2~3년 정도 후가 고점이라는 룰을 적용한다면(고23법칙) 2006년 4월+2~3년=2008년 4월부터 2009년 4월까지 정도가 시장의 고점이라고 예상해볼 수 있다. 실제로 독자들도 이제 당시가 서울 아파트 시장의 최고점이었다는 것을 알 것이다.

서울 아파트 가격이 금융위기 이후에 하락했다가 2009년에 반등하더니 2010년부터 본격적으로 대세 하락을 시작했고 2011년 1월부터 물가 대비 저평가됐다. 이번에는 저23법칙을 적용해보자. 이때부터 대략 2년 반 정도 후인 2013년 8월에 24%로 가장 저평가됐고 정확하게 서울 아파트 가격이 바닥을 찍었던 시점이다. 이때 매수했다면 최적의 매수 타이밍이 됐을 것이다. 물가 대비 저평가 상태로 들어간 지 2~3년 정도 후가 매수 타이밍이라는 룰이 또다시 적중한 것이다.

이러한 물가 대비 저평가 상태는 2017년 9월까지도 상당히 높은 수준으로 유지됐다. 이후 아파트 가격이 급등하면서 2018년 11월부터는 다시 고평가 구간이 시작됐다. 현재는 이 구간이 시작된 지 2년 정도 돼가고 있다. 고평가 구간으로 진입한 후 2년 정도가 되는 시점부터 1년 정도 안에 시장에 변곡점이 발생할 가능성은 커지고 있다.

지수가 아니라 실제 시세 데이터를 기준으로 보면 서울의 물가 대비 고평가 정도는 훨씬 더 심해진다. 과거에 서울의 아파트 가격이 가장 높았을 때는 2008년 6월로 -40% 기록했다. 중요한 것은 2018년 3월에 이미 그 수준을 넘어 고평가 구간이 시작됐고 연속 상승해 지금은 그 어느 때보다 심각한 고평가 국면에 있다는 점이다.

2) 경기

> **KB지수 기준: 23.4% 저평가** (평균 대비 14.6% 저평가)
>
> **KB시세 기준: 40.8% 고평가** (평균 대비 35.9% 고평가)

경기 '지수' 대비 물가 저평가 인덱스 (시기: 2003년 11월~2020년 10월)

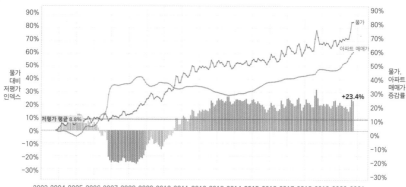

(출처: KB부동산 지수, 통계청)

경기 '시세' 대비 물가 저평가 인덱스 (시기: 2003년 11월~2020년 10월)

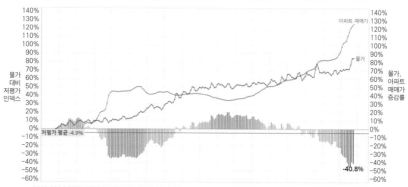

(출처: 리치고, 통계청)

경기도는 어떨까? 경기도는 2006년 4월까지 물가 대비 저평가 구간이었고 2006년 5월부터 고평가 구간으로 들어섰다. 최고점은 2007년 1월부터 2008년 6월까지이다. 2006년 5월에 고평가 구간으로 진입했으니 2~3년 후인 2008년 5월부터 2009년 5월 즈음 고점이 올 것으로 미리 알 수 있었다. 실제로 2008년 9월이 경기도의 최고점이었다. 고23법칙이 그대로 적중했다.

당시 경기 아파트를 매수했던 분들은 오랜 기간 고통을 겪었을 것이다. 경기도 아파트 가격은 2008년 9월부터 대세 하락하면서 2010년 8월 다시 저평가 구간으로 들어서기 시작했다. 이후 2013년 9월 바닥을 찍고 다시 상승하기 시작했다. 이번에도 저23법칙의 룰이 적중했다. 경기도의 아파트 가격은 지수로 보면 여전히 저평가 구간이라는 것을 알 수 있다. 꽤 상승하긴 했지만 경기 내에서 선정만 잘한다면 아직도 내 집 마련을 하기에 좋은 지역이 있다는 뜻이다.

지수가 아니라 실제 시세 데이터 기준으로 보면 경기도의 물가 대비 고평가 정도는 지수와는 완전히 다른 모습이다. 과거에 물가 대비 가장 고평가됐을 때는 2008년 6월로 -36%를 기록했다. 이후 2019년 11월에 이미 전고점을 넘어섰다. 지금은 2008년의 전고점보다 조금 더 고평가된 수준이다.

3) 인천

> **KB지수 기준: 36.8% 저평가** (평균 대비 21.7% 저평가)
>
> **KB시세 기준: 41.7% 고평가** (평균 대비 25.2% 고평가)

인천도 법칙이 적중할까? 인천은 2006년 11월부터 물가 대비 고평가 구간으로 들어섰다. 2년 정도 후인 2008년 10월까지 상승해서 물

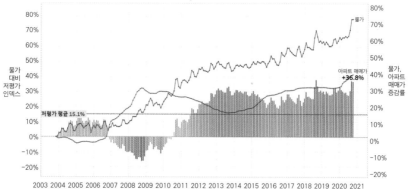

인천 '지수' 대비 물가 저평가 인덱스 (시기: 2003년 11월~2020년 10월)

물가
대비
저평가
인덱스

물가

아파트 매매가
+36.8%

저평가 평균 15.1%

물가,
아파트
매매가
증감률

2003 2004 2005 2006 2007 2008 2009 2010 2011 2012 2013 2014 2015 2016 2017 2018 2019 2020 2021

(출처: KB부동산 지수, 통계청)

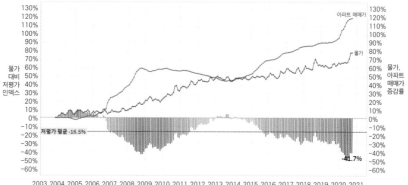

인천 '시세' 대비 물가 저평가 인덱스 (시기: 2003년 11월~2020년 10월)

물가
대비
저평가
인덱스

아파트 매매가

물가

저평가 평균 -16.5%

-41.7%

물가,
아파트
매매가
증감률

2003 2004 2005 2006 2007 2008 2009 2010 2011 2012 2013 2014 2015 2016 2017 2018 2019 2020 2021

(출처: 리치고, 통계청)

가 대비 -16%까지 고평가됐지만 이후 대세 하락 구간에 들어섰다. 고23법칙을 적용하면 2008년 하반기가 매도 타이밍이었다. 이 책을 읽는 독자라면 누구나 쉽게 알 수 있다.

이후 2010년 7월에 물가 대비 다시 저평가 구간으로 들어섰고 3년 정도 후인 2013년 9월 정도에 바닥을 찍고 다시 대세 상승기에 접어 들었다. 인천은 2010년을 기준으로 잡고 저23법칙을 적용하면 2013

년이 매수적기라는 결론이 나온다. 2013년 이후 어느 정도 상승했는지 보이는가? 인천은 현재도 가장 저평가 구간을 형성하고 있다.

시세 데이터를 기준으로 보면 인천의 고평가 정도는 지수와는 다른 모습이다. 가장 고점은 2008년 10월 -46%를 기록한 시기다. 이후 2020년 7월 -45%까지 고평가됐으나 현재는 조금 하락해 2020년 9월 기준으로 35.3% 고평가 수준에 있다. 지수와 시세의 차이가 크다면 종합적인 검토가 필요하다는 점을 재차 강조한다.

4) 광주

> **KB지수 기준: 3.2% 고평가** (평균 대비 0.3% 고평가)
> **KB시세 기준: 114.8% 고평가** (평균 대비 80.1% 고평가)

다음은 광주다. 광주는 2003년 전후로 고평가와 저평가 구간이 짧게 형성되므로 그 시점은 제외하고 보자. 2008년 저평가 구간이 시작됐고 2012년 고평가 구간이 시작됐다. 2008년은 저23법칙을 적용해 2010~2011년이 매수적기다. 엄청난 상승장을 가져온 시기다. 광주는 저23법칙은 잘 맞아떨어졌지만 고23법칙은 어긋났다. 고평가 구간이 시작됐지만 완만하게 상승했으니 말이다.

이런 경우는 입주물량과 다른 데이터의 종합적인 결론이 필요하다고 서문에서 기술했다. 당시 광주는 입주물량도 부족하고 미분양도 감소하고 거래량이 증가하며 매수세에 불이 붙었던 상황이다. 다른 데이터들이 양호하니 고평가 구간임에도 완만한 상승이 가능했던 것이다. 여기서 한 가지를 기억하라. 저평가 구간이 시작되고 저23법칙을 적용할 때가 수익이 월등히 높다. 고평가 구간에도 다른 데이터가 양호하다면 수익을 낼 수 있지만 저평가 구간일 때는 더 큰 수익을

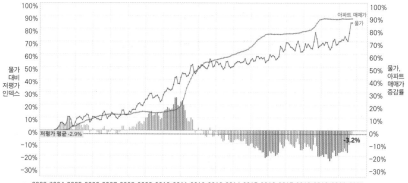

광주 '지수' 대비 물가 저평가 인덱스 (시기: 2003년 11월~2020년 10월)

(출처: KB부동산 지수, 통계청)

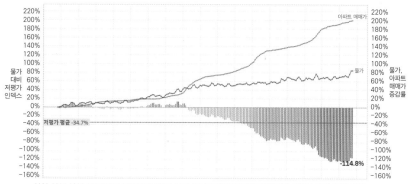

광주 '시세' 대비 물가 저평가 인덱스 (시기: 2003년 11월~2020년 10월)

(출처: 리치고, 통계청)

낼 수 있다는 것이 핵심 포인트다.

광주의 시세 데이터는 지수와 큰 흐름은 비슷하지만 물가 대비해서 100%가 넘는 엄청난 고평가 상태라고 이야기하고 있다.

5) 대구

KB지수 기준: 9.9% 저평가 (평균 대비 1.0% 저평가)

KB시세 기준: 62.8% 고평가 (평균 대비 48.6% 고평가)

대구 '지수' 대비 물가 저평가 인덱스 (시기: 2003년 11월~2020년 10월)

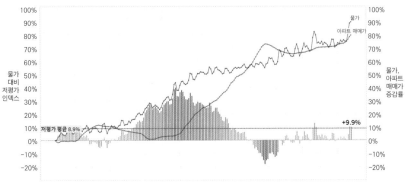

(출처: KB부동산 지수, 통계청)

대구 '시세' 대비 물가 저평가 인덱스 (시기: 2003년 11월~2020년 10월)

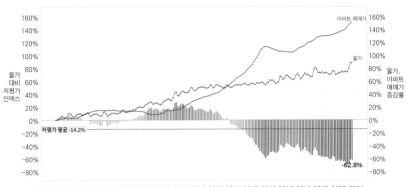

(출처: 리치고, 통계청)

대구를 살펴보자. 저평가와 고평가 구간이 짧게 등락하는 경우는 고23과 저23법칙의 적용이 어려울 수 있다는 점을 참고하자. 대구는 2000년 초반은 등락 기간이 짧았기 때문에 제외하고 저평가 구간이 시작된 2007년이 기준점이 된다. 2007년은 저23법칙을 적용해 2010년 정도가 가장 매수적기임을 알 수 있고 실제로 2010년 이후 그래프가 급상승했다. 이후 형성된 고평가 구간은 짧고 저평가 구간도 지속적인 상승 흐름은 아니다. 이런 경우는 다른 데이터를 통한 종합결론이 필요하다.

대구의 고평가 정도는 시세로 보면 훨씬 심각하다. 저평가 평균이 -14.2%인데 현재는 -62.8%로 역사상 최고점을 기록 중이다. 물가 대비해도 크게 높다는 것을 알 수 있다. 지수와는 수치가 다르지만 흐름은 비슷하고 지수는 2009~2013년을 매우 저평가로 판단했다면 시세는 약간 저평가로 판단했다. 2017년 이후도 지수는 아직 저평가로 판단했지만 시세는 역사상 최고 고평가로 판단하고 있다. 이런 지역은 매입을 신중히 하는 것이 좋다.

6) 대전

> **KB지수 기준: 19.7% 저평가** (평균 대비 2.0% 저평가)
>
> **KB시세 기준: 40.2% 고평가** (평균 대비 48.1% 고평가)

대전의 지수는 빨간색이 없을 정도로 여전히 저평가 상태라고 판단하고 있다. 대전은 물가 대비 한 번도 고평가된 적이 없다. 특히 주변 세종 신도시가 들어선 영향이 크다. 세종 신도시 입주물량은 2014~2018년에 집중됐다. 이 기간 동안 대전의 데이터들은 괜찮은 편이었지만 세종에 새 아파트들이 들어서면서 가격이 많이 억눌려 있었다. 2018년까지 대전의 아파트 가격이 저렴하고 물가 대비 저평가 인덱스가 상당히 저평가 구간에 있었던 이유다. 세종의 입주물량이 크게 줄어드는 2019년부터 대전의 아파트 가격은 본격적인 상승세를 타

대전 '지수' 대비 물가 저평가 인덱스 (시기: 2003년 11월~2020년 10월)

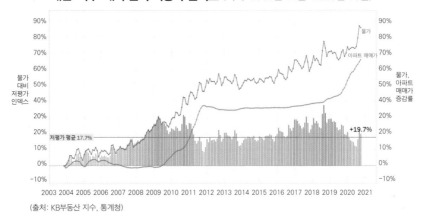

(출처: KB부동산 지수, 통계청)

대전 '시세' 대비 물가 저평가 인덱스 (시기: 2003년 11월~2020년 10월)

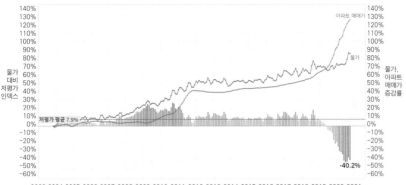

(출처: 리치고, 통계청)

기 시작했다. 대전의 사례를 통해 부동산은 인근 지역의 상황까지 고려해서 판단해야 한다는 교훈을 배울 수 있다.

시세로 보더라도 대전의 전반적인 흐름은 지수와 유사하다. 대전 아파트는 2003년 이후 등락은 있지만 꽤 오랜 기간 저평가 상태였다는 것을 확인할 수 있다. 단, 2019년 이후 급등해 상당히 고평가 상태에 진입한 것이 확인된다. 그러나 대전은 타 지역에 비해 오랜 기간 가

격이 상승하지 못한 곳으로 다른 데이터의 흐름이 좋다면 최근의 상
승 흐름은 더 지속될 가능성이 있어 보인다.

7) 부산

> **KB지수 기준: 17.2% 저평가** (평균 대비 10.1% 저평가)
>
> **KB시세 기준: 72.7% 고평가** (평균 대비 53.5% 고평가)

부산 '지수' 대비 물가 저평가 인덱스 (시기: 2003년 11월~2020년 10월)

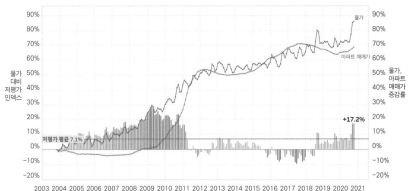

(출처: KB부동산 지수, 통계청)

부산 '시세' 대비 물가 저평가 인덱스 (시기: 2003년 11월~2020년 10월)

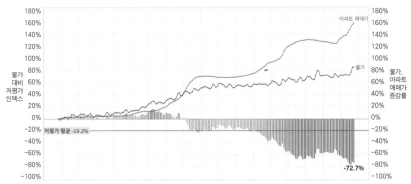

(출처: 리치고, 통계청)

다음은 부산광역시다. 부산은 2004년 1월 이후 2011년 4월까지가 물가 대비 저평가 구간이었다. 저23법칙을 적용하면 2007년 1월이 아파트 가격이 가장 낮은 시기로 매수적기였음을 알 수 있다. 실제로 부산의 아파트 가격은 2007년 1월을 기점으로 바닥을 치고 서서히 오르다가 2009년 본격적으로 상승하는 모습이다. 2013년 저평가 시작점을 기준으로 저23법칙을 적용해도 같은 결과가 도출된다.

다음은 고23법칙이다. 꽤 오랜 기간 고평가 구간을 형성하기 시작한 2015년 10월 이후 3년 뒤인 2018년은 매도 타이밍으로 부산 아파트가 가장 비쌌던 시기로 확인된다(고23법칙). 지수로 볼 때 현재 부산은 물가보다 낮은 가격을 형성하는 것으로 보이지만 역시나 시세로 보면 이야기가 달라진다. 지수는 매수나 매도 타이밍을 잡기에, 즉 큰 흐름을 보기에 더 유용하다는 점을 알아두자.

부산의 시세를 살펴보면 다른 지역과 마찬가지로 지수와는 차이를 보인다. 지표상 2003년 12월부터 2010년 12월까지 저평가 구간을 형성했고 2011년 3월 이후는 고평가 인덱스가 꾸준히 상승하는 것으로 나타난다. 물가 대비 저평가 인덱스가 역사적으로 매우 높은 수준에 있다면 다른 데이터들의 흐름도 자세히 살펴보고 매입을 결정하는 것이 좋다.

8) 울산

> **KB지수 기준: 16.3% 저평가** (평균 대비 21.1% 저평가)
> **KB시세 기준: 61.5% 고평가** (평균 대비 26.8% 고평가)

다음은 울산이다. 울산은 고23법칙과 저23법칙이 매우 정확하게 들어맞는 지역 중 하나이다. 울산의 저평가 구간은 각각 2003년 12

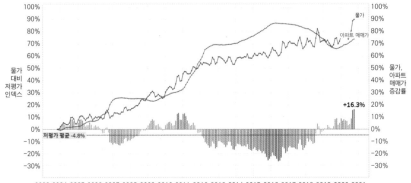

울산 '지수' 대비 물가 저평가 인덱스 (시기: 2003년 11월~2020년 10월)

(출처: KB부동산 지수, 통계청)

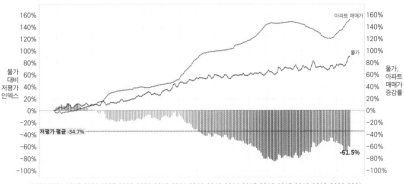

울산 '시세' 대비 물가 저평가 인덱스 (시기: 2003년 11월~2020년 10월)

(출처: 리치고, 통계청)

월~2006년 4월, 2008년 12월~2011년 9월이다.

저평가 후 2~3년 뒤인 2005년 12월과 2011년 1월이 매입했을 때 기간 대비 수익률이 가장 높은 것으로 나타났다. 고평가 구간도 살펴보자. 기간이 짧은 경우 정확한 판단이 어려우니 고평가 구간이 나타난 2012년을 살펴보자. 2012년 이후 고23법칙을 적용한다면 2015년이 매도 타이밍임을 알 수 있다. 실제로 울산 아파트의 고점은

2016년 2월이었다.

시세 데이터는 매수 타이밍을 잡는 상황에서는 참고적으로만 보자. 울산은 2003년 12월부터 2006년 1월이 가장 저평가 구간이고 이후 고평가 구간으로 접어들어 지속적으로 상승하다가 2016년 이후 하락 반전했고 현재는 다시 상승 중인 것으로 나타난다. 부산보다는 현재 시세가 과거 대비 고점은 아니지만 오랜 기간 고평가 구간을 형성한 만큼 실제 가치 대비 거품은 없는지 다른 데이터들을 통해 검토가 필요하다.

9) 세종

데이터 없음

10) 제주

> **KB지수 기준: 30.6% 저평가** (평균 대비 22.0% 저평가)
> **KB시세 기준: 121.2% 고평가** (평균 대비 81.7% 고평가)

제주도는 한동안 아파트 가격이 약세를 면치 못했다. 타 도시보다 등락이 적은 편이고 저평가 기간도 길다. 그만큼 물가 대비 아파트 가격을 통해 매수 타이밍을 잡기도 수월하다. 일단 저23법칙을 적용해 보자. 저평가 인덱스가 평균 아래에서 움직이는 2006년 이전은 제외한다. 큰 상승 흐름이 보이지 않기 때문이다. 저평가 구간이 상승하기 시작한 2007년이 기준점이다. 이후 2~3년 후인 2009~2010년이 매수적기였고 큰 폭의 상승을 나타낸 시기다. 다음으로 제주에서 저평가 구간이 나타나는 시기는 2018년 말이다. 여기서도 저23법칙을 적용하면 2020~2021년이 매수적기라는 것을 알 수 있다. 현재도 제주

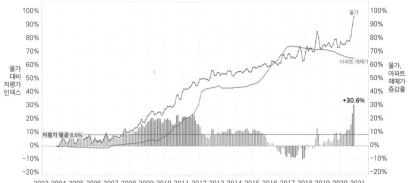

제주 '지수' 대비 물가 저평가 인덱스 (시기: 2003년 11월~2020년 10월)

(출처: KB부동산 지수, 통계청)

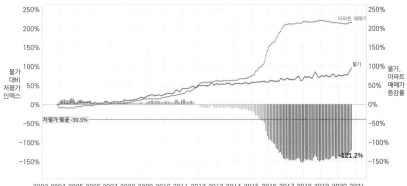

제주 '시세' 대비 물가 저평가 인덱스 (시기: 2003년 11월~2020년 10월)

(출처: 리치고, 통계청)

의 저평가 인덱스가 지속적으로 상승하는 것에 주목할 필요가 있다.

시세 기준으로 보았을 때는 2011년까지 오랜 기간 저평가 상태였다. 2015~2016년 가격이 급등하면서 급격하게 고평가됐고 최근에는 조금 좋아졌지만 여전히 고평가 정도가 매우 심하다.

11) 강원

> **KB지수 기준: 39.7% 저평가** (평균 대비 28.7% 저평가)
>
> **KB시세 기준: 31.6% 고평가** (평균 대비 16.6% 고평가)

강원 '지수' 대비 물가 저평가 인덱스 (시기: 2003년 11월~2020년 10월)

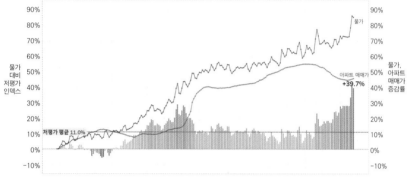

(출처: KB부동산 지수, 통계청)

강원 '시세' 대비 물가 저평가 인덱스 (시기: 2003년 11월~2020년 10월)

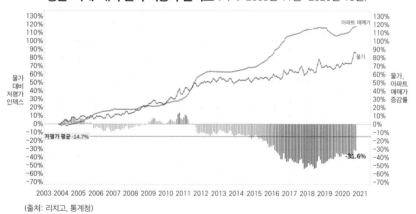

(출처: 리치고, 통계청)

2018년 이후 가격이 급락했던 강원도의 매수 타이밍을 살펴보자. 짧은 기간 형성된 고평가 구간은 판단이 어려우므로 제외한다. 강원도는 2007년 저평가 인덱스가 나타나기 시작했고 급상승하는 모습이다. 여기서 저23법칙을 적용하면 2009~2010년이 매수적기였다. 당시 매수했다면 강원도의 대세 상승장에 올라탈 수 있는 절호의 기회였다.

이후에는 2018년을 기준점으로 잡을 수 있다. 이전의 흐름은 등락을 거듭하는 모습이지만 평균 정도 수준이므로 제외하는 것이다. 저평가지수는 2018년 이후 다시 한번 꾸준하게 상승하는 모습이다. 여기서도 저23법칙을 적용하면 매수적기는 2020~2021년이다. 실제로 강원도의 아파트 가격은 상승 반전했고 현재까지 저평가지수는 꾸준하게 우상향 중이다.

강원도의 시세 흐름도 지수보다는 고평가 구간을 많이 나타낸다. 지수와 시세 데이터 모두를 독자에게 제공하는 것은 각자의 판단에 도움을 주고자 함이다. 시세가 높다는 것은 그 지역의 세대수 감안한 평균 매매가격이 높다는 것을 의미한다. 부동산은 관성이라는 것이 있어 한 번 상승장에 올라타면 쉽게 방향 선회를 하기 힘들다. 즉 고평가라고 해서 가격이 더 오르지 않는 것이 아니라는 점이다. 이 책에서 제공하는 다른 데이터들의 종합적인 판단이 중요하다.

12) 경남

> **KB지수 기준: 36.6% 저평가** (평균 대비 34.7% 저평가)
> **KB시세 기준: 16.9% 저평가** (평균 대비 11.9% 저평가)

경남은 저평가 구간과 고평가 구간이 반복하는 모습이다. 일단 저23법칙을 적용해보자. 2007년 이전은 고평가 구간과 저평가 구간이 등락하는 모습이니 제외한다. 등락 기간이 짧을 때는 다른 데이터의 흐름이 더 중요할 수 있으니 참고하자.

저평가 구간이 상승하는 시점은 2007년이다. 2~3년 뒤인 2009

경남 '지수' 대비 물가 저평가 인덱스 (시기: 2003년 11월~2020년 10월)

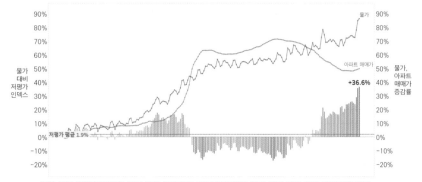

(출처: 리치고, 통계청)

경남 '시세' 대비 물가 저평가 인덱스 (시기: 2003년 11월~2020년 10월)

(출처: KB부동산 지수, 통계청)

~2010년이 가장 매수적기였고 이후 엄청난 상승을 했다는 것이 확인될 것이다. 다음으로 저평가 인덱스가 출현한 시기는 2018년이다. 2018년 이후 꾸준하게 상승 중이고 매수 타이밍은 2020~2021년이다. 실제로 2020년 중순부터 상승으로 전환했다. 2011년에 나타난 고평가 구간은 조선업의 경기와 입주물량 등으로 1년여 지연된 2015년이 가

장 고점인 것으로 나타났다.

경남의 시세 그래프는 지수와 큰 흐름에서 차이가 없다. 살짝 더 저평가인지 고평가인지만 다를 뿐 전반적인 추세는 같으니 참고로 보면 된다.

13) 경북

> **KB지수 기준: 48.4% 저평가** (평균 대비 36.3% 저평가)
> **KB시세 기준: 4.6% 고평가** (평균 대비 5.3% 저평가)

경북도 마찬가지다. 고평가 저평가 구간이 짧게 나타난 시기는 제외하고 저평가 구간이 나타나고 상승하기 시작한 2008년과 2017년을 저23법칙에 대입해보자. 2008년 이후 2010~2011년이 매수적기였고 큰 산을 그리듯 상승한 것을 알 수 있다. 2010년대 초반에 수도권 시장이 탄력을 받지 못하고 영원히 하락할 것처럼 대중들이 느낄 때 지방 시장으로 눈을 돌렸던 일부 투자자들이 지방 시장을 휩쓸고 다녔다는 것을 아시는가? 수도권 시장이 대세 하락을 했어도 지방에는 상승하는 지역이 있었다는 것을 명심하라.

현장에서도 시장이 오를 것인지에 대한 감을 잡을 수 있을 것이다. 하지만 인간의 감은 언제나 오류가 있게 마련이다. 반면 데이터는 감정이 없다. 빅데이터는 현재 경북의 흐름이 앞으로 오를 여지가 많다고 판단하고 있고 저평가 인덱스도 지속적으로 상승 중이다. 2017년부터 저평가 인덱스가 좋아졌다. 그렇다면 2020년 2021년이 매수 포인트라는 것을 기억하라.

경북의 시세 대비 저평가 인덱스는 지수와는 꽤 다르긴 하지만 큰 흐름은 비슷하다. 최근 계속해서 좋아지고 있고 평균 대비해서는 저

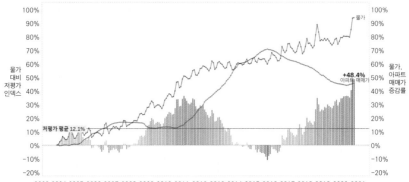

경북 '지수' 대비 물가 저평가 인덱스 (시기: 2003년 11월~2020년 10월)

(출처: KB부동산 지수, 통계청)

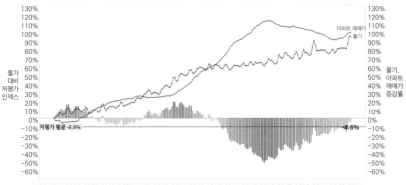

경북 '시세' 대비 물가 저평가 인덱스 (시기: 2003년 11월~2020년 10월)

(출처: 리치고, 통계청)

평가 구간으로 들어섰다.

14) 전남

KB지수 기준: 46.8% 저평가 (평균 대비 29.8% 저평가)

KB시세 기준: 74.1% 고평가 (평균 대비 51.6% 고평가)

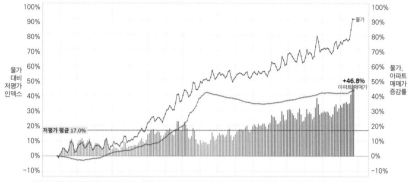

전남 '지수' 대비 물가 저평가 인덱스 (시기: 2003년 11월~2020년 10월)

(출처: KB부동산 지수, 통계청)

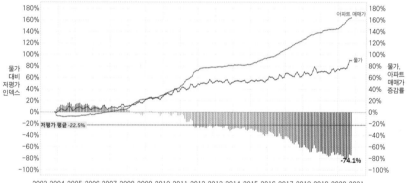

전남 '시세' 대비 물가 저평가 인덱스 (시기: 2003년 11월~2020년 10월)

(출처: 리치고, 통계청)

전남은 지수 데이터에서 저평가 구간이 연속해서 나타나는 모습이다. 이런 경우 저평가 인덱스가 연속 상승하는 시기를 매수 타이밍으로 잡을 수 있다. 이번에도 저23법칙을 적용한다. 첫 번째로 저평가지수가 연속해서 상승했던 시기는 2007년이다. 이후 2009~2010년이 매수적기고 그래프대로 큰 상승 흐름을 보였다. 다음은 2012년이다. 이후 꾸준하게 저평가지수가 상승하는 모습을 확인할 수 있다.

그렇다면 매수적기는 2014~2015년이다. 급등하는 모습은 아니지만 약간 상승하다가 보합세로 가다가 현재는 다시 상승하는 모습이다. 데이터를 통해 이 정도의 매수 타이밍만 잡을 수 있어도 절반은 성공이다. 전문가의 말이니까, 주변 사람들이 추천하니까, 지역 공인중개사가 좋다니까 믿고 매입하는 것에 비하면 성공 확률이 몇십 배, 아니 몇백 배라고 하고 싶다. 그 부분은 독자들이 직접 판단하길 바란다.

전남의 시세 데이터도 고평가 여부를 나타내는 부분이 지수와는 매우 다르다. 시세 데이터로는 지금의 전남은 물가 대비 엄청난 고평가 구간에 있다. 다른 데이터를 파악하고 종합적인 판단이 필요한 지역이다.

15) 전북

> **KB지수 기준: 26.8% 저평가** (평균 대비 34.2% 저평가)
>
> **KB시세 기준: 36.0% 고평가** (평균 대비 10.5% 고평가)

전북에서는 큰 흐름 두 가지인 저23법칙과 고23법칙을 통해 타이밍을 잡아보자. 등락이 짧고 평균 정도를 나타내는 구간은 제외한다. 2009년이 기준점이다. 연속 고평가 구간이 상승 중이고 이후 2011~2012년 집을 팔고 나와야 했다는 결론이 나온다(고23법칙). 저평가 구간이 지속 상승하는 시점은 2018년이다. 저23법칙을 적용해 2020~2021년이 매수적기라는 것을 알 수 있다. 현재 전북은 다른 데이터의 흐름도 양호하다.

여기서 2006~2008년까지 고평가 구간을 나타내지만 전북의 집값이 올랐던 이유를 설명하고 넘어가자. 일단 지수 자체가 평균 대비 높은 편은 아니고 평균 수준이었다. 입주물량도 평균 6,676호 대비

전북 '지수' 대비 물가 저평가 인덱스 (시기: 2003년 11월~2020년 10월)

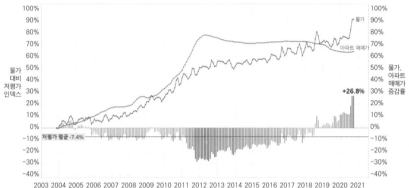

(출처: KB부동산 지수, 통계청)

전북 '시세' 대비 물가 저평가 인덱스 (시기: 2003년 11월~2020년 10월)

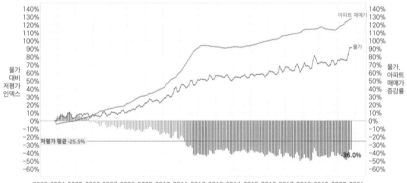

(출처: 리치고, 통계청)

2010년 3,002호, 2011년 2,099호로 20011년엔 예년과 비교해 3분의 1로 줄어들었던 상황이다. 주택구매력지수 전세가율 등의 흐름도 좋았다. 고평가 정도가 높지 않고 다른 데이터들의 흐름이 좋다면 고평가임에도 상승할 수 있다는 점 숙지하자.

전북의 시세 데이터 기준으로는 2011년부터 계속해서 고평가 구간에 속해 있었다. 그나마 최근에는 조금씩 좋아지고 있다.

16) 충남

KB지수 기준: **52.5% 저평가** (평균 대비 35.6% 저평가)

KB시세 기준: **19.4% 저평가** (평균 대비 9.8% 저평가)

충남 '지수' 대비 물가 저평가 인덱스 (시기: 2003년 11월~2020년 10월)

(출처: KB부동산 지수, 통계청)

충남 '시세' 대비 물가 저평가 인덱스 (시기: 2003년 11월~2020년 10월)

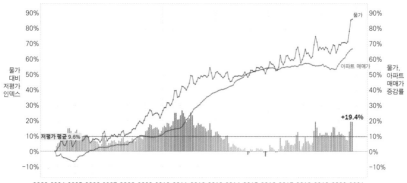

(출처: 리치고, 통계청)

충남도 대부분 저평가 구간이다. 그렇다면 지속적으로 상승하는 시작점을 포인트로 잡아야 한다. 첫 번째 시기는 2007년이다. 이후 2009~2010년이 매수적기였다. 당시 아파트를 매입했다면 급상승하는 장에 탑승하는 절호의 찬스였다. 최근 충남의 저평가지수는 꾸준히 상승 중이고 가격도 2019년 말부터 상승 반전했다는 점이 포인트다.

충남은 2019년 말부터 시세 데이터에서도 대부분의 구간이 저평가를 나타낸다. 지수든 시세든 두 데이터 모두 저평가 구간을 형성한다면 그 지역은 매매가격이 지수와 시세가 각각 저평가 고평가를 나타낼 때보다 더 저평가라고 판단할 수 있다. 충남은 시세 데이터상으로도 최근 상당히 저평가 구간이라고 할 수 있다.

17) 충북

> **KB지수 기준: 23.3% 저평가** (평균 대비 27.4% 저평가)
> **KB시세 기준: 27.3% 고평가** (평균 대비 6.2% 고평가)

충북도 저23법칙과 고23법칙이 정확하게 들어맞는 지역이다. 첫 번째로 저23법칙을 적용하고 기준 시점은 2008년(매수 시점 2010~2011년), 2018년(매수 시점 2020~2021년)이다. 매수 시점에 충북의 아파트 가격이 어떻게 흘러갔는지 독자 스스로 짚어보고 현재는 상승 초반에 있다는 점 강조한다.

다음은 고23법칙이다. 고평가 기준 시점은 2012년이고 매도 타이밍은 2015년이고 이후 엄청나게 하락한 것이 확인된다. 충북도 저평가 인덱스가 출현한 시기 이후 저23법칙을 적용해 매입 시기를 잡았을 때가 가장 수익이 높았다는 것이 확인될 것이다. 이런 대세의 큰 흐름을 잡고 고평가일 때 사는 실수만 하지 않아도 자산을 잃지 않고 불려나갈 수 있다. 충북은 지수와 시세 데이터의 차이가 꽤 큰 지역이다. 시세 데이터 기준으로는 2015년 말에 최악으로 고평가됐고 이후에 가격

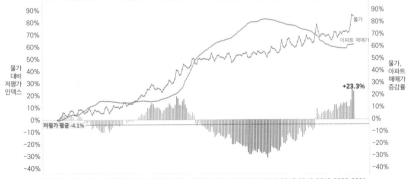

충북 '지수' 대비 물가 저평가 인덱스 (시기: 2003년 11월~2020년 10월)

(출처: KB부동산 지수, 통계청)

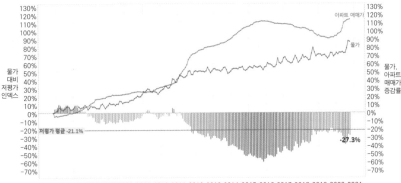

충북 '시세' 대비 물가 저평가 인덱스 (시기: 2003년 11월~2020년 10월)

(출처: 리치고, 통계청)

이 하락하면서 저평가 인덱스는 다시 좋아졌다. 2019년 중순 이후에 가격이 다시 상승으로 반전하면서 저평가 인덱스는 평균보다 조금 더 안 좋은 수준이다.

주택구매력지수로
저평가 지역 확인하기

자, 이제 주택구매력지수를 다뤄보겠다. 주택구매력지수는 중간 정도의 소득을 가진 가구가 대출을 받아서 중간 가격 정도의 주택을 구입한다고 할 때 현재의 소득으로 대출원리금 상환에 필요한 금액을 부담할 수 있는 능력을 의미한다.

주택구매력지수HAI, Housing Affordability Index=(중위 가구 소득/대출상 환가능소득)×100

---

*주택담보대출 금리/한국은행의 신규 취급 예금은행 주택담보대출금리 중간

*주택가격/2012년 12월까지는 국민은행의 KB아파트 시세, 2013년 1월부 터는 한국감정원 아파트 시세

*중간 가구 소득/통계청 '가계조사'의 2인 이상 도시근로자 가계소득의 5,6분 위 소득

*노동부 '매월 노동통계조사'의 5인 이상 사업체 상용근로자 월 급여 총액의 전국 대비 지역별 환산비율을 적용.

주택구매력지수가 크면 클수록 대출을 받아 집을 사는 데 무리가 없다는 의미이다. 즉 소득을 고려한 대출금 상환액이 부담 없다는 것이고 그만큼 주택가격이 저평가됐다는 것을 의미한다. 반대로 주택구매력지수가 적을수록 주택가격이 고평가됐다는 것을 의미한다.

차트에서는 주택구매력지수(막대그래프)가 빨간색일수록 고평가이고 녹색일수록 저평가이다.

서울: 고평가

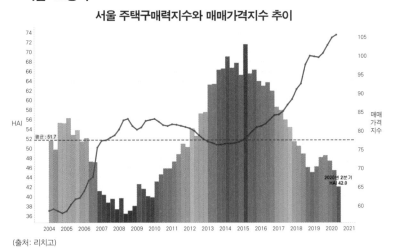

서울 주택구매력지수와 매매가격지수 추이

(출처: 리치고)

서울의 주택구매력지수는 2007~2008년이 가장 낮았다. 이때는 대출받아 집을 사기가 가장 부담스러울 정도로 주택가격이 높았다는 것을 의미한다. 반면에 2014~2015년은 주택구매력지수가 가장 높았다. 즉 이때가 대출받아 서울 집을 사기 좋은 시기였고 실제로 당시가 서울의 최적의 매수 타이밍이었다. 현재는 사상 초유의 초저금리 시대다. 그럼에도 서울의 주택구매력지수는 상당히 낮은 수준이다. 그만큼 서울의 주택가격이 고평가됐다는 판단이다.

경기: 약간 저평가

경기 주택구매력지수와 매매가격지수 추이

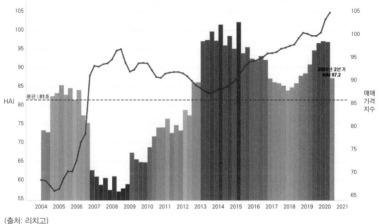

(출처: 리치고)

경기의 주택구매력지수는 2007~2008년이 가장 낮았다. 그만큼 주택가격이 매우 높았다는 뜻이다. 높은 시기가 있으면 낮은 시기도 있는 것이 세상의 원리다. 2014~2015년은 주택구매력지수가 가장 높았다. 당시에는 대출받아 경기도에 집을 매입하기에 매우 적절한 시기였다. 지금은 지난 과거 평균보다 조금 더 좋은 수준이다. 경기도 내에서도 지역에 따라 달라진다. 하지만 경기도 주택가격을 주택구매력지수로 판단하면 아직 버블이 있다고 보기 힘들다. 오히려 약간 저평가에 가까운 수준이다.

인천: 약간 저평가

인천의 주택구매력지수는 경기도와 비슷한 시기인 2008~2009년이 가장 낮았고 2014~2015년에 높았다. 경기도와 마찬가지로 2014~2015년이 매수적기였던 것이 확인되고 당시에 매입했다면 큰 수익을 낼 수 있었다. 현재는 과거 17년간의 평균보다 조금 더 좋은 수준

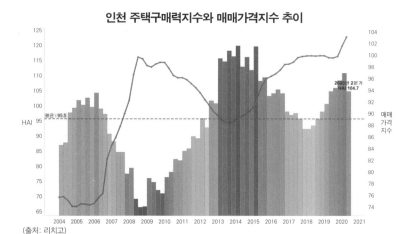

인천 주택구매력지수와 매매가격지수 추이

(출처: 리치고)

이다. 인천의 주택가격은 지역에 따라 달라질 수 있지만 주택구매력
지수로 판단할 때 아직은 버블이 있다고 보기 힘들다. 오히려 약간 저
평가에 가까운 수준이다.

광주: 약간 고평가

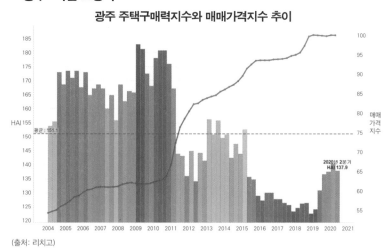

광주 주택구매력지수와 매매가격지수 추이

(출처: 리치고)

구매력지수에서도 지방과 서울은 다른 흐름을 보인다. 먼저 광주를 살펴보자. 수도권이 안 좋았던 2007~2008년이 양호한 흐름을 보였다. 수도권이 좋은 흐름이 나타났던 2013년 이후가 집을 사기 어려운 시기로 나타났고 2018~2019년은 집을 사기 가장 부담스러운 시기로 확인됐다. 현재는 이 지수가 조금 상승하는 추세라 집을 사기 좀 덜 부담스러워지는 중이다. 하지만 여전히 높은 편이므로 다른 데이터의 검토가 필요한 시점이다.

대구: 평균 수준

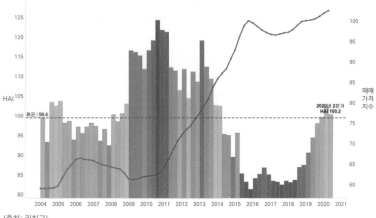

(출처: 리치고)

대구는 광주와는 좀 다른 흐름이다. 지표상으로 2008년 금융위기 무렵은 집을 사는 데 부담이 컸다. 반면 가장 저평가됐던 시기인 2009~2013년은 집을 사는 데 가장 부담이 적었다. 앞서 기술한 물가 대비 아파트 가격 그래프와 비교해도 정확하게 맞아떨어지는 것을 확인할 수 있다. 물가 대비 아파트 가격이 고평가로 나타난 2015~2017년의 주택구매력지수도 낮아 당시가 집을 사는 데 가장 부담스러웠던 시기로 확인된다.

대전: 약간 고평가

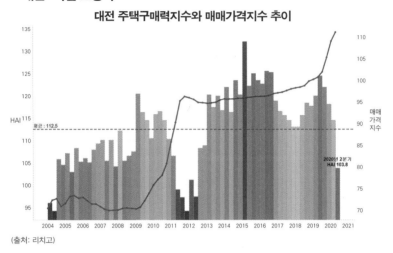

(출처: 리치고)

　대전은 물가 대비 아파트 가격이 오랜 기간 저평가를 기록했던 곳이다. 2004년 이후 집값이 급등한 2009년 2010년을 제외하고 집을 사기 부담스러웠다는 것이 확인된다. 당시 대전의 아파트 가격은 오랜 기간 정체 상태였다. 2013년 이후 주택구매력지수가 좋아졌지만 세종 신도시 입주 여파로 집값은 오랫동안 보합을 유지했다. 현재는 빨간색이 보이며 집을 사기 어려운 상태라는 것을 알 수 있다.

부산: 약간 저평가

　부산은 물가 대비 아파트 가격의 상승과 하락 추세와 주택구매력지수의 흐름이 거의 동일하다. 2004년 이후부터 2011년 초반까지 저평가 구간을 형성한 기간 지수는 높아졌고 2011~2012년 고평가 구간일 때 지수는 떨어졌다. 이후에도 동일한 흐름을 보이고 있다. 물가

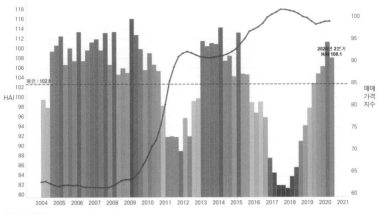

부산 주택구매력지수와 매매가격지수 추이

(출처: 리치고)

대비 아파트 가격 부산편을 비교해보면 재밌을 듯하고 주택구매력지수가 좋은 시기에 집을 매수하고 저평가 시기에 집을 매입해야 한다. 당연하지만 대중들이 잘 실천하지 못하는 논리가 형성된다.

울산: 평균 수준

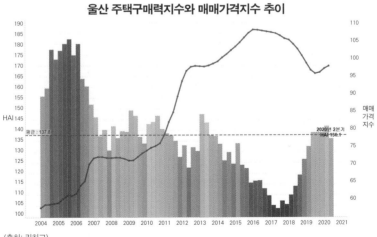

울산 주택구매력지수와 매매가격지수 추이

(출처: 리치고)

울산은 다른 지방과는 좀 다른 모습이다. 저평가 구간을 형성한 2004년부터 금융위기 직전인 2007년까지 해당 지수가 가장 높았고 2008년 이후에는 등락을 거듭했다. 여기서 눈여겨볼 것은 울산의 아파트가 가장 고평가 구간으로 나타나는 2016~2018년이 집을 매입하기 가장 부담되는 시기로 나타난다는 것이다. 울산도 물가 대비 아파트 가격과 주택구매력지수를 비교해서 평가해보길 바란다.

세종

주택구매력지수 데이터 없음

제주: 약간 고평가

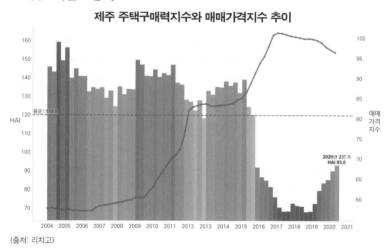

(출처: 리치고)

제주는 다른 시도와는 다른 모습이다. 대개 아파트 가격이 상승하면 주택구매력지수는 떨어지게 된다. 그런데 제주는 미미한 하락만 있을 뿐 큰 폭의 하락은 없다. 이 부분은 제주 아파트의 오름폭이 상대적으로 타 도시와 비교해 적었고 그만큼 관광산업의 활황으로 제주도민의 소득이 높아진 결과라고 할 수 있다. 제주는 짧은 기간 급등한 2016년 이후 현재 집을 사기 매우 부담스러운 수준임을 알 수 있다.

강원: 저평가

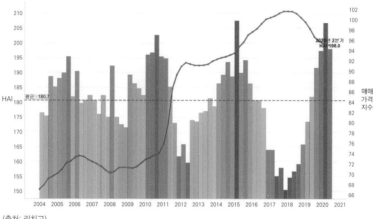

(출처: 리치고)

강원도를 살펴보자. 강원도 타 도시와 비교해 주택구매력지수의 등락이 심한 모습이다. 물가 대비 아파트 가격의 흐름과도 유사한 패턴을 보인다. 강원도에서 2010년, 2015년, 그리고 현재가 집을 사기 가장 부담 없는 시기로 나타난다. 이는 저평가 인덱스가 가장 높았던 시기와도 거의 유사하다. 여기서 센스 있는 독자라면 주택구매력지수와 물가 대비 아파트가격지수가 가장 높은 시기가 매수 타이밍이고 반대로 낮은 시기는 매도 타이밍이라는 것을 눈치챌 수 있을 것이다.

경남: 상당히 저평가

다음은 경남이다. 경남의 주택구매력지수가 좋았던 시기는 2005~2007년이다. 집을 구매하는 데 가장 부담 없었던 기간이고 이후

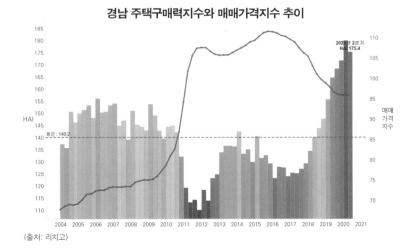

경남 주택구매력지수와 매매가격지수 추이

(출처: 리치고)

2011년 지수가 크게 떨어진 것을 확인할 수 있다. 실제로 당시 경남의 아파트는 고평가 구간으로 집을 사기가 매우 부담스러웠다. 그런데 주목해야 할 것은 현재 경남의 지수가 역사상 가장 높게 나타난다는 것이다. 경남 사람들의 소득은 늘어났는데 집은 저렴한 상태라는 뜻이다. 매수적기라는 것이 확인된다.

경북: 상당히 저평가

다음은 경북이다. 경북은 2005년 전후와 2011년 전후가 집을 사기 좋은 시기로 나타났고 고평가됐던 2014~2017년은 지수가 크게 하락했다. 하지만 현재는 경남과 마찬가지로 가장 높은 것이 확인된다. 매수적기라는 것이 확인된다.

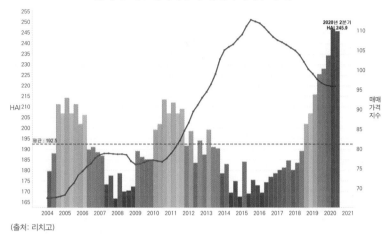

경북 주택구매력지수와 매매가격지수 추이

2020년 2분기
HAI 245.9

평균 : 192.5

HAI

매매
가격
지수

2004 2005 2006 2007 2008 2009 2010 2011 2012 2013 2014 2015 2016 2017 2018 2019 2020 2021

(출처: 리치고)

전남: 살짝 고평가

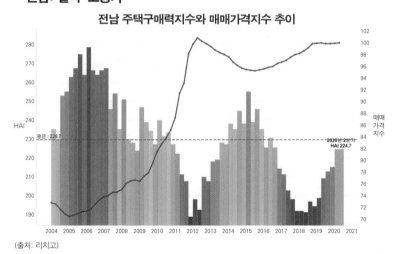

전남 주택구매력지수와 매매가격지수 추이

평균 : 229.7

2020년 2분기
HAI 224.7

HAI

매매
가격
지수

2004 2005 2006 2007 2008 2009 2010 2011 2012 2013 2014 2015 2016 2017 2018 2019 2020 2021

(출처: 리치고)

전남은 어떨까? 전남은 역사적으로 가장 저평가됐던 2004~2008
년이 매수적기로 나타났고 수도권과는 다르게 금융위기 직후인 2009
~2012년까지 급등한 만큼 주택구매력지수는 급격하게 하락한 것이
확인된다. 주택구매력지수가 다시 꽤 상승한 2015년이 다시 매수 적

기였다. 지금은 살짝 고평가 상태이다.

전북: 상당히 저평가

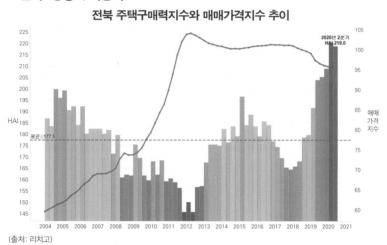

전북 주택구매력지수와 매매가격지수 추이

(출처: 리치고)

전북은 저평가됐던 2004~2006년이 집을 사기 좋았던 시기로 나
타났다. 2010년부터 급등하면서 주택구매력지수는 하락했고 2012년
이 가장 고평가됐다. 이후에는 지속적으로 매매가격이 하락했다. 주
목할 점은 오랜 기간 고평가됐던 전북이 2019년부터 다시 좋아지더
니 최근에는 역사상 최고로 좋아지고 있다. 다른 데이터들의 흐름도
양호하니 눈여겨보아야 할 지역 중 하나다.

충남: 상당히 저평가

충남은 2004년 이후 주택구매력지수가 좋았던 적이 별로 없다. 그
만큼 충남의 2012~2013년은 예년과 비교해 턱없이 부족한 입주물
량으로 인해 집값이 급등했고 주택구매력지수가 그나마 좋았던 적
이 2014~2015년이다. 2016~2018년은 3년 연속 입주폭탄이 터지며

충남 주택구매력지수와 매매가격지수 추이

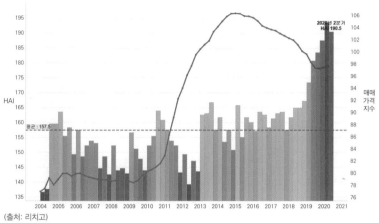

(출처: 리치고)

하락을 해왔다. 그러나 2019년부터는 주택구매력지수가 엄청나게 좋아졌고 가격 흐름도 상승으로 반전됐다. 이제 충남은 역사상 집을 사기에 가장 부담 없는 시기가 시작됐다. 역사상 유례없는 좋은 지수가 나타났다면 당연히 관심권에 두어야 한다.

충북: 상당히 저평가

마지막으로 충북을 살펴보자. 충북도 대개의 경우와 비슷하게 물가 대비 아파트 가격과 비슷한 흐름을 보인다. 저평가됐던 2004~2005년에 주택구매력지수가 높게 나타났고 약보합세였던 2006~2008년은 지수가 낮아졌고 이후 등락을 거듭했다. 물가 대비 아파트 가격과 비교해보면 거의 유사한 흐름을 보인다. 또한 충남과 마찬가지로 2019년 이후 주택구매력지수가 역사상 가장 높게 형성됐다. 역사적으로 높은 지수를 나타내고 있다면 당연히 눈여겨보아야 할 지역이다.

여기까지 주택구매력지수로 전국의 흐름을 살펴보았다. 전반적인 흐름이 물가 대비 아파트 가격지수와 유사하다. 내가 살고 있는 지역

충북 주택구매력지수와 매매가격지수 추이

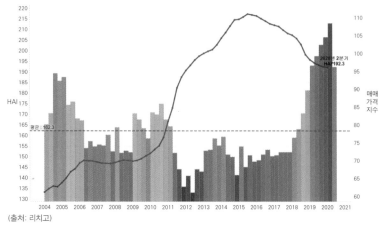

(출처: 리치고)

이나 관심권에 둔 지역이 있다면 두 지표를 비교해보고 당시 아파트 가격도 검토해 언제 매수 타이밍이었는지 확인하는 복습이 꼭 필요하다. 복습을 통해 앞으로 내가 매입할 계획이 있는 지역의 매수적기를 스스로 짚어보는 습관을 만들어보자. 그럼 시장을 읽는 통찰력을 기를 수 있다. 당장 매입 계획이 없어도 독자가 관심을 둔 지역이 언제 저평가였고 언제 구매력지수가 좋았는지를 판단해보고 이후 하락했는지 상승했는지 공부하는 것도 큰 도움이 될 것이다.

내 집 마련은 인생에서 가장 중요한 의사결정이다. 따라서 이 정도 공부는 해야 하지 않을까?

전세가율로 자본금이
덜 드는 지역 찾아보기

　이번 장에서는 전세가율로 전국일주를 해보려 한다. 시장을 읽는데 매우 중요한 데이터라는 점 강조한다. 전세가율은 전세가/매매가로 계산되는 데 매매가 대비 전세가의 비율을 보여주는 데이터다. 이전세가율 움직임만 봐도 특정 지역의 부동산의 흐름과 향방에 대한 많은 것들을 알 수 있다.

저금리일수록 전세가율은 우상향한다

　전세가율에 대한 자세한 설명을 하기 전에 전세가율과 금리의 밀접한 관계에 대한 이야기를 먼저 하겠다. 금리가 떨어질수록 전세금받아서 은행에 예금하면 이자가 줄어든다. 그럼 집주인들은 금리가떨어질수록 더 많은 전세금을 받으려고 할 것이고 이는 전세가율의상승으로 이어질 수밖에 없다. 한국의 금리는 계속해서 대세 하락을해왔고 장기적으로 전세가율은 우상향을 할 수밖에 없었던 구조다.

현재와 같은 초저금리가 계속해서 유지가 된다면 전세가율은 떨어지기가 힘든 구조가 된다. 여기에서 한 가지 크게 우려되는 부분을 짚고 넘어가자. 전세가율이 높은 상황에서 부동산 대세 하락이 오게 되면 어떤 일이 생길까?

예를 들어서 설명해보자. 아파트 가격이 10억이고 전세가격이 8억(전세자금 대출 5억+본인 자금 3억)이라고 가정해보자. 그런데 아파트 가격이 떨어져서 6억(대세 하락 시에는 40~50% 정도는 하락할 수 있다)이 된다면 어떤 일이 생길까? 집주인은 부동산 하락으로 순자산 2억에서 한순간에 -2억이 된다. 임차인에게 2억을 내줘야 하니 말이다. 만약 집주인이 2억이 없다면 어떻게 될까? 그 집은 경매에 넘어갈 것이고 시세가 6억이라면 낙찰은 얼마에 될까? 이런 시기에는 시장 분위기가 안 좋을 테니 아마도 시세의 80% 정도인 5억 정도가 될 것이다. 경매 관련 비용 빼고 나면 5억이 될까 말까 할 것이다. 이 돈으로 임차인은 전세자금 대출 5억을 갚아야 한다. 결국 임차인은 본인 돈 3억을 날리게 된 셈이다. 설상가상으로 더 싸게 낙찰이 되면 경매 관련 비용 빼고 받을 돈이 전세자금대출로 받은 5억보다 적을 것이고 세입자는 본인 돈 3억을 날린 것뿐만 아니라 빚까지 생기는 것이다. 집주인에게 돈을 받아야 하지만 본인 집을 경매로 넘긴 집주인이 그럴 경제적 여유가 있을까? 혹시 있다 하더라고 소송을 해야 하고 돈을 받을 때까지 경제적, 정신적 고통은 이루 말할 수 없다.

집값 하락은 깡통전세로 이어진다

최악의 경우를 가정해서 이야기했지만 몇 년 후에 이런 일이 생기지 않으리라는 보장 또한 없다. 초저금리로 인해 전세가율은 상승 압

박을 받을 수밖에 없다. 설상가상 정부의 '임대차 3법'으로 인해 전세 가격이 폭등하고 폭등한 전세가는 매매가를 다시 밀어 올리고 있다. 매매가와 전세가가 모두 상승하는 시장에서 대중들은 어쩔수 없이 패닉바잉에 내몰리고 있다. 이는 매우 비정상적인 상황이다. 혹시라도 향후에 2010~2013년과 같은 대세 하락장이 온다면 그 충격은 과거 의 그 어느 때보다 심각해질 수 있다는 것을 명심하자.

가능하다면 임차인은 미리 주택도시보증공사HUG나 서울보증보험 SGI의 '전세보증보험'을 가입해 전세금을 온전히 보전받을 수 있는 보 험에 가입하는 것도 좋겠다. 본인의 소중한 재산 보전을 위해 향후 가 격 조정장에 대비할 수 있는 안전장치를 마련해두는 것을 추천한다 (주택도시보증공사는 수도권은 전세보증금 7억 원이고 기타지역은 5억 원 이하 로 보증 가능하며 서울보증보험은 제한없이 보증 가능하다).

전세가율 상승, 하락의 의미

이제는 본격적으로 전세가율에 관해서 설명하겠다. 전세가율은 전 세가 상승률이 매매가 상승률보다 더 높을 때 상승한다. 전세가율이 올라간다는 의미는 무엇일까? 전세는 투기수요가 전혀 없는 100% 실수요이자 실제 사용가치다. 그러나 집값엔 미래가치가 포함되고 투 기수요도 포함된다. 즉 실제 사용가치인 전세가 상승이 매매가보다 크다는 것은 실제 사용가치가 매매가보다 더 크다는 의미이다. 즉 저 평가의 기준이 된다. 전세가가 상승할 때는 투자수요보다 실수요가 시장을 주도한다. 대중들이 아직은 겁이 나서 본격적인 부동산 투자 를 하지 못한다는 것을 의미한다. 또한 투자자의 입장에서만 놓고 보 았을 때 전세가율이 높을 때 집을 산다면 그만큼 매매가와 전세가의 차이가 적어서 레버리지를 극대화할 수 있다.

반면에 전세가율이 내려간다는 것은 실수요보다 투자나 투기가 시장을 지배하고 있다는 의미이다. 본격적으로 부동산 투자나 투기를 시작했다는 의미이다. 전세가율이 하락하면 매매가와 전세가의 차이는 점점 더 커지게 된다. 또한 전세가율 관련해서 다음의 사항도 알아두자. 주택은 선택지가 두 가지밖에 없다. 내 집을 사서 내 집에서 살든가, 아니면 남을 집을 빌려서 임대로 살든가이다. 가격이 본격적으로 상승하는 시기에는 당연히 사람들이 매매 시장으로 몰릴 것이다. 반대로 하락하는 시기에는 전세 시장으로 몰릴 것이다. 그래서 주택 시장이 상승하는 시기에는 전세가율이 내려가고 하락하는 시기에는 전세가율이 상승한다. 하지만 현실에서는 이렇게 움직이지 않는 경우도 있다. 그렇기 때문에 다른 데이터들도 꼭 같이 보고 판단해야 한다.

전세가율로 매도·매수 타이밍 잡기

자, 그렇다면 전세가율이 어떻게 움직이고 있을 때 매수를 하는 것이 가장 좋을까? 전세가율이 바닥을 치고 지속적으로 상승한 지 4~5년째부터 적극적인 매수에 관심을 두는 것이 좋다. 그리고 전세가율이 가장 높을 때 전후로 +- 1년 정도에 매수하는 것이 가장 좋다. 특히 전세가율이 지속적으로 상승해왔고 하락하던 매매가격이 상승으로 전환할 때는 최고의 매수 기회일 가능성이 매우 크다. 아직은 본격적으로 주택시장에 버블이 생기기 전이고 상대적으로 매매가에 버블이 없는 시기이기 때문이다. 또한 전세가율이 떨어지기 시작하고 1~2년 정도까지도 매수는 여전히 유효하다.

반대로 위험한 시기는 언제일까? 전세가율이 지속적으로 4~5년

전국 시도별 전세가율 순위

순위	지역	전세가율	순위	지역	전세가율
1위	강원	80.6%	10위	광주	71.5%
2위	경북	80.6%	11위	경기	70.7%
3위	충남	79.8%	12위	울산	69.7%
4위	전북	79.5%	13위	전국	69.1%
5위	충북	78.9%	14위	부산	67.5%
6위	전남	74.3%	15위	대전	67.1%
7위	경남	74.0%	16위	제주	62.7%
8위	대구	72.5%	17위	서울	54.2%
9위	인천	71.9%	18위	세종	42.7%

(출처: KB부동산 통계)

이상 하락한 지역은 매수에 신중을 기해야 한다. 전세가율이 계속해서 4~5년 떨어지는 것은 그 지역의 아파트에 투자나 투기 수요가 본격적으로 붙기 시작한 지 4~5년째가 됐다는 것을 의미하고 매매가에 버블이 있을 가능성이 매우 높기 때문이다.

기억해라. 이 4~5년 룰은 지방보다는 특히 수도권 부동산 시장에 잘 들어맞는다. 특정 지역의 아파트를 사기에 가장 좋은 시기는 전세가율이 지속적으로 상승할 때이다. 반대로 전세가율이 지속적으로 몇 년째 하락하고 있다면 조심해야 한다. 하지만 이 룰이 만능은 아니다. 부동산에 영향을 미치는 데이터들은 아주 다양하기 때문이다. 다음의 자료는 전국의 시도별 전세가율 순위 데이터이다.

이 책에 있는 전세가율 데이터는 KB부동산 통계 자료에 있는 데이터이다. 데이터 출처에 따라서 전세가율이 조금씩 다를 수 있지만 큰 차이는 없다. 전국에서 전세가율이 가장 높은 곳은 강원과 경북이다. 그다음이 충남, 전북, 충북이다. 공교롭게도 전망이 좋은 지역들의 대다수가 전세가율 상위에 랭크돼 있다.

전세가율이 높으면 수익률이 극대화된다

투자 지역을 고를 때 다른 데이터들이 비슷하다면 기왕이면 전세가율이 높은 지역들을 선택하는 것이 좋다. 전세가율이 높다는 것은 그만큼 매매가와 전세가가 가깝게 붙어 있다는 것이고 투자 원금이 적게 들어간다. 투자 원금 대비 수익률을 극대화할 수 있다는 의미다. 물론 매매가와 전세가의 차이가 적어 역전세가 날 가능성도 그만큼 높다는 점도 알아두자. 역전세 리스크는 향후 입주물량, 전세수급 데이터, 미분양 추이 등을 보면서 줄일 수 있다. 자, 이제는 시도별 전세가율 데이터를 확인해보자.

1) 서울

서울 전세가율 추이

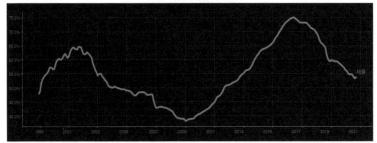

(출처: KB부동산)

차트에서 보는 바와 같이 전세가율은 일정한 추세를 가지고 오르락내리락을 반복하고 있다. 전세가율이 상승했던 1999~2001년이 서울 아파트 매수적기였다. 또 전세가율 하락 초기인 2002~2003년도 서울 아파트 매수적기였다. 반면에 전세가율이 지속적으로 하락한 지 4년 이상 되는 2006년 정도부터는 매수를 신중하게 해야 했다.

서울의 전세가율은 2009년에 하락을 멈추고 다시 상승을 시작했다. 사람들이 매매로는 몰리지 않고 전세로만 몰렸기 때문이다. 전세가가 상승하면 매매가도 무조건 상승한다고 주장하는 전문가도 많다. 하지만 이는 매우 잘못된 믿음이다. 전세가율이 상승하는 초기 시장은 매매시장이 대세 하락을 시작하는 초기 시점일 가능성이 매우 크기 때문이다. 전세가율이 상승하는 초기에는 가급적 매수는 조심하는 것이 좋다. 반면에 전세가율의 상승이 4~5년 이상 지속될 경우에는 긍정적으로 매수를 검토하는 것이 좋다. 2009년 서울의 전세가율이 상승하기 시작했는데 4~5년 후인 2013~2014년 정도부터 서울 아파트 매수를 검토했다면 상당히 좋은 결과가 있었을 것이다.

서울 아파트의 전세가율은 지속적으로 상승했다가 2016년 중순을 기점을 다시 하락하고 있고 4년이 넘어가고 있다. 즉 이제는 서울 아파트 매수가 꽤 위험할 수도 있다는 것이다. 역사를 보면 대중들의 탐욕과 공포는 반복한다. 전세가율의 하락 기간이 4년 이상 지속된다는 것은 대중들의 서울 아파트에 대한 탐욕이 4년을 넘어가고 있다는 것을 의미한다. 최근에 전세가율이 다시 상승하려는 조짐을 보이고 있다. 이는 실제 시장의 수요와 공급 원칙에 근거한 자연스러운 상승이 아니라 정부의 '임대차 3법' 등의 부동산 정책에 따른 왜곡 현상으로 판단된다.

2) 경기

경기도의 전세가율은 서울과 비슷한 큰 흐름을 보이고 있다. 경기도의 전세가율은 2009년에 바닥을 찍고 상승하기 시작했다. 2017년 5월에 78.9%로 가장 높았다. 이때를 중심으로 +- 1년인 2016년 5월 ~2018년 5월 정도가 경기도의 아파트를 사기에 좋았던 기간이다. 경

경기 전세가율 추이

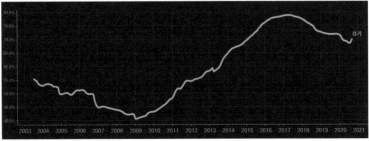

(출처: KB부동산)

기도는 전세가율이 떨어진 지 3년이 넘어가고 있다. 전세가율이 떨어진 지 4~5년이 돼가는 2021년 중순~2022년 중순 정도부터는 경기도의 아파트를 매수하는 것이 위험할 수 있는 의미다. 다만, 경기도의 경우 전세가율이 하락이 서울보다 덜하고 그만큼 실제 수요가 잘 뒷받침되고 있다. 지역이 넓은 만큼 구역별로 데이터들의 차이가 매우 클 수 있다는 점도 숙지하자.

3) 인천

인천 전세가율 추이

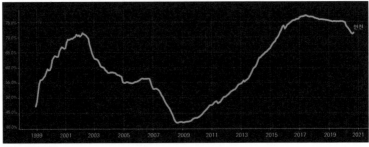

(출처: KB부동산)

과거에 인천의 전세가율이 가장 높았던 시기는 2002년 3월이었다. 전후 1년인 2001년 3월~2003년 3월 정도가 과거 인천의 매수 적기였었다.

전세가율이 지속적으로 하락하고 4~5년이 되는 2006년 3월 ~2007년 3월에 인천의 아파트를 매수하는 것은 위험했다는 것도 알수 있다. 인천의 전세가율은 2008년 9월에 41.3%로 바닥을 찍고 상승하기 시작했다. 상승한 지 4~5년째인 2012년 9월부터 2013년 9월까지는 인천의 아파트 매수에 적극적으로 관심을 두어야 했던 시기다. 전세가율이 77.1%로 사상 최고치를 찍었던 2017년 7월을 중심으로 +- 1년째인 2016년 7월~2018년 7월까지가 인천 아파트를 사기에 괜찮았던 시기다.

인천의 전세가율이 하락하고 4~5년이 되는 2021년 중순부터 2022년 중순 정도에 인천의 아파트를 매수하는 것은 위험할 수 있다는 의미다. 더군다나 인천의 입주물량은 2022년부터 급증한다. 전세가율이 떨어지기 시작한 지 4~5년째가 돼는데 입주폭탄까지 겹치는 것이다. 앞으로 인천의 전망은 2022년부터는 상당히 좋지 않을 수 있다는 뜻이다. 앞으로 나오는 다른 데이터들까지 같이 보면서 종합결론을 내리는 것이 현명하다.

4) 광주

광주의 전세가율은 1998년 12월 58.2로 저점을 찍고 급등하기 시작해 큰 하락 없이 2017년까지 지속적인 우상향을 해왔다. 대부분의 지역에서 전세가율은 긴 하락과 상승을 반복 했다. 그런데 광주는 그러지 않았다. 매매가와 전세가 상승률이 석정한 수준 안에서 잘 유지가 된 것이다. 그래서인지 광주는 큰 조정 없이 지속적으로 오랜 기간 가격이 상승해왔다. 2017년 말부터 전세가율이 하락을 해

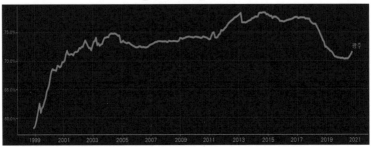

광주 전세가율 추이

(출처: KB부동산)

왔고 2020년 중순부터 다시 상승하고 있으나 꽤 낮은 수준이다.

5) 대구

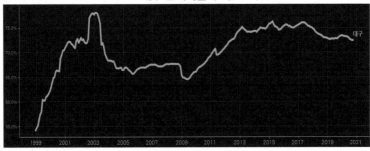

대구 전세가율 추이

(출처: KB부동산)

대구의 전세가율이 가장 높았던 시기는 2003년 8월이다. 1998년 이후 지속 상승하는 모습을 보이는데 1998년 1월 전세가율 54.7%에서 2003년 1월 77.7%까지 상승했다. 가장 전세가율이 높았던 2003년 1월 전후 2년이 가장 매수적기였다. 실제로 이 시기에 아파트 가격도 크게 상승했다. 2003년 1월을 기점으로 대구의 전세가율은 하락하기 시작해 2009년 7월 64.7%까지 하락했고 이후 다시 상승하는 모습을 보였다. 당시 전세가율 상승은 2013년까지 약 4년여간 이어졌고 매매 상승장은 2015년 12월까지 이어졌다. 전세가율이 상승한 이후 4년 후인 2013년에 매입했다면 매입 원금 대비 수익률은 아주 좋은 타이밍이었다. 2017년 중순부터 대구의 전세가율은 다시 하락을 지속해오고 있고 4~5년째가 되는 2021년 중순부터 2022년 중순 사이에 변곡점이 올 수도 있다.

6) 대전

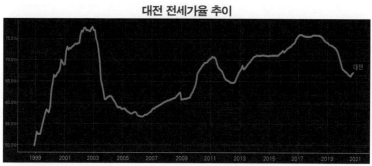

대전 전세가율 추이

(출처: KB부동산)

대전은 2014~2018년 입주물량이 많았던 세종 신도시의 영향으로 이 기간 동안은 작은 상승만을 해왔다. 대전의 전세가율은 2004년부터 2007년까지 이어진 많은 입주물량으로 인해 2003년부터 2006년까지 지속적인 하락을 했다. 2006년 하반기부터 전세가율은 상승을 시작했다. 여기서 또 상승 이후 4년의 룰을 적용해보자. 실제로 대전의 아파트를 2010년 높은 전세가를 이용해 적은 돈을 들여 매입했다면 2011년 말까지 큰 수익을 냈을 것이다. 대전의 전세가율은 2018년 중순 이후부터 다시 하락을 시작했다.

7) 부산

부산 전세가율 추이

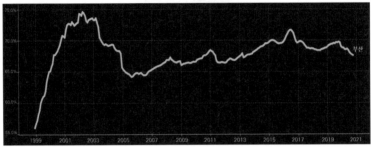

(출처: KB부동산)

　부산의 전세가율도 알아보자. 부산의 전세가율은 언제 가장 높았을까? 2002년 5월로 74.6%를 기록했다. 전후 1년을 매수적기로 보면 2001~2003년이 매수 타이밍이었다. 하지만 실제로 부산은 그보다 더 시간이 지난 2007년부터 본격 상승하기 시작했다. 2004년부터 2006년까지 수요 대비 공급량이 많았기 때문이다.

　부산의 전세가율은 2005년 8월 64.2%로 바닥을 찍고 꾸준하게 우상향을 2016년 중순까지 했다. 2005년 8월에 바닥을 찍었으니 4년 룰을 적용하면 2009년 8월 정도가 매수 적기였다고 할 수 있다. 실제로도 이때 매입을 했더라면 큰 수익을 보았을 것이다. 큰 흐름으로 보면 부산의 전세가율은 2016년 중순부터 대세 하락 중이다. 그렇다면 4~5년 정도 후인 2020년 중순부터 2021년 중순까지 부산의 아파트를 매수하는 것은 상당히 신중을 기해야 한다는 것을 의미한다.

8) 울산

울산 전세가율 추이

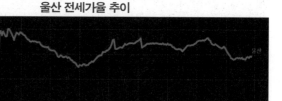

(출처: KB부동산)

　다음은 울산이다. 울산은 2001년 4월 전세가율 75.6으로 최고점을 찍었다. 그 후 2년간 하락했다가 2003년 4월 바닥을 찍고 다시 상승했다. 2001년 4월 기준 전후로 1년이 매수적기로 판단해서 2000~2002년 매수했다면 상승장에 올라탈 수 있었다. 이 또한 매매가격지수 추이를 보면 확인이 가능하다. 그 후 울산의 전세가율은 2004년 2월 75를 찍더니 이내 하락해 2009년 1월까지 67.5까지 하락했다가 2009년 2월 다시 상승 반전해 2011년 5월 73을 찍었다. 2011년 5월을 전후 1년 사이에 매입했다면 울산에서 가장 긴 상승장에 올라탈 기회였다.

9) 세종

　세종은 타 지역보다는 다른 모습을 보인다. 2016년 9월 67.3%로 가장 고점을 찍었고 1년간 50% 밑으로 급락했고 이후 약보합세를 거쳐 현재는 하락 추세에 있다(42.7%). 전후 2년을 보면 2014~2018년이 매수적기이나 신도시의 특성상 꾸준한 공급이 이루어져 2019년 말경에서야 상승장이 시작됐다. 그러나 세종은 아직 10년도 안 된 신

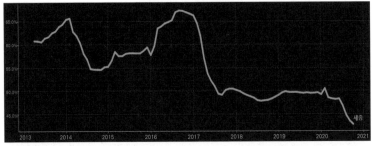

세종 전세가율 추이

(출처: KB부동산)

도시다. 당연히 전세가율로만 판단하기에는 부족하다. 세종은 다른 데이터들의 흐름과 일자리 등 호재에 대한 부분이 민감하게 반응하는 지역이라는 점을 알아두자.

10) 제주

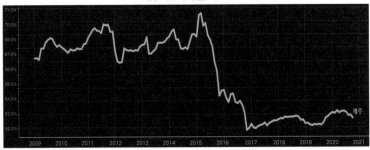

제주 전세가율 추이

(출처: KB부동산)

제주의 전세가율을 알아보자. 제주에서 전세가율이 가장 높았던 때는 2015년 3월로 70.6%이고 이전 고점은 2011년 8월로 69.8%이다. 2011년 8월 전후 1년 사이에 매입했다면 상당히 수익이 좋았을 것이다. 2015년 3월부터 제주의 전세가율이 급속도로 떨어지는 것을 알 수 있다. 이것이 의미하는 바는 실제 수요인 전세가격이 올라가는 속도보다 투자와 투기 수요인 매매 가격이 올라가는 속도가 훨씬 더 빠르다는 것이고 그만큼 매매가에 버블이 심각하게 생기고 있다는 것을 의미한다. 2015~2016년 급등하던 제주도 부동산 시장은 2017년부터 대세 하락을 시작했다. 2016년 11월에 전세가율은 바닥을 찍었고 그로부터 4~5년 후면 2020년 11월부터 2021년 11월까지다. 그렇다면 아직 전세가율이 크게 상승하지는 않았지만 이제는 제주를 관심권에 두고 지켜봐야 하겠다.

11) 강원

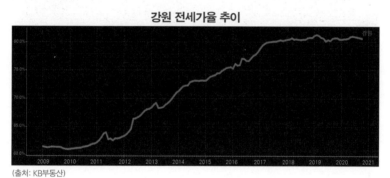

강원 전세가율 추이

(출처: KB부동산)

강원도는 다른 지역과 좀 다른 모습이다. 지속적으로 전세가율이 상승하는 모습이다. 2018~2019년에는 상당히 많은 입주물량이 있어서 매매와 전세가 동반 하락했다. 통상 이런 입주폭탄이 2년 이상 들어오면 매매와 전세가 같이 빠지고 전세가보다는 매매가가 더 많이 빠진다. 그러면서 전세가율은 상승을 하는 경우가 많다. 그런데 이 입주폭탄 기간 동안 강원도의 전세가율은 보합을 유지했다. 그렇다는 건 매매가와 전세가가 하락한 폭이 비슷했다는 것이다. 매매가가 통상적인 경우보다 덜 하락한 것이다. 2년여의 하락을 끝내고 2020년 중순부터 상승으로 전환했다. 전세가율은 아주 높은 수준이고 다른 데이터들도 양호하다. 강원을 관심권에 두고 지켜봐야 하겠다.

12) 경남

경남 전세가율 추이

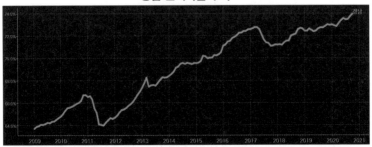

(출처: KB부동산)

경남의 전세가율은 살짝 하락할 때도 있었지만 지속적으로 우상향을 해왔다. 과도한 투자나 투기 수요가 별로 없었음을 의미한다. 2017~2019년에는 상당한 입주폭탄이 있었다. 그로 인해 2016~2019년 매매와 전세가 동반 대세 하락했다. 전세가율은 2017년에 하락했고 2018년부터는 꾸준히 우상향을 해오고 있다. 매매가는 오랜 하락을 끝내고 2020년 중순부터 상승으로 전환했고 전세가율은 거의 사상 최고이다. 경남은 여러 데이터들이 양호하니 관심권에 두고 지켜봐야 하겠다.

13) 경북

경북의 전세가율도 경남처럼 꾸준히 우상향을 해왔다. 2015~2019년에는 상당한 입주폭탄이 있었다. 그러다 보니 2016~2019년까지 매매와 전세가 동반 대세 하락을 했다. 매매가 하락율이 전세가 하락

경북 전세가율 추이

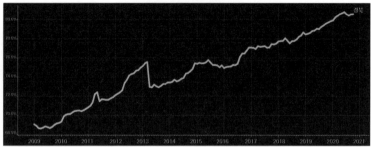

(출처: KB부동산)

율보다 더 커서 전세가율은 이 기간 동안 지속적으로 우상향을 했다. 경북은 오랜 하락을 끝내고 2020년 중순부터 다시 상승을 하고 있다. 전세가율은 거의 사상 최고이다. 경남은 여러 데이터들이 양호하니 관심권에 두고 지켜봐야겠다.

14) 전남

전남 전세가율 추이

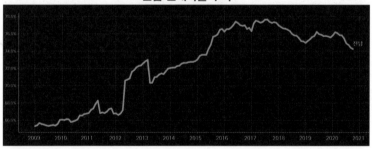

(출처: KB부동산)

전남의 전세가율은 2009년에 상승하기 시작해 2013년 2월 73% 이고 2017년 8월 77.6%로 고점을 기록한 이후로는 큰 흐름상 대세 하락을 하고 있다. 전남은 2013~2014년 입주물량이 꽤 많았다. 그래서 매매와 전세가격이 동반하락을 했다. 전세가율은 2013년 중순부터는 지속적인 우상향을 했다. 2015년 가을부터는 매매 가격이 상승 전환을 시작했다. 전세가율은 계속해서 상승해왔고 하락하던 매매가가 드디어 상승 전환을 했다. 그렇다면 이제 최고의 매수 기회가 온 것이다. 2015년 가을에 전남을 매수했다면 이후의 대세 상승장을 계속해서 누렸을 것이다. 전남의 전세가율은 2017년 8월에 고점을 찍고 지속적으로 하락을 하고 있다. 4~5년째가 되는 2021년 8월부터 2022년 8월 정도에 전남의 아파트를 매수하는 것은 매우 보수적인 자세로 접근하는 것이 좋아 보인다.

15) 전북

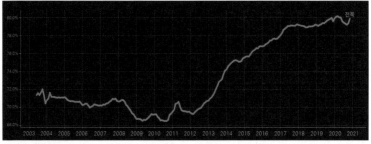

(출처: KB부동산)

　전북을 살펴보자. 전북 전세가율 전고점은 2003년 10월 73%이고 2007년 11월 70.8%이다. 각각 전후 1년 사이에 기준으로 매입했다면 전북의 가장 큰 상승장에 들어갈 수 있었다. 전북의 전세가율은 지속적으로 상승해서 최근이 가장 높은 수준이라고 할 수 있다. 그리고 오랜 기간의 대세 하락을 끝내고 2020년 중순부터 드디어 상승으로 전환했다. 이런 경우는 최고의 매수 기회가 될 수 있다고 했다. 전북의 다른 데이터들을 보고 현명한 의사결정을 하길 바란다.

16) 충남

충남 전세가율 추이

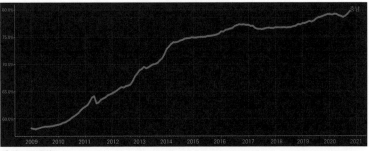

(출처: KB부동산)

충남은 2016~2019년까지 매매와 전세가 동반 대세하락을 했다. 2016년부터 2018년까지 3년 연속 이어진 입주폭탄의 영향이 크다. 그러면서 전세가율은 지속적으로 꾸준하게 우상향을 했다. 최근이 거의 최고로 전세가율이 높고 2019년 말부터 대세 하락을 끝내고 상승으로 전환을 했다. 즉 2019년 말과 2020년 초반이 충남의 최고 매수적기였다는 것이다. 아직은 상승의 초반부이고 전세가율도 좋다. 당분간은 상승 흐름이 유지될 것으로 보인다.

17) 충북

충북 전세가율 추이

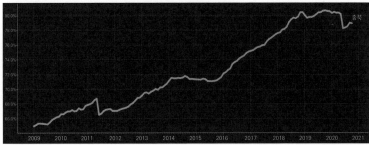

(출처: KB부동산)

충북의 전세가율 흐름은 충남과 유사하게 움직여왔다. 2016년부터 2019년까지 4년 연속 이어진 입주폭탄으로 매매와 전세가 동반 대세 하락을 했다. 그러면서 전세가율은 2019년까지 지속적으로 꾸준하게 우상향을 했다. 2020년 중순에 매매가가 급등하면서 전세가율이 조금 하락했지만 여전히 상당히 높다. 2020년 중순부터 대세 하락을 끝내고 상승으로 전환을 했다. 즉 2020년 중순이 충북의 최고 매수적기였다. 아직은 상승의 초반부이고 전세가율도 괜찮다. 당분간은 상승 흐름이 유지될 것으로 보인다.

매매·전세수급지수로
안정적으로 상승할 지역 알아보기

어느 지역의 부동산 시장 흐름을 파악하고 전망까지 하려면 매매와 전세수급 데이터를 확인해야 한다. 매매수급 데이터를 통해서는 매수세와 매도세를 알 수 있다. 당연히 매수세가 많은 지역이 가격이 오를 것이고 매도세가 많은 지역은 하락할 가능성이 크다. 전세수급 데이터를 통해 전세가 공급 대비 수요가 얼마나 더 많은지 적은지 알 수 있다. 전세수급으로 해당 지역에 전세가가 상승할지 하락할지 알아보자.

매도세와 매수세를 알려주는 매매수급지수

범위는 0~200이며 지수가 높을수록 매수세가 강하다는 의미이다. 100이 넘으면 그 지역의 매수세가 상당히 강하다는 것이다. 실제 매수 우위 지수가 100을 넘기는 경우는 그렇게 많지 않다. 매매수급 데이터를 보면 매수세와 매도세가 언제 강해지고 약해지는지를 파악할 수가 있다. 이를 단기 매매 타이밍에 활용할 수 있다. 예를 들어 매도세는 줄어들고 있고 매수세가 강해질 때를 적절한 매수 타이밍으로 잡을 수 있다. 반대로 매도세는 강해지고 매수세는 약해질 때를 적절한 매도 타이밍으로 잡을 수 있다.

전세가의 향방을 알려주는 전세수급지수

범위는 0~200이다. 전세수급지수가 높을수록 전세 수요가 공급보다 많다는 것을 의미한다. 전세 수요가 더 많으니 결국 전세가의 강세로 이어질 가능성이 크고 매매가의 강세로까지 이어질 가능성이 높다(단, 전세가 강세를 띤다고 매매가가 무조건 강세로 이어지는 것은 아니다. 특히 매매가격이 대세 하락하는 시기에는 사람들의 수요가 매매보다는 전세로 몰리기 때문에 전세가는 상대적으로 강세를 보일 수 있다).

반대로 전세수급이 낮다는 것은 전세가 수요보다 공급이 더 많다는 것을 의미한다. 이는 전세가의 하락으로 이어지고 동반해서 매매가의 하락으로 이어질 가능성이 크다는 의미다. 전세가율이 약해지고 있다면 유의해서 봐야 한다. 특히 전세가율이 100 이하로 떨어진다면 이는 전세 공급 〉 전세 수요 상태가 됐다는 것을 의미한다. 전세가 하락으로 이어질 가능성이 더욱 커진다.

지금까지의 전세수급을 알 수 있는 데이터는 전세수급 데이터이다. 그리고 앞으로의 전세수급을 가늠해볼 수 있는 데이터는 바로 앞으로의 입주물량 데이터다. 앞으로의 입주물량이 많아진다면 당연히 전세수급은 더 떨어질 가능성이 크다. 이는 전세가 하락과 매매가 하락으로 이어질 수 있다. 최악의 상황은 전세수급이 100 근처까지 하락하고 있는데 앞으로의 입주물량이 급증하는 경우이다. 이런 지역은 거의 전세가 하락과 매매가 하락이 나타날 가능성이 매우 크다.

시도별로 매매와 전세수급 데이터를 보기 전에 먼저 전국의 매매와 전세수급을 한눈에 파악할 수 있는 차트를 보도록 하자. X축은 매매수급, Y축은 전세수급이다. X축에서 오른쪽에 있는 지역일수록 상대적으로 매수세가 강한 지역이고 왼쪽에 있는 지역일수록 상대적으로 매도세가 강한 지역이다. Y축에서 위에 있을수록 전세수급이 높다는 것을 의미한다. 100 이상일수록 전세 공급보다는 전세 수요가 더 많다는 것을 의미한다. 전세수급이 100보다 높으면 높을수록 그 지역은 전세 수요가 상대적으로 더 많다. 따라서 전세가가 강세를 띨 가능성이 많은 것이다.

이 수급 데이터는 2020년 10월 26일 날짜의 데이터이다. 먼저 매매수급(X축)을 살펴보자. 이때 기준으로 전국에서 상대적으로 가장 매수세가 높은 지역은 어디인가? 가장 오른쪽에 있는 대전과 대구이다. 그다음이 울산, 경기, 서울, 부산 순으로 매수세가 상대적으로 강한 지역들이다. 반대로 매도세가 가장 강한 지역은 바로 가장 왼쪽에 있는 충북이다. 그리고 상당수 지역들의 방향이 오른쪽으로 이동하는 것을 알 수가 있다. 이는 지난주 대비해서 2020년 10월 26일에 매수세가 더 강해지고 있다는 것을 의미한다.

이번에는 Y축인 전세수급을 살펴보자. 모든 지역의 전세수급이 전부 다 170 이상에 위치하고 있다. 즉 전국 모든 지역의 전세수급이 170 이상으로 전세수급이 매우 강하다는 것을 의미한다. 즉 전국에서 공통으로 전세의 공급보다 수요가 훨씬 더 많다. 이는 결국 전세가의 강세로 이어질 가능성이 매우 크다는 것을 의미한다. 특히 전세수급이 190 이상으로 정말 높은 곳들은 충북, 제주, 인천, 광주, 충남, 세

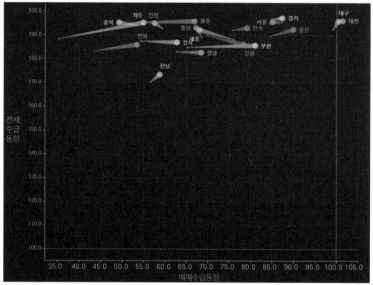

매매와 전세수급 데이터

(출처: 리치고)

종, 서울, 경기, 울산, 대구, 대전으로 상당히 많다. 이 지역에서는 웬만큼 앞으로의 입주물량이 있지 않는 한 당분간 전세가의 강한 강세가 예상되고 또다시 매매가의 상승으로 이어질 가능성이 있다.

1) 서울

서울의 매수세(빨간색 선)는 2020년 7월 5일을 최고점으로 지속적으로 감소 중에 있다. 반대로 매도세(파란색 선)는 점점 커지는 상황이다. 매매수급이 85.0까지 떨어졌지만 나쁜 상황은 아니다. 여전히 2014년부터의 평균 매매수급보다는 조금 더 높은 수준이다.

2007년 1월부터 서울의 매매수급 데이터(막대그래프)를 보면 2015년부터 상당히 강한 흐름을 보이고 있다. 즉 서울 부동산에 대한 사람들의 뜨거운 매수 열기가 2015~2020년까지 오랜 기간 이어졌다

서울 매매수급 동향 (기간: 2006년 12월 31일~2020년 10월 25일)

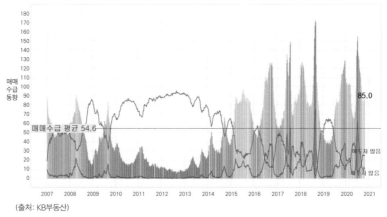

(출처: KB부동산)

서울 전세수급 동향 (기간: 2006년 12월 31일~2020년 10월 25일)

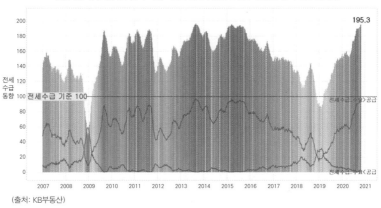

(출처: KB부동산)

는 것을 알 수 있다. 가장 매매수급이 낮았던 2012년에는 매도세(파란색 선)만 많고 매수세(빨간색 선)는 바닥을 기고 있었다. 긴 흐름을 보게 되면 사람들의 아파트에 대한 탐욕과 공포의 역사는 돌고 돈다. 지금은 뜨거운 열기가 지속되고 있다. 그러나 미래의 언젠가는 2012년 처럼 시장에 매수세는 거의 없고 매도세만 강한 시기가 또다시 올 수 있다는 점을 염두에 두자.

서울의 전세수급 데이터를 보면 앞으로도 서울의 전세가격은 지속적으로 우상향할 가능성이 매우 크다고 보여진다. 2020년 10월 말 기준으로 서울의 전세수급은 195.3으로 역사상 매우 높은 수준이다. 참고로 200이 이론적으로 갈 수 있는 가장 높은 수치다. 전세수급이 높다는 것은 전세 공급은 별로 없는데 상대적으로 수요가 아주 많다는 의미다. 수요가 공급 대비 많으니 전세가격은 당분간 강세를 보일 것이다. 여기에 정부의 '임대차 3법'으로 인해서 서울의 전세가격은 급등했고 시장에는 전세 매물 자체가 귀하게 됐다. 이러한 추세는 입주물량이 많지 않아 당분간 유지될 가능성이 상당히 크다.

여기에서 반드시 유의해야 할 사항이 있다. 2010~2013년은 전세수급이 매우 높고 입주물량도 상대적으로 적은 시기였다. 그런데 왜 서울의 아파트 가격이 떨어졌을까? 상식적으로 생각하면 이때도 서울 아파트는 상승했어야 한다. 그렇다면 전세수급과 입주물량 이외에도 강한 영향을 미친 데이터들이 있었다는 것이다. 과연 그 데이터는 무엇일까? 필자는 아무리 생각해봐도 고평가+정부 규제+대중들의 패닉바잉이라는 생각이 된다.

지금도 많은 사람들이 향후 입주물량도 부족하고 전세가격도 강세를 띠고 있으니 서울 아파트 가격이 몇 년 더 상승할 것이라고 이야기를 하고 있다. 그런데 데이터는 꼭 그렇지 않을 수도 있다고 경고하고 있으며 최악의 경우 1~2년 안에 2010~2013년과 같은 대세 하락이 시작될 수도 있다는 것을 염두에 두어야 할 것이다.

2) 경기

경기 매매수급 동향 (기간: 2006년 12월 31일~2020년 10월 25일)

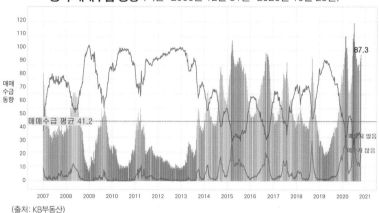

(출처: KB부동산)

경기 전세수급 동향 (기간: 2006년 12월 31일~2020년 10월 25일)

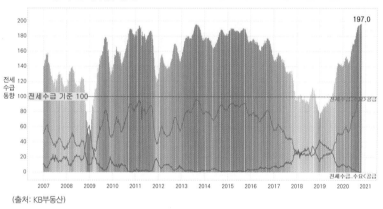

(출처: KB부동산)

경기도는 서울과는 달리 매수세(빨간색 선)가 다시 2020년 10월부터 증가하고 있고 매매수급 지수(막대그래프)가 꽤 높은 87.3을 기록하고 있다. 이는 경기도의 지난 7년간의 평균 수준인 57.0보다 꽤 높은 수준이다. 당분간은 서울보다는 저렴한 경기도권 위주로 매수세가 몰릴 가능성이 있어 보인다.

경기도의 전세수급은 2020년 10월 말 기준 197.0을 기록하고 있다. 서울과 마찬가지로 높은 전세수급을 보이고 있다. 당연히 전세가격 상승으로 이어질 가능성이 크고 매매가도 강세로 이어질 가능성이 크다. 엄청난 입주물량으로 인해 경기도의 전세수급이 100 밑으로 떨어졌던 2017년 12월부터 2019년 7월까지는 전세가 수요보다 공급이 많았다. 이때는 전세가 약세를 보일 수밖에 없었다. 일부 지역의 경우는 역전세도 있었다. 물론 경기도는 지역이 광범위하고 지역별로 편차가 크다는 점 알아두자.

3) 인천

입주물량을 강조했던 인천을 살펴보자. 2008년 이후 매매수급지수는 평균 39.7이고 현재는 57.5로 아직은 높은 수준을 유지하고 있다. 2019년 12월 부동산대책 이후로 매수세가 강해졌고 2020년 3월에는 매매수급지수가 106까지 올라갔지만 현재는 50 후반대에서 등락을 거듭하는 모습이다. 그러나 인천에는 2022~2023년 역사상 가장 많은 입주가 예정돼 있다. 2021년 가을부터는 매도세가 강해질 수 있다는 점 참고하자.

인천 또한 전세수급이 2020년 10월 말 기준으로 197.8로 매우 높은 편이다. 경기도와는 달리 전세수급이 100 밑으로 떨어진 시기는 2017년 12월부터 2018년 2월까지와 2019년 초반 1~2개월 정도로 다른 수도권에 비해 역전세가 극심한 지역은 아니었다. 당시 입주물량도 예년보다 약간 웃돌았던 수준이다. 인천의 전세수급은 2021년 가을 정도까지는 높은 수준을 유지할 수 있다. 단, 2022년에는 입주물량 증가로 전세수급이 나빠질 수 있다는 점 참고하자.

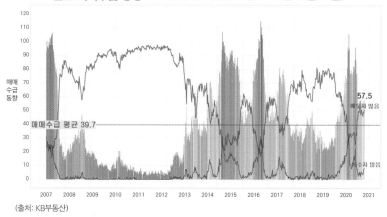

인천 매매수급 동향 (기간: 2006년 12월 31일~2020년 10월 25일)

(출처: KB부동산)

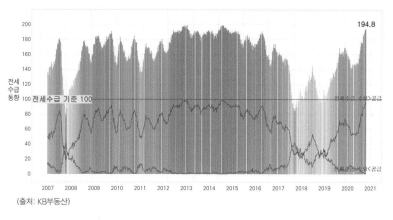

인천 전세수급 동향 (기간: 2006년 12월 31일~2020년 10월 25일)

(출처: KB부동산)

4) 광주

광주의 동향을 살펴보자. 광주의 매매수급 평균은 60.9이고 현재 66.8로 평균보다는 높은 수치지만 아주 높다고는 볼 수 없다. 역시나 광주의 아파트 가격이 오름폭을 보였던 2011년, 2014~2015년, 2018년에 매수세가 빨간색을 나타내며 매도자보다 매수세가 많음을 확인할 수 있다. 2019년 4월부터는 매도세(파란색 선)는 줄고 매수세는 조금씩 살아나고 있다. 그리고 2020년 10월에는 매수세(빨간색 선)가 급

광주 매매수급 동향 (기간: 2006년 12월 31일~2020년 10월 25일)

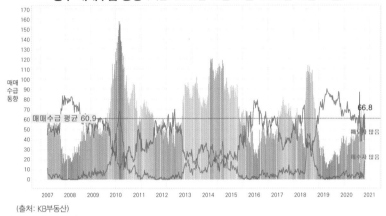

(출처: KB부동산)

광주 전세수급 동향 (기간: 2006년 12월 31일~2020년 10월 25일)

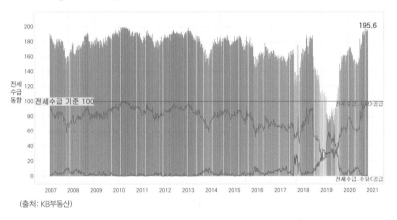

(출처: KB부동산)

상승하는 것을 확인할 수 있다. 최근 매수세에 다시 불이 붙고 있는 것이다.

광주의 전세수급지수도 역사적으로 가장 높은 시기로 195.6을 기록 중이다. 광주의 전세수급은 다른 수도권이 역전세난을 겪을 때도 188을 기록할 정도로 높았고 2000년을 제외하곤 이렇다 할 공급 폭탄도 없었다. 2019년 5월경 70.9로 전세수급지수가 떨어진 적은 있지만 곧 다시 회복했다. 2021년엔 예년과 비교해 절반 정도의 공급이 이루어지다 보니 앞으로도 높은 전세수급은 지속될 전망이다.

5) 대구

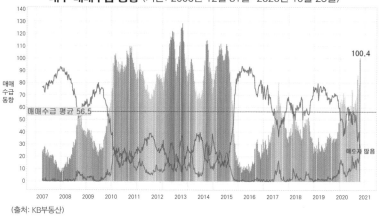

대구 매매수급 동향 (기간: 2006년 12월 31일~2020년 10월 25일)

(출처: KB부동산)

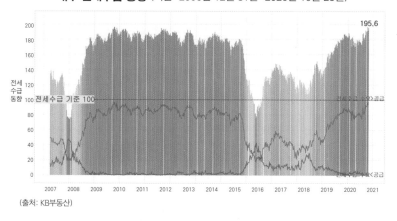

대구 전세수급 동향 (기간: 2006년 12월 31일~2020년 10월 25일)

(출처: KB부동산)

　다음은 대구다. 대구 매매수급지수 평균은 56.5이고 현재 100.4로
매우 높은 수준이다. 최근에 매수세에 불이 붙었다는 것이 확인된다.
과거 그래프를 보더라도 집값이 급등하던 2011~2015년까지 매수세
가 월등히 높았던 것이 확인되고 반등이 시작된 즈음인 2017년 7~8

월에 다시 잠깐 매매수급이 급등했다. 2020년 들어서 다시 매매수급이 평균 이상으로 상승하기 시작했고 2020년 10월에는 과거 대비했을 때도 가장 핫했던 시기와 비슷한 상황까지 치솟고 있다.

대구의 전세수급 동향은 예년보다 입주가 많았던 2009년과 2016년을 제외하면 100 이하를 내려간 적은 없다. 대부분 구간에서 높게 나타났고 현재도 195.6으로 상당히 높은 수준이다. 여기에 매수세까지 불이 붙은 상황이다. 단 한 가지 주의할 점은 2022년에 예년과 비교해 공급이 많고 2023년은 평균 공급 1만 4,961호와 비교해 거의 2배에 달하는 2만 2,193호가 공급된다는 점이다.

6) 대전

대전은 어떨까? 대전도 대구와 마찬가지로 현재 매매수급지수가 상당히 높다. 평균이 53.3인데 현재는 101.4이다. 과거 그래프를 보더라도 어김없이 아파트 가격이 급등했던 시기에 매수세에 빨간 불이 들어온 것을 확인할 수 있다. 2012년 이후 매도세가 지속적으로 강했다는 것은 대전의 아파트 가격이 상승하기 힘들었다는 뜻이다. 이는 시장 상황과도 정확하게 맞아떨어진다. 이러한 추세는 2019년 후반부터 반전했다. 현재 대전은 팔 사람보다 사고 싶은 사람이 많은 매수자 우위의 시장이다.

대전의 전세수급도 2012년을 제외하면 대부분의 구간에서 높게 나타난다. 현재는 195.9로 다른 도시들과 마찬가지로 매우 높은 수준이다. 2020년을 제외하면 입주물량도 많지 않고 세종 신도시의 입주물량도 줄고 있어 전세수급지수는 높게 유지될 전망이다.

대전 매매수급 동향 (기간: 2006년 12월 31일~2020년 10월 25일)

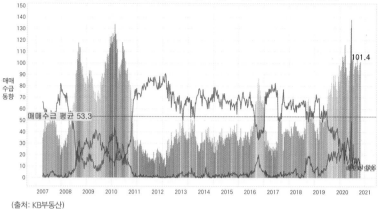

(출처: KB부동산)

대전 전세수급 동향 (기간: 2006년 12월 31일~2020년 10월 25일)

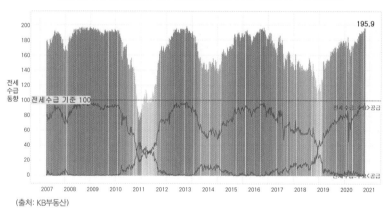

(출처: KB부동산)

7) 부산

　부산을 살펴보자. 부산의 매매수급 평균은 54.7이고 현재는 81.1이다. 대전과 대구 등 타 광역시보다 높지는 않지만 여전히 높은 편인 것은 확실하다. 부산도 매수세에 빨간 불이 들어온 시기인 2009~2011년과 2015~2017년으로 어김없이 집값이 상승했다. 2020년 10월에는 매수자(빨간색 선)는 급격히 많아졌고 매도세(파란색 선)는 급격히 줄어들었다. 매도자가 줄고 매수자가 많아지고 있다면 집값이 상승한다는

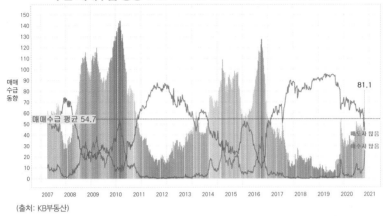

부산 매매수급 동향 (기간: 2006년 12월 31일~2020년 10월 25일)

(출처: KB부동산)

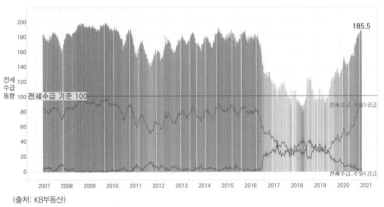

부산 전세수급 동향 (기간: 2006년 12월 31일~2020년 10월 25일)

(출처: KB부동산)

것은 어찌 보면 당연한 논리다.

부산의 전세수급 상황도 살펴보자. 부산의 전세수급은 2017년 말부터 2019년 중순 정도까지 상대적으로 매우 낮은 시기였고 매매와 전세가 동반 하락했던 시기다. 2019년 하반기부터 전세수급이 본격적으로 상승하기 시작했고 매매와 전세가격도 2019년 말부터는 상승세로 전환했다. 최근에는 185.5로 상당히 좋은 전세수급 상황이다. 단, 부산도 한 가지 주의해야 할 점이 있다. 2021년에는 입주물량이 좀 줄어들지만 2022년부터는 평균 이상으로 다시 늘어나고 2023년 엔 재건축 재개발 입주물량까지 겹쳐 평균 수요 대비 2배 가까운 입주폭탄이 터질 수 있다는 점이다.

8) 울산

울산 매매수급 동향 (기간: 2006년 12월 31일~2020년 10월 25일)

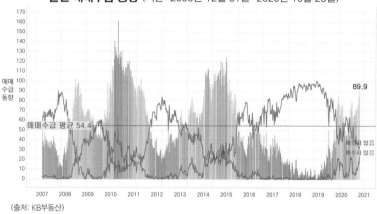

(출처: KB부동산)

울산 전세수급 동향 (기간: 2006년 12월 31일~2020년 10월 25일)

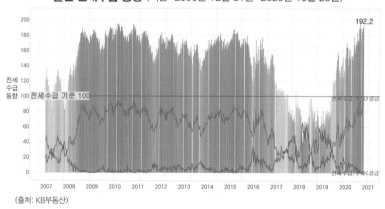

(출처: KB부동산)

울산의 2020년 10월 매매수급지수는 89.9를 기록 중이고 평균은 54.4로 과거와 비교해 높은 편이다. 울산도 마찬가지로 매수세가 높았던 2011년과 2014년 이후 집값이 상승했다. 2019년 이후 매수세가 급격하게 상승하는 모양새고 파란색을 지나서 이제는 빨간 불이 들어오고 있다. 매수세가 강하게 올라온다는 것은 집값 상승에 매우 좋은 신호탄이다.

울산의 전세수급 또한 대부분의 구간에서 높게 형성됐고 파란색 구간은 2017~2019년으로 입주물량이 꽤 많았다. 2020년부터 입주물량이 급감하면서 전세수급은 2019년 8월부터 지속적으로 상승하고 있다. 2020년 10월 기준 192.2로 높은 수치를 나타내고 있다. 2021~2022년 입주물량이 매우 적어서 당분간 울산의 전세수급지수는 높게 유지가 될 것이다.

9) 세종

행정복합 도시인 세종의 데이터는 다른 도시들과는 다른 모습이다. 매매수급 동향은 KB부동산에서 제공하는 데이터를 기반으로 했는데 중간에 막대그래프가 없는 것은 그 기간 동안은 데이터가 없었기 때문이다. 세종도 빨간색이 나타났던 2016년과 2017년에 약간의 상승이 이루어졌고 2019년 후반기 이후 매수세에 불이 붙은 형국이다. 당연히 집값도 크게 상승 중이다. 매매수급 평균은 59.6이고 2020년 10월은 68로 감소하면서 높은 수치는 아니지만 최근 흐름이 나쁘지는 않다.

세종의 전세수급 동향을 살펴보자. 신도시는 일반적인 도시와는 전세수급에서 다른 모습을 보인다. 신도시 초반에는 입주물량이 한꺼번에 터지므로 전세가가 불안정할 수 있다. 역시나 세종도 타 도시들보다 전세수급이 100 이하로 떨어진 기간이 많다(파란색 구간). 입주물량이

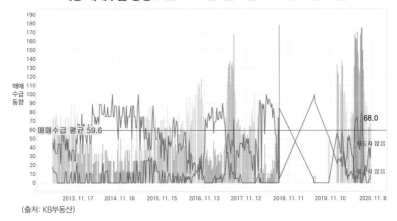

세종 매매수급 동향 (기간: 2013년 4월 14일~2020년 10월 25일)

(출처: KB부동산)

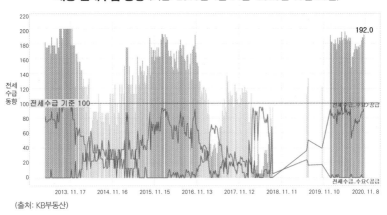

세종 전세수급 동향 (기간: 2013년 4월 14일~2020년 10월 25일)

(출처: KB부동산)

계속해서 감소하면서 최근 세종의 전세수급은 192로 매우 높은 수치를 기록 중이다. 여기서 한 가지 팁을 드리면 저렴한 전세를 원하는 신혼부부들은 신도시 초기 입주를 노리는 것이 좋다. 인프라가 좀 부족한 대신 좋은 아파트를 저렴하게 거주할 기회가 신도시에 있다.

10) 제주

제주는 현재 매매수급지수가 평균보다 낮은 상황이다. 74.3이 평균

제주 매매수급 동향 (기간: 2013년 4월 14일~2020년 10월 25일)

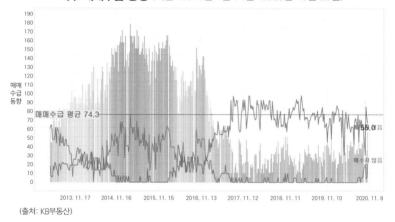

(출처: KB부동산)

제주 전세수급 동향 (기간: 2013년 4월 14일~2020년 10월 25일)

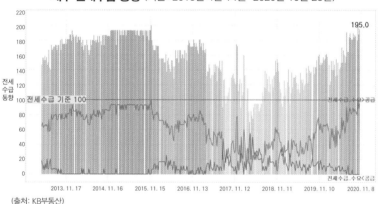

(출처: KB부동산)

인데 현재 55를 기록 중이다. 매수자가 많았던 2014년 이후 집값이 급등했고 2016년 11월까지 상승세는 이어졌다. 이후 제주는 매도자가 많아지는 시장으로 바뀌었고 그 추세가 상당 기간 지속됐다. 최근 주목할 만한 것은 2017년 중순부터 거의 바닥을 치던 매수세(빨간색 선)가 3년 만에 처음으로 상승하고 있다는 것이다. 이제는 제주에 관심을 두어야 할 것으로 보인다. 현재 상황은 녹록지 않지만 제주의 다른 데이터들이 점점 좋아지는 모습을 보이고 있기 때문이다.

제주의 전세수급 또한 195로 과거 대비 가장 높은 구간을 형성하고 있고 2018년을 제외하고 전세수급은 대부분 높은 편이다. 제주의 매수세가 더 상승하고 미분양이 줄어든다면 오랜 기간의 침체에서 긍정적인 변화가 시작될 것으로 보인다.

11) 강원

강원 매매수급 동향 (기간: 2013년 4월 14일~2020년 10월 25일)

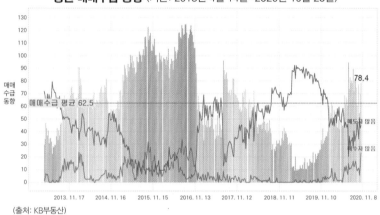

(출처: KB부동산)

강원 전세수급 동향 (기간: 2013년 4월 14일~2020년 10월 25일)

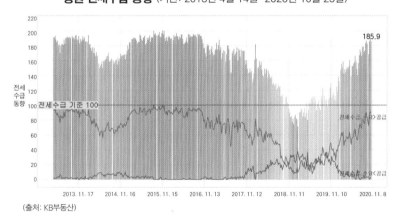

(출처: KB부동산)

강원도는 최근 매수세에 탄력이 붙은 것이 확인된다. 2017년 이후 매도세가 증가하며 약세를 면치 못했고 매수세가 바닥을 치며 가격 또한 하락했지만 2020년 초반부터 상황은 달라졌다. 강원도는 현재 과거 평균인 62.5를 넘어서며 78.4로 상승했다. 수치가 아주 높지는 않아도 상승 추세에 있다는 것이 중요하다. 매수세에 탄력이 붙은 2014년 초에 매입한 사람들의 기간 대비 수익률이 가장 컸던 것을 기억하라.

강원도의 전세수급 동향을 살펴보자. 역시나 185.9로 높게 나타나고 있다. 전세가율이 100 이하로 떨어진 구간은 2018년 가을부터 2019년 중순 정도였다. 이때는 강원도의 매매와 전세가격이 동반 하락했던 기간이다. 전세수급이 좋지 않으면 부동산 시장은 안 좋을 가능성이 많다는 것을 기억하자. 입주물량이 갈수록 줄어들 예정이다. 강원의 전세수급은 당분간 높은 수준을 유지할 가능성이 많다.

12) 경남

수요와 공급의 법칙이 있듯 시장에 매수자가 많으면 가격이 올라가고 매도자가 많으면 가격이 내려간다. 이는 초등학생들도 아는 사실이다. 경남도 이러한 법칙이 아주 정확하게 맞아떨어졌다. 2015년 말까지 좋았던 매매수급이 2016년부터는 안 좋아졌고 매매와 전세가격도 2016년 중순부터 2019년 말까지 아주 오랜 기간 대세 하락을 했다. 그랬던 경남이 2019년 11월부터 매매수급이 다시 크게 상승을 하기 시작했고 2020년 중순부터는 본격적인 매매와 전세 동반 상승이 시작됐다. 현재는 평균 수치인 39.2보다 월등히 높은 68.4를 기록 중이다.

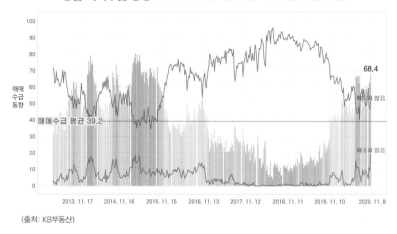

경남 매매수급 동향 (기간: 2013년 4월 14일~2020년 10월 25일)

(출처: KB부동산)

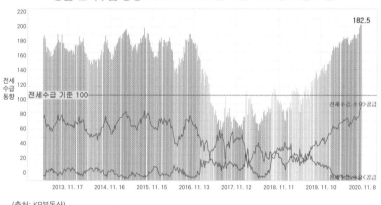

경남 전세수급 동향 (기간: 2013년 4월 14일~2020년 10월 25일)

(출처: KB부동산)

　　경남의 전세수급지수는 2017년 4월부터 2019년 중순 정도까지 매우 좋지 않았다. 2019년 9월부터 본격적으로 우상향해서 최근에는 182.5로 매우 높은 수준까지 상승했다. 향후 입주물량이 상당히 적은 편이어서 당분간은 계속해서 높은 전세수급이 예상된다. 내 집 마련이든 투자든 관심권에 두어야 할 지역이다.

13) 경북

경북 매매수급 동향 (기간: 2013년 4월 14일~2020년 10월 25일)

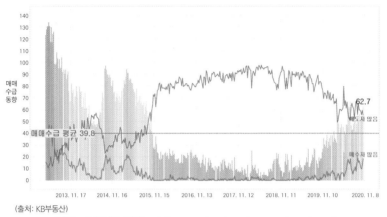

(출처: KB부동산)

경북 전세수급 동향 (기간: 2013년 4월 14일~2020년 10월 25일)

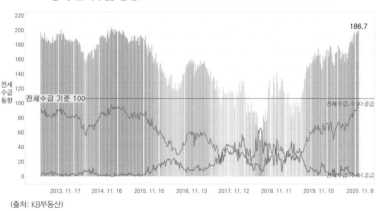

(출처: KB부동산)

경북의 매매수급 지수도 심상치 않다. 평균이 39.8인데 현재는 62.7로 매우 높은 수치다. 경북은 매매가가 상승했던 2013년부터 2015년까지 매수세가 강했다. 이후 매수세를 나타내는 빨간색 선이 지속적으로 바닥에 있는 모습이고 매도세를 나타내는 파란색 선이 고공 행진하는 모습이다. 동 기간 집값이 하락할 수밖에 없다. 하지만 최근에 매수세가 크게 상승하고 있다. 그 추세가 매우 가파르다는 점을 숙지하고 경북의 매매가도 2020년 중순부터 상승 반전했다는 점을 알아두자.

경북의 전세수급은 엄청난 입주물량으로 인해 2017년 중순부터 2019년 중순까지 그리 좋지 못했다. 경북의 매매와 전세가격이 이 기간 동안 안 좋을 수밖에 없었던 이유다. 2019년부터 입주물량이 서서히 줄어들면서 2019년 중순 이후부터는 전세수급이 다시 본격적인 상승을 해서 최근에는 186.7까지 크게 상승했다. 향후 입주물량이 상당히 적은 만큼 당분간 상당히 높은 수준으로 유지될 것으로 보인다.

14) 전남

전남의 매매수급은 2015년 말부터 2018년 초반까지가 가장 좋았다. 그리고 이 기간 동안에는 매매와 전세가 동반 상승했다. 그리고 안 좋아졌다가 2020년 초부터 다시 좋아지면서 주춤했던 매매와 전세도 2020년 중순부터 다시 상승하고 있다. 전남의 전세수급은 아주 오랜 기간 꽤 높은 수준을 유지해왔다. 그래서인지 2015년 이후 상대적으로 꾸준한 우상향을 해온 것으로 보인다. 향후에도 입주물량이 많은 편이 아니어서 전세수급은 괜찮은 수준에서 유지가 될 것으로 보인다.

전남 매매수급 동향 (기간: 2013년 4월 14일~2020년 10월 25일)

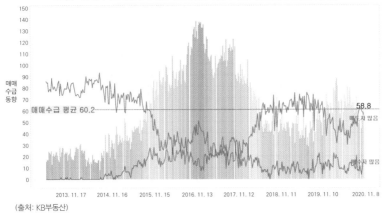

(출처: KB부동산)

전남 전세수급 동향 (기간: 2013년 4월 14일~2020년 10월 25일)

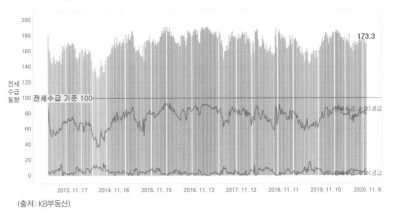

(출처: KB부동산)

15) 전북

전북은 전남과는 사뭇 다른 모습이다. 평균이 36.36인데 현재는 53.4로 꽤 높은 수치를 나타내고 있다. 매수세도 2015년 2016년까지 급등했다가 2017년 하반기 이후 하락해 바닥을 기는 모습이고 매도세는 고공 행진하고 있다. 그러나 2019년 하반기 이후 상황이 반전되는 모습을 보이고 있다. 이미 매수자가 많아지고 빨간색 선이 출현하

전북 매매수급 동향 (기간: 2013년 4월 14일~2020년 10월 25일)

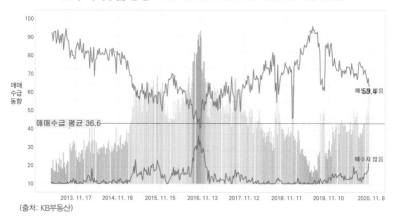

(출처: KB부동산)

전북 전세수급 동향 (기간: 2013년 4월 14일~2020년 10월 25일)

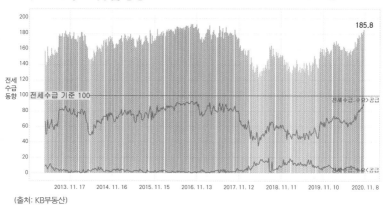

(출처: KB부동산)

기 시작했고 매매가도 상승 반전했고 향후 입주물량도 많지 않다. 관심권에 두어야 할 지역이다.

전북의 전세수급도 전남과 마찬가지로 단 한 번도 100 이하로 내려간 적이 없다. 입주물량이 꽤 있었던 2018~2019년 전세수급이 상대적으로 낮았고 이후에는 다시 지속적으로 상승해서 최근 185.8로 매우 높은 수준이다. 향후에도 입주물량이 많지 않아 높은 전세수급이 유지될 것으로 보인다.

16) 충남

충남 매매수급 동향 (기간: 2013년 4월 14일~2020년 10월 25일)

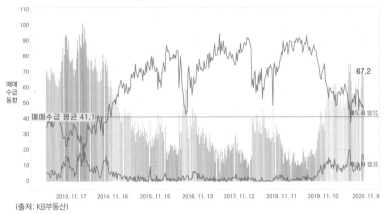

(출처: KB부동산)

충남 전세수급 동향 (기간: 2013년 4월 14일~2020년 10월 25일)

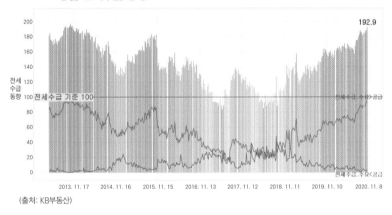

(출처: KB부동산)

충남은 2013년 매수세가 붙으며 상승하기 시작했지만 오래 가진 못했다. 2015년을 기점으로 매도세가 터지고 매수세는 바닥에서 헤어나오지 못하는 것이 눈에 띄는데 상당히 오랫동안 지속됐다. 매매수급지수에서 매도세인 파란색 선은 고공행진하는데 매수세인 빨간색 선이 바닥에서 헤매고 있다면 그 지역은 일단은 피하는 게 좋다. 언젠가는 다시 매수세가 살아날 수 있지만 장기간 물릴 수도 있기 때문이다.

우리는 데이터를 통해 정확한 매수·매도 타이밍을 잡을 수 있다. 하지만 솔직히 충남은 매도세와 매수세의 그림이 좋지 않은 시기만 피해도 절반은 성공임을 강조한다. 그러나 늘 강조하듯 영원한 꼴찌는 없다. 충남의 매매수급은 2019년 후반부터 지속적으로 증가해서 최근 67.2까지 크게 상승했다. 매매와 전세가격도 2020년 1월부터 상승 반전했다.

충남의 전세수급은 입주물량이 집중됐던 2017~2018년 좋지 못하다가 2019년부터 급감한 입주물량으로 인해 이후에는 지속적으로 상승해서 최근에는 192.9까지 엄청난 상승을 하였다. 향후에도 입주물량이 많지 않아 전세수급은 높은 수준으로 유지될 것으로 보인다.

17) 충북

마지막으로 충북을 살펴보자. 2013년 매수세가 살아난 충북은 당시 매매가도 동시에 상승했고 2014년 하반기부터 매도세가 증가하기 시작하며 상승세를 멈추었고 하락세로 반전했다. 충북도 충남과 비슷한 양상을 보이는데 2015년 초반부터 매수세는 바닥을 전전하고 매도세는 고공행진 중이다. 이러한 추세가 2018년 말까지 이어졌고 이후 매수세가 증가하기 시작하더니 2020년 5월과 6월에 고점을 찍고 현재는 등락 중이다.

충북의 전세수급지수는 엄청난 입주폭탄이 터진 2018년을 제외하면 대체적으로 높은 수준을 유지했다. 2019년부터는 꾸준하게 우상향을 해서 최근에는 195.1로 아주 높은 수준이다. 향후 입주물량이 지속적으로 감소할 예정이어서 전세수급은 계속해서 높은 수준으로

충북 매매수급 동향 (기간: 2013년 4월 14일~2020년 10월 25일)

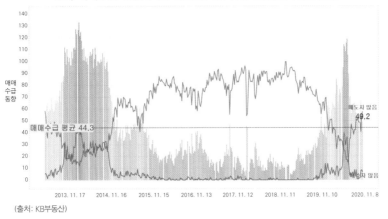

(출처: KB부동산)

충북 전세수급 동향 (기간: 2013년 4월 14일~2020년 10월 25일)

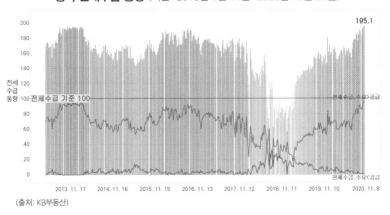

(출처: KB부동산)

유지될 것으로 보인다.

　여기까지 전국의 시도별로 매매수급 동향과 전세수급 동향에 대해 살펴보았다. 이 책에서는 데이터를 통해 지역의 흐름을 읽는 방법과 많은 팁을 제공하고 있다. 하지만 개인에 따라 이해가 되는 데이터도 있고 이해가 안 되는 데이터도 있을 것이다. 그럴 때 가장 중요하게 보아야 할 데이터 중 하나가 매매수급 동향이다. 자본주의 사회에는 시장에 무수히 많은 재화가 있다. 그 많은 재화 중 가장 비싼 상품은 부동산이다.

아무리 비싼 제품도 수요와 공급의 법칙은 그대로 적용된다. 부동산을 살 사람은 많은데(매수세) 팔 사람(매도세)이 없다면 가격은 오를 것이고 팔 사람은 많은데 살 사람이 없다면 가격은 내려갈 것이다. 아주 단순한 논리다. 우리는 매매수급 동향 하나로도 시장의 정확한 흐름을 알 수 있다. 만약 어떤 지역이 매수세가 살아나고 그 추세가 상당 기간 지속된다면 오를 확률이 매우 크다는 것을 명심하자.

전국 입주물량 체크로
수요보다 공급이 적은 지역 골라내기

부동산 입주물량 데이터를 보면 미래를 가늠해볼 수 있다. 앞으로 2~3년간의 미래 입주물량 데이터를 보면 해당 지역의 새 아파트 공급량을 파악할 수 있다. 만약 입주물량이 과도하게 많다면 해당 지역의 전세가에 안 좋은 영향을 미칠 것이고 매매가에도 안 좋은 영향을 미칠 가능성이 크다. 반대로 향후 아파트 입주물량이 적다면 해당 지역에 새 아파트의 추가 공급이 적다는 것이고 전세가와 매매가 상승에 긍정적인 영향을 미칠 가능성이 크다.

입주물량 데이터에는 함정이 있다

앞으로의 아파트 입주물량 정보를 알면 해당 지역을 분석하는 데 상당한 도움이 된다. 필자는 좀 더 장기간의 입주물량을 산출하기 위해 재개발과 재건축 데이터들까지 취합해서 입주물량 데이터를 구축해오고 있다. 다른 기관과 통계에서는 볼 수 없는 데이터라는 점을 강조하고 싶다. 재개발과 재건축이 착공과 분양 단계이면 향후 25개월 이후에 입주한다고 가정했고 이주와 철거 단계이면 향후 35개월 이후에 입주한다고 가정했다. 관리처분인가 단계이면 향후 45개월 이후에 입주한다고 가정했다.

여기에서 알아두어야 할 사항들이 있다. 사업시행 단계가 데이터상과 실제 진행이 다른 경우들이 꽤 있다는 것이다. 예를 들어 방배5구역은 데이터상으로는 사업 시행단계가 관리처분인가 단계이다. 그런데 실제로는 이주와 철거 단계에 있다. 입주 세대수와 입주 시기는 여러 변수에 따라서 달라질 수가 있다. 그러니 이 책에 있는 향후 예상 입주 시기에 대한 부분은 대략적인 예상치 정도라고 생각하자. 지방이나 일부 수도권 지역은 꼭 재개발과 재건축이 아니더라도 아파트를 공급할 토지들이 있다. 따라서 앞으로 3~4년 뒤에 실제로 공급되는 아파트의 숫자는 더 늘어날 수 있음을 알아두자.

입주물량 차트를 볼 때 녹색인 향후 2년 내 입주 예정 물량과 빨간색인 향후 2년 이후 입주 예정 물량은 거의 입주 시기가 정확하다. 노란색인 착공과 분양, 보라색인 이주와 철거, 갈색인 관리처분인가 단계의 경우는 입주 세대수와 입주 시기는 예상치와 다를 수 있다. 시도별로 입주물량 데이터를 분석하기 전에 전국과 수도권의 입주물량 데이터를 살펴보자. 먼저 전국의 향후 입주물량부터 살펴보자.

차트에서 보는 바와 같이 2000년 이후로 전국 입주물량이 가장 많았던 시기는 2017~2019년이었다. 반대로 입주물량이 가장 적었던 시기는 2011~2013년이었다. 아이러니하게도 전국의 입주물량이 가장 적었던 시기에 수도권은 대세하락을 했고 나머지 지역들은 거의 다 상승을 했다. 2021~2023년의 입주물량은 평균보다 적지만 그렇

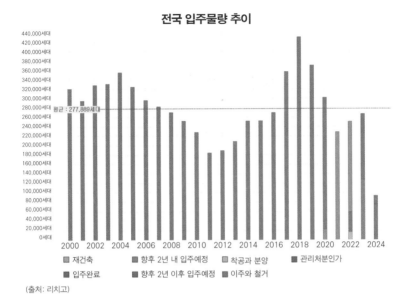

전국 입주물량 추이

평균 : 277,889세대

범례: ■ 재건축　■ 향후 2년 내 입주예정　■ 착공과 분양　■ 관리처분인가
■ 입주완료　■ 향후 2년 이후 입주예정　■ 이주와 철거

(출처: 리치고)

게 많이 적은 수준은 아니다.

수도권 입주물량 생각보다 적지 않다

자, 그럼 좀 더 구체적으로 수도권 입주물량 데이터를 살펴보자. 수도권도 지난 2017~2020년은 상대적으로 입주물량이 많았다. 특히 2018~2019년은 상당히 많았다. 2017년과 2018년에 수도권 입주폭탄이 예정돼 있었다. 그래서 당시에는 아파트 가격이 오르기 힘들다고 전망하는 신문기사가 많았다. 하지만 그런 전망은 다 틀렸고 많은 입주물량에도 불구하고 결과는 엄청난 가격 상승이었다. 입주물량 데이터 하나로 시장을 전망한다는 것이 얼마나 위험할 수 있는지를 보여주는 사례이다. 향후 입주물량이 적어서 수도권 시장이 계속 상승할 거라는 이야기가 있다. 정말 그럴까? 그렇다면 과거에 입주물량이 적었던 2010~2013년의 대세 하락장은 어떻게 설명할 것인가? 입주물

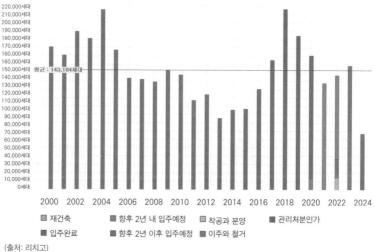

수도권 입주물량 추이

평균 : 143,184세대

2000 2002 2004 2006 2008 2010 2012 2014 2016 2018 2020 2022 2024

■ 재건축　　　　　■ 향후 2년 내 입주예정　　　■ 착공과 분양　　　■ 관리처분인가
■ 입주완료　　　　■ 향후 2년 이후 입주예정　　■ 이주와 철거

(출처: 리치고)

량 이외에도 다양한 데이터로 종합적인 분석을 해야 좀 더 정확한 전망이 가능하다.

입주물량 비율로 공급의 많고 적음을 판단하자

시도별 입주물량 데이터를 보기 전에 먼저 비교해볼 것이 있다. 바로 입주물량 비율 비교이다. 시도별로 향후 3년 동안 입주할 아파트 숫자/지난 10년, 20년 동안 입주한 아파트 숫자를 계산해서 시도별 10년, 20년 대비 신규 입주물량 비율이라는 것을 만들었다. 이 자료를 보면 시도별로 지난 10년, 20년 동안 입주했던 아파트 숫자 대비 2023년 말까지 입주하는 아파트의 비율을 확인할 수 있다. 이 비율이 높으면 새 아파트들이 많은 것이고 적으면 부족한 것이다. 10년, 20년이 아니라 총 재고아파트 대비 입주물량 비율 데이터도 같이 확인하면 좋다. 10년 대비, 20년 대비, 총 재고 대비한 입주물량 데이터

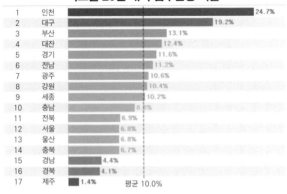

시도별 20년 대비 입주물량 비율

순위	지역	비율
1	인천	24.7%
2	대구	19.2%
3	부산	13.1%
4	대전	12.4%
5	경기	11.6%
6	전남	11.2%
7	광주	10.6%
8	강원	10.4%
9	세종	10.2%
10	충남	8.6%
11	전북	6.9%
12	서울	6.8%
13	울산	6.8%
14	충북	6.7%
15	경남	4.4%
16	경북	4.1%
17	제주	1.4%

평균 10.0%

시도별 10년 대비 입주물량 비율

순위	지역	비율
1	대구	
2	인천	43.0%
3	대전	26.6%
4	광주	24.7%
5	부산	24.4%
6	경기	23.9%
7	전남	22.0%
8	강원	21.9%
9	충남	17.2%
10	서울	16.4%
11	전북	14.2%
12	충북	12.3%
13	울산	12.2%
14	세종	11.0%
15	경남	8.4%
16	경북	7.4%
17	제주	2.2%

평균 19.5%

(출처: 리치고)

를 서로 비교 분석해서 보면 좋을 듯하다.

10년 또는 20년인지에 따라서 조금 순위들이 달라지지만 크게 다르지 않다. 전국에서 가장 높은 지역은 인천과 대구다. 인천과 대구는 상당한 입주폭탄이 대기하고 있다. 이 지역들은 매수하는 데 신중해야 한다. 반대로 10년, 20년 모두에서 신규 입주물량 비율이 적은 지역들은 제주, 경북, 경남, 충북, 울산, 서울, 전북, 충남이다. 이 지역들의 새 아파트가 적게 공급된다는 것을 확인할 수 있다.

이 지역들은 다른 데이터들이 크게 이상이 없다면 상승할 지역들이다. 특히 저평가 구간에 있는 경북, 경남, 충북, 전북, 충남은 향후 입주물량마저 적다. 따라서 이 다섯 곳은 상당히 기대되는 지역들이다. 나중에 종합정리 섹션에서 좀 자세한 내용을 다루도록 하겠다.

시도별 입주물량 데이터 설명 시에는 10년, 20년 대비 입주물량 비율이 아니라 해당 지역 총 재고아파트 대비한 입주물량 비율을 가지고 이야기한다.

> ■ 재건축　　　■ 향후 2년 내 입주예정　■ 착공과 분양　　■ 관리처분인가
> ■ 입주완료　　■ 향후 2년 이후 입주예정　■ 이주와 철거
> 빨간색 선: 매매가격 시세 (세대수 감안한 제곱미터당 매매가격)
> 파란색 선: 전세가격 시세 (세대수 감안한 제곱미터당 전세가격)

1) 서울: 부족한 수준

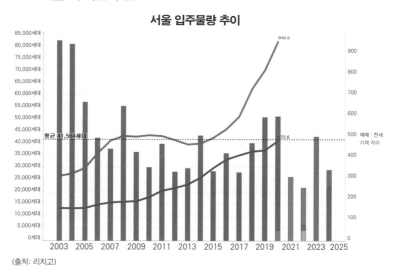

(출처: 리치고)

서울의 총 재고아파트는 169만 550호이고 2021년 2만 6,123호, 2022년 2만 1,716호, 2023년 4만 2,670호가 입주 예정이다. 총 재고아파트 대비 입주비율은 5.2%이다. 여기서 한 가지 기준을 제시하

자. 아파트 가격과 전세가격에 영향을 미치는 재고아파트 입주비율이다. 총 재고아파트 대비 3년 이내 입주비율이 5~6% 이하이고 더 낮은 수치일수록 기존 아파트 가격에 미치는 영향이 미미하다고 판단할 수 있다. 이 비율이 10%를 넘어서면 인근 집값과 전세가격에 영향을 줄 수 있고 그 이하라도 영향을 줄 수 있다. 재고아파트 비율이 높다면 종합적인 검토가 필요하다.

서울의 아파트 가격은 2003~2004년에 상당히 많은 입주물량에도 불구하고 지속적으로 상승했다. 반면 입주물량이 상대적으로 적었던 시기인 2009~2013년에는 별로 좋지 않았다. 향후 입주물량이 부족하니 서울 부동산 시장에서도 공급이 많으면 가격이 하락하고 공급이 적으면 가격이 상승한다는 상식 같은 진리(?)가 여실히 빗나간 것이다.

아파트 가격은 입주물량이 많아도 대세 상승할 수 있고 적어도 대세 하락할 수 있다. 그 점을 기억하고 향후 입주물량이 부족하니 서울 아파트 가격이 무조건 올라갈 것이라고 맹신하지는 말자. 그러나 2021~2022년 서울의 입주물량도 역사적으로 가장 적은 수준이다. 이에 더해 서울의 전세수급은 역사적으로 가장 높은 수준이다. 입주물량도 적고 전세수급이 높으면 전세가격은 계속 강세를 유지할 가능성이 매우 크다. 그 점은 서울 아파트 매매가에도 긍정적인 영향을 미칠 수 있다. 단, 수도권 전체로 보았을 때 앞으로의 입주물량이 그리 적지는 않다는 것을 염두에 두어야 한다.

2) 경기: 평균 수준

경기도에서도 입주물량과 관련된 상식과 반대되는 일이 벌어졌다.

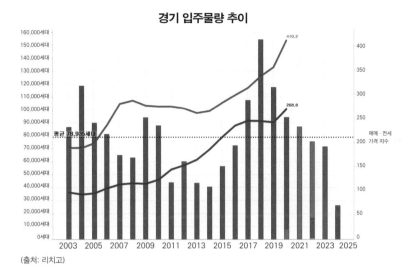

경기 입주물량 추이

(출처: 리치고)

입주물량이 적었던 2010년대 초반에는 매매가격이 하락했고 입주물량이 과대했던 2017~2019년에는 상승했다.

경기도의 재고아파트는 281만 22호이고 2021년 8만 6,974호, 2022년 7만 7,763호, 2023년 7만 2,454호가 공급될 예정이다. 입주물량 비율은 8.0%로 다소 높지만 계속해서 줄어드는 모습이다. 그러나 과거 20년 정도의 평균치보다 크게 적은 수준은 아니다. 향후 3년 정도는 20년 정도의 평균 입주물량 정도가 공급된다.

3) 인천: 입주폭탄 수준

인천의 재고아파트 비율은 62만 6,135호이고 2021년 1만 5,327호, 2022년 3만 1,791호, 2023년 3만 9,464호가 공급될 예정이다. 입주물량 비율은 무려 11.9%로 매우 높은 수준이다. 인천은 수도권 아파트의 대세 하락 기간이었던 2010년부터 입주물량이 증가했고 2012년까지 지속적으로 증가했다. 대세 하락기에 크지는 않지만 지속적으

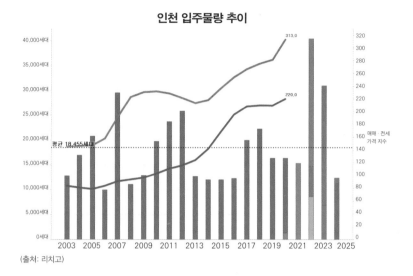

인천 입주물량 추이

(출처: 리치고)

로 입주물량까지 증가했다. 인천의 아파트 가격에 안 좋은 영향을 미칠 수밖에 없었다.

인천은 2022년부터 2년 연속으로 사상 최대의 입주물량이 대기하고 있다. 아파트 전세가격에도 안 좋은 영향을 미칠 것이고 매매가에도 부정적인 영향을 미칠 수 있다. 대다수 부동산 투자자들이 가장 흔하게 접근하고 참고하는 데이터가 입주물량 데이터이다. 그러다 보니 투자자들 중 일부는 입주폭탄이 시작되기 전 시장에서 매도하고 빠져나오려고 할 것이다. 그러다 보니 입주폭탄이 시작되기 전인 2021년 여름~가을부터 부정적인 영향을 받을 수 있다.

4) 광주: 평균 수준

광주의 재고아파트 비율은 38만 67호이고 2021년 5,043호, 2022년 1만 2,564호, 2023년 1,724호가 공급될 예정이다. 공급물량 비율은 5.1%로 높은 편은 아니다. 광주의 연평균 공급량은 8,387호이다.

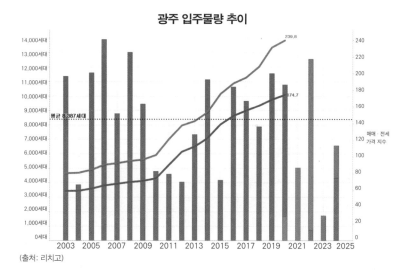

광주 입주물량 추이

(출처: 리치고)

연도별로 살펴보면 평균 공급량을 넘는 해와 못 미치는 해가 반복된다는 것을 알 수 있다. 연도별로 공급량의 차이는 있지만 장기적으로 과한 공급이 있었다고 보기 어렵다. 연속 과잉 공급이 있었던 2000년 초중반에 매매가는 완만한 곡선을 나타냈다.

2020년에는 예년보다 많은 공급이 있었지만 2021년엔 절반 가까이 줄어들고 2022년엔 꽤 증가하다가 2023년엔 확연히 줄어드는 것을 알 수 있다. 공급이 많은 해와 부족한 해가 반복되는 것이다. 따라서 광주는 입주물량이 매매가에 부정적인 요인으로 작용하지는 않을 것이다.

5) 대구: 갈수록 많아지고 2023년 입주폭탄 수준

대구는 입주물량이 계속해서 평균 이상으로 많았던 2006~2009년에는 가격 조정이 있었다. 이후 2010년부터는 계속해서 입주물량은 적었고 매매와 전세가는 큰 상승을 했다. 지방은 수도권보다는 입

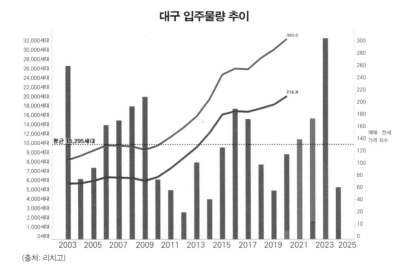

대구 입주물량 추이

평균 15,295세대

(출처: 리치고)

주물량의 영향을 많이 받는다. 특히 광역시보다는 시군구 단위로 들어가면 몇천 세대 입주만으로 해당 지역의 아파트 가격과 전세가가 흔들릴 수 있다는 것을 염두에 두어야 한다.

예를 들어 군산의 경우 총 6만 6,155호의 아파트가 있고 총 2021년 973세대, 2022년 993세대의 입주가 예정돼 있다. 기존 아파트 대비 입주비율이 2.9%이다. 이 정도의 비율은 아파트 가격에 긍정적인 요인으로 작용한다. 그러나 해당 지역에 재고아파트 대비 입주비율이 10%가 넘는다면 아파트 매매가나 전세가에 부정적인 요인으로 작용할 수 있다.

이런 관점으로 접근하면 지방의 아파트 시장이 왜 입주물량에 더 큰 영향을 받는지 이해가 될 듯하다. 대구는 재고아파트가 총 54만 7,618호이고 재고아파트 대비 11.3% 입주폭탄이 대기 중이다(2021년 1만 6,080호, 2022년 1만 9,446호, 2023년 3만 4,057호). 특히 2023년에는 신규로 공급되는 양의 절반 정도가 한꺼번에 공급될 예정이다.

당연히 매매가의 부정적인 요인으로 작용할 것이다. 대구의 내 집 마련을 계획 중이거나 투자에 관심이 있는 분들은 2023년 입주폭탄에 대비해야 한다.

6) 대전: 평균 수준

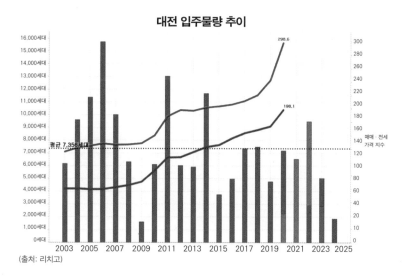

대전 입주물량 추이

(출처: 리치고)

대전은 총 33만 3,247호의 재고아파트가 있다. 향후 3년 이내에 2만 3,295세대가 입주 예정이고 재고 대비 비율은 6.5%이다(2021년 6,532호 2022년 9,474호 2023년 5,022호). 즉 아파트 가격에 부정적인 요인으로 작용하기에는 수치가 좀 미미하다. 해당 지역의 아파트 가격에 부정적인 요인으로 작용하는 아파트 입주비율은 10% 이상이고 긍정적인 요인으로 작용하는 비율은 5% 이하라고 기준해보자. 그럼 대전의 입주물량은 애매한 수치라고 할 수 있다.

단, 2022년에 입주가 몰려 있고 인근 아파트 시장에 일시적인 영향을 줄 수 있다. 그러나 과거 대비 과도한 입주물량이 공급되는 것은

아니고 적정 수준의 공급이 이루어지고 있다. 따라서 입주물량으로
인해 하락장이 오기는 어렵다는 판단이다.

7) 부산: 갈수록 많아지고 2023년 입주폭탄 수준

부산 입주물량 추이

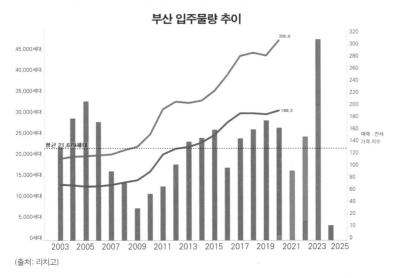

(출처: 리치고)

부산의 재고아파트는 총 80만 8,047호이고 2021년 1만 6,346호,
2022년 2만 4,388호, 2023년 5만 2,584호가 입주 예정이고 2023
년엔 입주가 몰려 있다. 재고아파트 대비 3년 이내 비율은 10.4%로
높은 수준이다. 지방의 특성상 2023년의 입주폭탄이 매매가에 부정
적인 영향을 미칠 가능성이 크다.

특히 2023년경에 사상 최대의 물량이 한꺼번에 공급된다는 점을
주목하고 대응책과 출구전략을 짜야 한다. 즉 부산에 아파트를 가지
고 있다면 입주폭탄이 터지고 시장이 휘청거릴 수 있다는 것을 예상
하고 매도할 것인지, 좀 장기전으로 기다릴 것인지 판단해야 할 시기
다. 2024년은 입주물량이 아주 적어 보여서 괜찮은 거 아니냐 생각

할 수도 있지만, 3~4년 이후의 입주물량 데이터는 더 많아질 수도 있다는 점을 기억하자.

8) 울산: 많이 부족한 수준

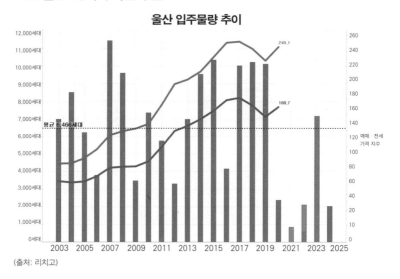

울산 입주물량 추이

(출처: 리치고)

다음은 울산이다. 울산의 재고아파트는 총 26만 7,619호이고 2021년 851세대, 2022년 2,117호, 2023년 7,163호가 입주 예정이다. 재고아파트 대비 입주비율은 3.6%로 적은 편이다. 특히 2020~2022년은 상당한 공급 부족으로 매매가가 급상승하는 해가 될 수 있다. 공급 부족이 계속돼 향후 울산의 아파트 가격 흐름은 양호할 것으로 판단된다. 특히나 울산은 다른 데이터들의 흐름도 좋고 최근 조선업이 활기를 되찾으며 과거 대비 지역적인 호재도 되살아나는 중이다.

9) 세종: 부족한 수준

세종의 총 재고아파트는 10만 2,702호이고 2021년 7,668호, 2022

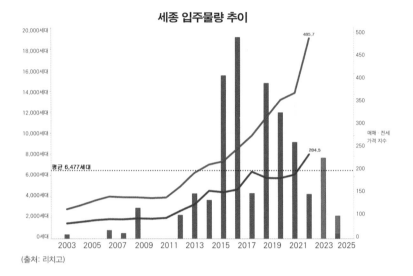

세종 입주물량 추이

(출처: 리치고)

년 2,157호가 입주 예정이다(2023년 없음). 재고아파트 대비 입주비율은 8.7%로 다소 높은 편이다. 하지만 세종의 아파트 입주는 2014년부터 본격적으로 시작이 됐다. 그래서 총 재고비율이 아니라 10년 대비 비율로 보는 것이 맞다. 세종의 10년 대비 입주비율은 11%로 상당히 새 아파트가 부족한 수준이라고 할 수 있다.

10) 제주: 많이 부족한 수준

제주는 어떨까? 제주의 총 재고아파트는 7만 1,147호이고 2021년 659호, 2022년엔 96호, 2023년에는 입주가 없다. 제주도는 지역적인 특색이 있고 2010년 이후 공급이 많음에도 집값이 오른 이유가 있다. 2010년부터 5억 원 이상을 제주도에 투자하면 한국에 거주할 수 있는 투자이민제도를 만들어 비자를 준 것이다.

그러면서 중국인 투자자들이 증가하기 시작했고 인구가 증가하면서 쏟아지는 입주물량을 모두 소화하며 승승장구했다. 그러나 2017

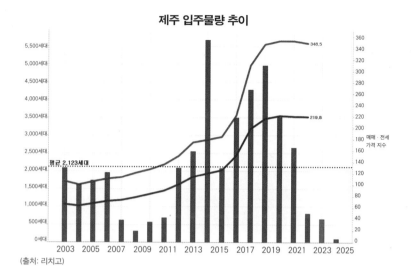

제주 입주물량 추이

(출처: 리치고)

년 들어 본질가치 대비 고평가 구간에 접어들며 가격이 하락해왔는데 2021년 12월부터 상승 전환했다. 앞으로 입주물량이 매우 적어 긍정적인 요인으로 작용할 것이다. 다른 데이터의 흐름이 좋아지는지 함께 판단하고 진입하면 좋을 지역이다.

11) 강원: 부족한 수준

다음은 강원도다. 강원도의 총 재고아파트는 30만 2,311호이고 2021년 8,942호, 2022년 5,597호, 2023년 2,663호의 입주가 예정돼 있다. 재고아파트 대비 입주물량 비율은 5.4%로 낮은 편이다. 강원도는 입주물량이 많던 2018~2019년에 시장이 다소 주춤했다. 하지만 이미 상승 반전에 나섰고 향후 입주물량도 줄어들고 비율도 낮은 편이다. 인구수는 살짝 줄고 있지만 세대수가 증가하는 지역이고 최근 매수세도 증가 추세다. 강원도 아파트 가격에 긍정적인 요인으로 작용할 것으로 판단된다.

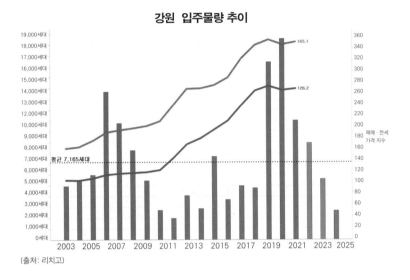

강원 입주물량 추이

(출처: 리치고)

12) 경남: 많이 부족한 수준

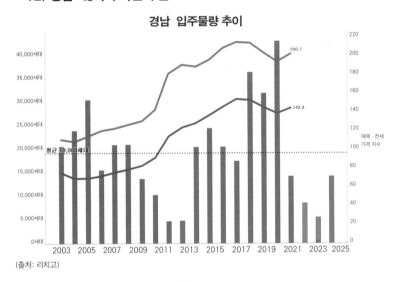

경남 입주물량 추이

(출처: 리치고)

경남을 살펴보자. 데이터가 추천하는 지역 중 하나인 경남의 총 재고아파트는 70만 2,774호이고 2021년 8,509호, 2022년 5,498호, 2023년 1만 4,111호가 공급될 예정이다. 3년 이내 입주비율은 3.8%

로 낮다. 경남은 공급이 많을 때와 적을 때의 매매가 그래프가 거의 동일하게 움직이는 것이 확인된다. 이러한 흐름은 특별한 외적인 충격이 없는 한 동일하게 적용될 것으로 판단된다. 경남도 강원도와 마찬가지로 최근 매수세가 증가 추세고 아파트 가격 또한 상승 반전했다. 최근 흐름이 좋고 입주물량도 줄어들고 있으니 아파트 가격에 긍정적인 요인으로 작용할 것이다.

13) 경북: 많이 부족한 수준

경북 입주물량 추이

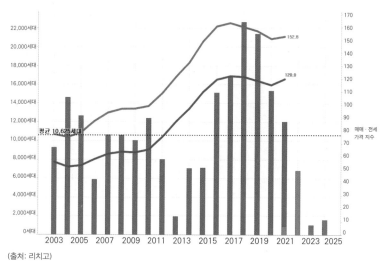

(출처: 리치고)

경북도 흐름이 양호하다. 총 재고아파트는 47만 2,383호이고 2021년 6,819호, 2022년 1,029호, 2022년 1,586호가 공급될 예정이다. 재고아파트 대비 입주비율은 2.1%로 많이 낮은 편이다. 경북도 경남과 마찬가지로 최근 매수세가 증가하고 있고 인구수가 줄어드는 것이 좀 걸리지만 세대수는 증가 추세에 있다. 경남과 비슷한 흐름을 보이는 경북은 입주물량이 경남보다 더 적은 수준이다. 이는 당연히 시장에 긍정적인 요인으로 작용할 것이고 이미 매매가는 상승 반전했다.

부동산에는 추세라는 것이 있다. 그 추세에 한 번 편승하면 쉽게 꺾이지 않는다는 것을 명심하자. 경북은 아직 상승 초기라고 할 수 있다. 그래서 내 집 마련하기에 좋은 지역이라고 할 수 있다.

14) 전남: 평균보다 살짝 적은 수준

전남 입주물량 추이

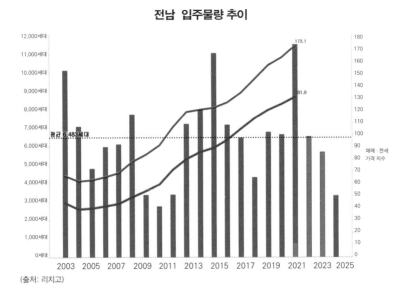

(출처: 리치고)

전남의 총 재고아파트는 27만 9,788호이고 2021년 6,541호, 2022년 5,697호, 2023년 3,974호가 입주 예정이다. 기존 대비 입주비율은 5.7%로 높다고 볼 수 없다. 과도한 입주물량이 연속으로 들어온 적이 없어서인지 상당히 오랜 기간을 별 조정 없이 꾸준히 상승해왔다. 향후에도 입주물량이 그리 많은 편이 아니다. 입주물량으로 인한 가격 하락 리스크는 별로 없다고 할 수 있다.

15) 전북: 부족한 수준

전북 입주물량 추이

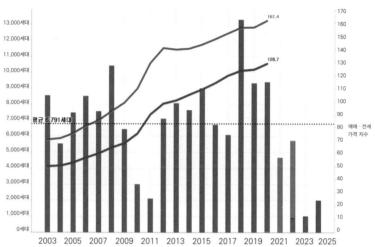

(출처: 리치고)

    전북의 총 재고아파트는 35만 6,605호이고 2021년 4,661호, 2022년 6,112호, 2023년 1,000호가 입주 예정이다. 입주비율은 3.2%로 낮은 수준이다. 아직은 경남과 경북보다 약하긴 하지만 이미 매수세가 증가하기 시작했고 매매가 또한 상승 반전 초입에 돌입했다.

    2018년 2019년 입주물량으로 약간의 하락을 겪었지만 큰 폭의 하락장은 없었다. 장기간 적정 수준에서 공급이 이루어졌기 때문으로 판단된다. 과거 공급량이 적었던 2009~2012년 꽤 큰 상승장이 만들어졌던 것처럼 향후 부족한 입주물량은 전북 부동산 시장에 긍정적인 요인으로 작용할 것으로 판단된다.

16) 충남: 부족한 수준

    충남의 총 재고아파트는 42만 6,042호이다. 2021년 6,806호, 2022

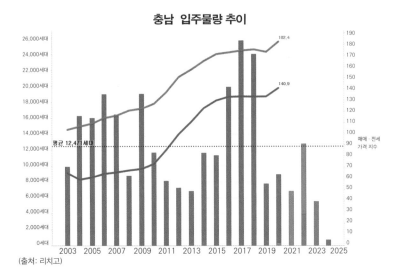

충남 입주물량 추이

(출처: 리치고)

년 1만 2,782호, 2023년 5,546호 입주 예정이고 비율은 5.6%로 낮은 편이다. 2016~2018년 연이은 공급폭탄이 있었고 매매가 전세가 모두 흔들리는 하락장을 경험했다.

충남은 공급량이 크게 떨어진 2010년 이후 시장에 큰 상승이 있었던 만큼 앞으로 공급량이 줄어드는 것은 긍정적인 요인으로 작용할 것이다. 충남은 미분양도 줄고 있어서 이미 매수세가 활발히 진행 중인데 입주물량마저 줄고 있다. 데이터가 추천하는 지역 중 하나다.

17) 충북: 많이 부족한 수준

충북의 총 재고아파트는 32만 5,611호이고 향후 입주물량은 2021년 6,742호, 2022년 4,855호, 2023년 298호에 불과하다. 입주비율도 3.8%로 낮은 편이다. 전반적인 흐름이 충남과 비슷한 양상이다. 매매가격은 입주물량이 떨어지면 급등했고 많아지면 하락했다. 주택구매력지수, 저평가지수, 인구수 세대수 증가율, 미분양 물량 등 여러 데

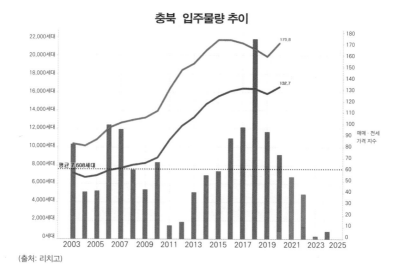

충북 입주물량 추이

(출처: 리치고)

이터들이 양호한 흐름을 보이고 있다. 충남과 더불어 빅데이터가 추천하는 지역 중 하나이다. 갈수록 입주물량이 줄어들어 매매가에 긍정적인 요인으로 작용할 것으로 판단된다.

여기까지 입주물량 데이터를 통해 전국의 흐름을 짚어보았고 입주물량이 각 지역에 어떤 영향을 미칠지 분석해보았다. 대체적으로 입주물량이 2년 연속 과다하게 많으면 가격이 하락하고 부족하면 가격이 상승한다는 것을 알 수 있다. 하지만 언제나 그런 공식이 통하는 것은 아니고 심지어 반대의 현상도 발생할 수 있다는 것을 확인했을 것이다. 그리고 서울과 수도권보다는 지방이 입주물량에 더 많은 영향을 받는다는 것도 배웠을 것이다.

폴리매스Polymath라는 말이 있다. 사전적인 뜻으로는 박식한 사람이라는 뜻이다. 진정한 폴리매스라면 최소 3개 분야에서 임계점을 넘기고 그 분야들을 연결시켜 다르게 해석하고 남들이 할 수 없는 유일한 업적을 남기는, 즉 멀티플레이 전문가를 뜻한다. 어찌 보면 일반적인

시도별 입주물량 비율

순위	지역	비율	순위	지역	비율
1위	인천	11.9%	10위	강원	5.4%
2위	대구	11.1%	11위	서울	5.0%
3위	부산	9.9%	12위	광주	4.7%
4위	세종	9.1%	13위	경남	4.1%
5위	경기	7.7%	14위	울산	3.6%
6위	전국	6.7%	15위	충북	3.5%
7위	대전	5.9%	16위	전북	3.4%
8위	충남	5.7%	17위	경북	2.0%
9위	전남	5.5%	18위	제주	1.0%

2020년 12월 7일 기준 재고아파트 대비 3년 내 입주비율

생각과 사고를 하는 사람이 폴리매스가 되기는 어려운 일이다. 그러나 이 책을 정독하고 빅데이터가 제공하는 다양한 차트를 분석한다면 부동산 시장을 바라보는 또 다른 인사이트를 가진 폴리매스가 될 수 있다.

위 표는 2020년 12월 7일 기준 시도별 총 재고아파트 대비 입주비율을 정리한 것이다. 독자에게 매우 중요한 자료가 될 것이다. 비율이 높을수록 향후 입주물량이 많은 것이고 낮을수록 적은 것이다. 총 재고아파트 대비 입주비율뿐만 아니라 10년 대비, 20년 대비 입주비율도 같이 보면 좀 더 정확한 입주물량 분석이 가능하다.

지역별 미분양 수치로 팔아야 할 곳, 사야 할 곳 파악하기

미분양 아파트는 분양했는데 팔지 못하고 남은 아파트이다. 미분양 아파트 숫자가 늘어난다는 것은 그 지역의 부동산 경기가 안 좋아진다는 의미이다. 반대로 미분양 아파트 숫자가 줄어든다는 것는 그 지역의 부동산 경기가 좋아진다는 의미다. 미분양 아파트 수치는 그 지역 부동산 시장의 온도를 보여주는 중요한 데이터다. 앞으로 내가 관심 두는 지역이 하락할지 상승할지 트리거가 될 미분양 수치를 살펴보자.

먼저 전국의 미분양 아파트 데이터를 살펴보자. 막대그래프가 미분양 숫자(빨간색일수록 미분양이 많고 녹색일수록 미분양이 적다)이다. 가장 최신의 2020년 9월까지의 미분양 아파트 데이터이다. 2007년 10월부터 미분양 아파트 숫자가 10만 채를 넘어섰고 계속 증가하다가 2009년 5월부터 하락하기 시작했다. 2010년 11월부터는 10만 채 이하로 떨어지기 시작했다. 2015년이 가장 적은 시기였고 최근에

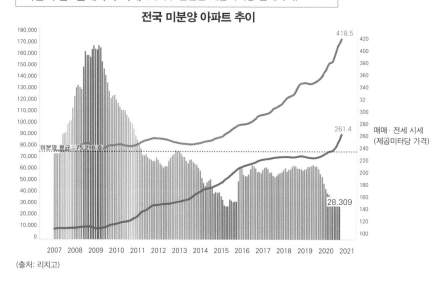

빨간색 선: 매매가격 시세 (세대수 감안한 제곱미터당 매매가격)
파란색 선: 전세가격 시세 (세대수 감안한 제곱미터당 전세가격)

전국 미분양 아파트 추이

미분양 평균 : 75,216 호

418.5

261.4

28.309

매매 · 전세 시세
(제곱미터당 가격)

2007 2008 2009 2010 2011 2012 2013 2014 2015 2016 2017 2018 2019 2020 2021

(출처: 리치고)

도 지속적으로 감소하면서 2015년도 수준인 2만 8,800채 정도 수준까지 하락했다. 미분양 아파트 데이터를 보면 지금의 부동산 시장 분위기는 전국적으로 매우 좋다는 것을 알 수 있다.

자, 이제는 시도별로 미분양 데이터를 살펴보자.

1) 서울: 매우 적은 수준

서울의 미분양은 2008년 9월부터 1,500채를 넘어갔다. 서울의 아파트 시장은 이때부터 미분양이 지속적으로 몇 년 동안 쌓였고 약세를 면하지 못했다. 미분양이 극에 달했던 2013년 9월 정도에 바닥을 찍고 우상향을 시작했다. 서울의 미분양 숫자가 1,500채 미만으로 떨어지기 시작한 2015년 2월부터 본격적으로 매매가격이 상승하기 시작했다. 현재까지도 계속해서 우상향 중이다.

서울 미분양 아파트 추이

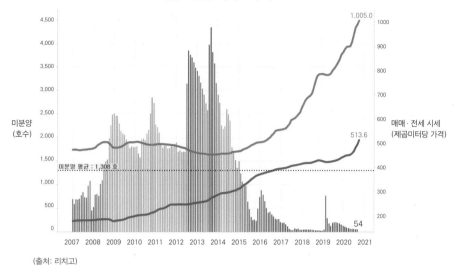

(출처: 리치고)

특정 지역의 아파트를 매수하기에 안전하고 좋은 시기는 몇 년 동
안의 대세 하락 이후 상승 반전의 흐름을 보이면서 동시에 그 지역의
미분양이 줄어들 때다. 물론 좀 더 정확한 판단을 위해서는 다른 데
이터들까지 봐야 한다. 하지만 이 두 가지만 검토해도 좋은 시기에 내
집 마련을 할 수 있다. 이런 흐름을 보이는 지역에 내 집 마련을 하면
상당히 좋은 선택이 될 것이다. 내 집 마련하기에 좋은 구체적인 지역
들은 이 책의 4장에서 자세히 다룰 예정이다. 아직 내 집 마련을 못
한 독자라면 적극적으로 참고하길 바란다.

서울의 현재 미분양은 100채도 미치지 못하는 매우 적은 수준으
로 당분간은 가격 하락 가능성이 별로 없고 오히려 추가로 더 상승할
수 있어 보인다. 다만, 한 가지 데이터로 전체를 판단하는 오류를 범
할 수 있으니 종합정리 섹션에서 다른 데이터들을 같이 정리해보면서
서울에 대한 앞으로 전망을 이야기하도록 하겠다.

2) 경기: 상당히 적은 수준

경기 미분양 아파트 추이

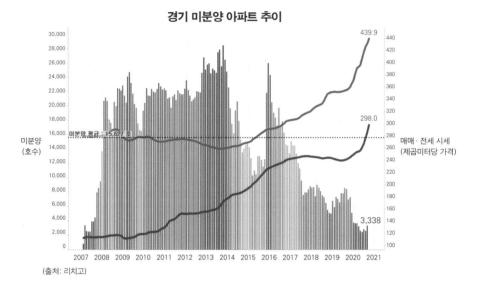

(출처: 리치고)

2008년 1월부터 경기도의 미분양 숫자는 2만 채를 넘어가기 시작했다. 그로부터 7개월 정도 후인 2008년 8월 정도에 경기도의 매매가격은 고점을 치고 거의 5년 가까이 대세 하락했다. 2014년 7월까지도 미분양은 계속해서 1만 6,000~2만 8,000채 정도로 많이 쌓여왔다.

경기도의 아파트 가격은 미분양이 절정에 달하던 2013년 9월 바닥을 찍고 상승을 시작했고 미분양은 2014년 8월부터 1만 6,000채 이하로 하락하기 시작했다. 바로 이때가 경기도의 아파트 매수적기였다. 가격이 상승하고 난 뒤 미분양이 평균 정도로 감소하는 시기가 올 때가 매수 타이밍임을 다시 한번 확인한 셈이다. 다시 한번 강조하지만 이 두 데이터뿐만 아니라 다른 중요한 데이터들까지 같이 볼 때 매수적기에 대한 정확도는 더욱 올라간다.

경기도는 2015년 11월부터 2016년 9월까지 미분양 아파트가 1만

6,000채 이상으로 쌓이기도 했다. 하지만 이때는 가격이 내려가지 않고 오히려 상승했다. 아파트 가격에 영향을 미치는 중요한 다른 요인들도 있다는 의미이다. 경기도의 현재 미분양은 2,500여 채 정도로 역사상 가장 낮은 수준이다. 다만, 경기도는 지역이 매우 넓어 세부지역이 어딘지에 따라서 다른 흐름을 보일 수 있다. 세부 지역에 대한 부분은 나중에 나오는 지역별 종합투자점수 랭킹을 참고해서 의사결정하면 좋겠다.

3) 인천: 매우 적은 수준

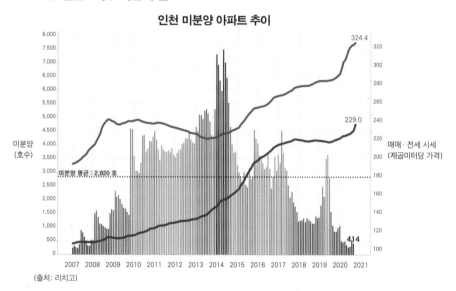

인천 미분양 아파트 추이

(출처: 리치고)

인천의 미분양을 살펴보자. 현재 인천의 미분양은 2007년 초반과 유사한 수준인 414호에 불과하다. 경기도의 흐름과 마찬가지로 미분양이 증가하는 시기에 어김없이 매매가가 하락했고 미분양이 지속적으로 감소하는 시기인 2014년부터 집값이 상승했다는 것을 확인할 수 있다.

매매가가 지속적으로 상승한 2014년 이후에도 미분양 수치가 증가하는 구간도 있었다. 하지만 기간이 짧고 증가폭이 크지 않아 매매가에는 큰 영향을 주지는 못했다. 지속적으로 증가 추세에 있는 구간만 피해도 하락 구간에 내 집 마련을 하는 우는 범하지 않을 수 있다.

4) 광주: 매우 적은 수준

광주 미분양 아파트 추이

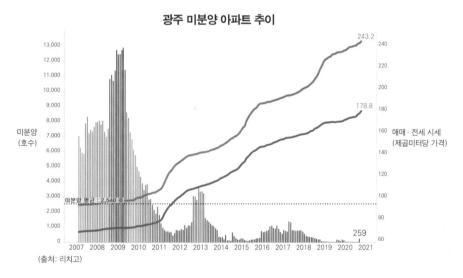

(출처: 리치고)

광주는 과거 2007~2009년에 미분양이 지속적으로 증가했다. 당시 아파트 가격이 크게 하락하진 않았지만 다른 시기보다 바닥을 전전했다. 이후 미분양이 급속도로 줄어들고 가격은 크게 상승을 했다. 미분양이 수치상으로 얼마만큼 증가하고 감소하는지도 중요하다. 하지만 매수 타이밍을 잡을 수 있는 가장 확실한 포인트는 빠르게 감소하는 시점이다. 광주의 아파트 가격도 미분양이 급격하게 줄어드는 2010년 이후 급등했다. 이후에도 미분양이 등락을 했지만 크게 증가하지는 않았고 최근에는 역사적으로 상당히 적은 259호이다. 그래서

인지 2010년부터 광주의 매매와 전세가는 10년째 꾸준한 우상향을 해오고 있다.

5) 대구: 상당히 적은 수준

대구 미분양 아파트 추이

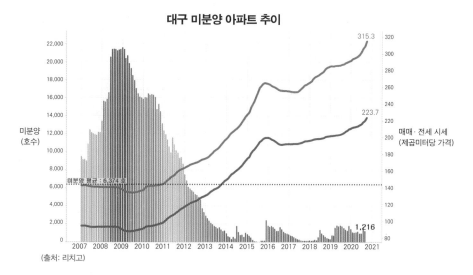

(출처: 리치고)

대구의 미분양 아파트는 2020년 9월 기준 1,216호이다. 광주와 비슷한 흐름을 보이는데 2007~2011년까지, 특히 2008년 중순~2009년 중순에 상당히 많은 미분양이 있었다. 당시 대구는 광주가 보합세로 갔던 것과 달리 하락세로 갔다. 여기서도 주목할 부분은 미분양 아파트가 크게 줄어든 시점에 아파트 가격이 급등했다는 점이다. 관심 지역의 미분양 아파트가 줄어드는 추세가 확실하다면 가장 저점에서 매수할 기회가 될 수 있다는 점을 강조한다.

6) 대전: 적은 수준

대전도 금융위기 즈음에 미분양이 증가했다. 2008~2010년까지

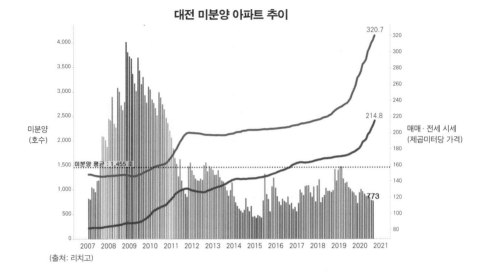

대전 미분양 아파트 추이

미분양
(호수)

매매·전세 시세
(제곱미터당 가격)

미분양 평균 : 1,455 호

320.7

214.8

773

2007 2008 2009 2010 2011 2012 2013 2014 2015 2016 2017 2018 2019 2020 2021

(출처: 리치고)

미분양이 상당히 많았고 매매가격은 횡보를 했다. 약보합세로 가다가 미분양 아파트가 줄어드는 시점에 급등하는 모습을 보이고 있다. 대전의 미분양 아파트는 2020년 9월 기준으로 773호이다. 평균 미분양의 절반 정도 수준이다. 즉 아파트 가격에 악영향을 미칠 만한 수준은 아니라는 것이다.

7) 부산: 적은 수준

부산의 미분양은 2007~2009년까지 상당히 많은 수준이었다. 다른 지방 광역시들처럼 가격이 내려가진 않았지만 미분양이 감소하는 시점에는 가격이 급등했다. 이후에도 부산의 미분양 수치와 가격은 미워하면서도 어려운 상황에서 단결하는 오나라와 월나라는 비유하는 오월동주吳越同舟 격이다. 미분양이 평균 수치보다 증가하면 어김없이 가격이 하락했고 평균수치보다 떨어지면 가격이 상승했다. 2020년 9월 기준 1,397호로 상당히 적은 수준이다.

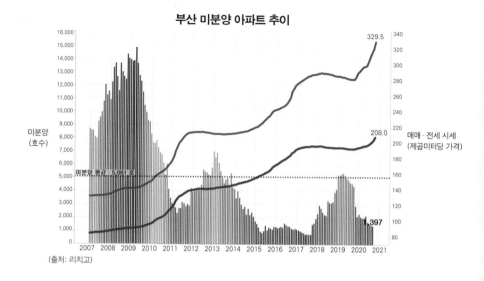

부산 미분양 아파트 추이

(출처: 리치고)

8) 울산: 상당히 적은 수준

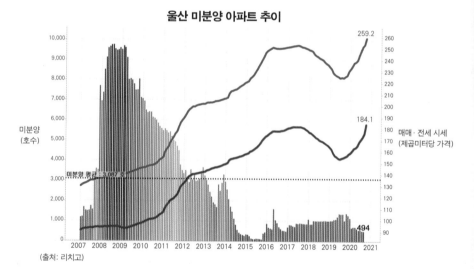

울산 미분양 아파트 추이

(출처: 리치고)

울산은 지역색이 강해서 약간은 다른 모습이다. 2007년 말부터 미
분양이 급증해서 2011년까지도 꽤 많았다. 그럼에도 매매가격은 별
로 하락하지 않았고 미분양이 본격적으로 감소하기 시작한 2009

년 중순부터 가격이 본격적으로 상승하기 시작했다. 특이한 부분은 2016~2019년은 미분양이 증가하긴 했지만 많은 수준은 아니었다. 그럼에도 울산의 매매가는 이 기간 동안 약세를 면치 못했다. 각종 저평가 인덱스와 주택구매력 데이터도 좋지 못했고 입주물량도 계속해서 많은 편이어서 하락했다.

여기에서 또 다시 배울 수 있는 것은 한 가지 데이터만 가지고 판단해서는 안 된다는 것이다. 다양한 데이터를 봐야 하는 이유다. 2020년 9월 기준 울산의 미분양은 494호로 매우 적은 편이고 다른 데이터의 흐름이 양호한 지역이다.

9) 세종: 아예 없다

세종 미분양 아파트 추이

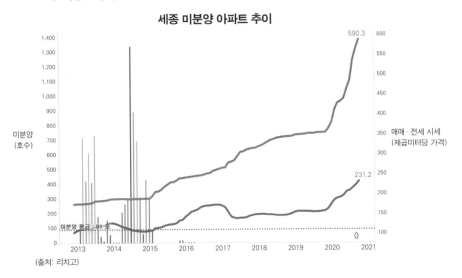

(출처: 리치고)

세종은 입주 이후 미분양 아파트가 1,000호가 넘어간 시기는 2014년 7월로 1,344호이다. 이후 미분양은 지속적으로 감소했고 2015년 2월 이후로는 지속적으로 제로 미분양을 기록하고 있다. 미분양 아파트가 단 한 채도 없다는 것은 그만큼 인기가 있는 지역이라는 방증이다. 세종은 신도시라는 특성이 있는데 입주 초반에는 인프라가 제대로 형성되지 않아 아파트 가격이 보합세를 유지했다. 현재는 입주가 거의 마무리 단계이고 대부분의 인프라도 갖추어진 상태다. 2020년에는 입주물량도 대폭 줄어들었고 행정수도 이전의 이슈까지 있어서인지 엄청난 폭등을 했다.

10) 제주: 매우 많은 수준

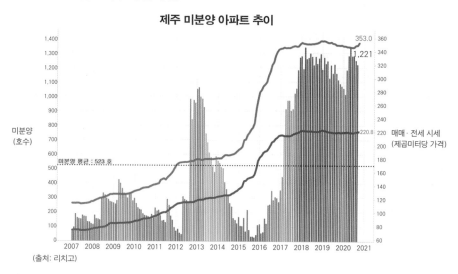

제주 미분양 아파트 추이

(출처: 리치고)

제주의 흐름은 다른 지방들과는 완전 다른 모습이다. 일단 금융위기 즈음 미분양 아파트 수치가 평균을 밑돌았고 아파트 가격도 상승 추세였다. 이후 2013년 미분양이 증가하며 잠깐 주춤하더니 이후 감소하면서 가격이 크게 상승했다. 2014년을 기점으로 미분양 수치가 급격하게 줄어들며 아파트 가격도 크게 상승했지만 2017년 이후 미분양이 급등했고 가격은 조정을 받았다. 주목할 점은 최근 미분양 수치가 작게나마 줄고 있고 가격이 상승세로 전환됐다는 점이다. 이 추세가 지속되고 다른 데이터들의 흐름이 양호하다면 제주도에 아파트를 저점에 매수할 기회가 될 수 있다는 점 기억하라.

11) 강원: 적은 수준

강원 미분양 아파트 추이

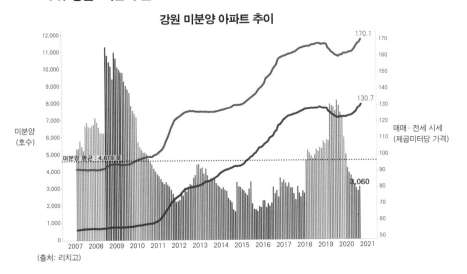

미분양
(호수)

매매 · 전세 시세
(제곱미터당 가격)

170.1
130.7
3,060
미분양 평균 : 4,619 호

(출처: 리치고)

강원의 미분양도 금융위기 당시 절정에 이른다. 2008년 6월 1만 1,246호로 최고점을 기록하더니 2011년 11월 2,207호까지 하락했다. 이후에는 등락을 거듭하는 모습이지만 평균 수치를 밑도는 모습이고 2018년 이후에도 다시 증가하는 모습을 보였다. 강원도의 부동산 시장이 좋지 않았던 2019년 8월에는 8,097로 증가했지만 현재는 3,060호로 지속적인 감소 추세다. 강원도 역시 미분양 증감률과 매매 시세 그래프가 반대로 움직이는 것이 확인된다.

12) 경남: 보통 수준에서 감소 중

경남 미분양 아파트 추이

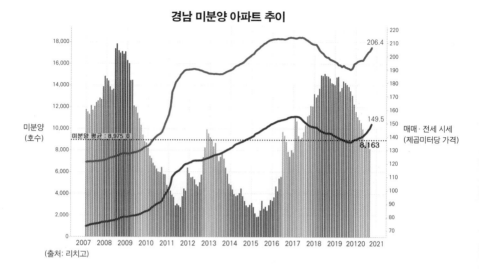

(출처: 리치고)

경남의 미분양도 현재 하락 추세다. 2020년 9월 기준으로 8,163호이다. 2019년 중순 이후로 지속적으로 감소하면서 반대로 가격은 상승하고 있다. 경남도 금융위기 즈음인 2008년 7월에 1만 7,832호로 미분양이 증가하며 아파트 가격이 보합세를 겪었고 미분양이 하락하는 시기에는 어김없이 가격이 급등하는 모습을 보였다. 미분양이 감소하고 가격이 상승 반전하는 시기가 최고의 매수 기회라는 것을 반드시 기억해야 한다.

13) 경북: 적은 수준

경북의 미분양은 2009년 1월에 1만 6,189호로 최고점을 찍었고 이후는 급격하게 하락했다. 주춤하던 가격은 2010년 중순 이후부터 급등을 시작했다. 현재 3,325호로 역대 최저치를 기록한 2014년 6월 720호보다는 다소 높지만 과거 대비 매우 낮은 수준이고 경남과 마

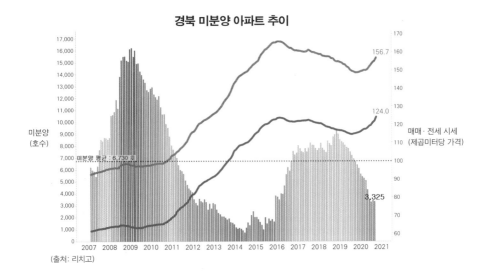

경북 미분양 아파트 추이

(출처: 리치고)

찬가지로 최근 지속적으로 하락하고 있다. 데이터상으로 최고의 매수 타이밍은 2010년 후반과 2019년 말 정도인 것으로 확인된다. 그러나 투자에서 항상 최저점에서 매수하고 최고점에서 매도하겠다는 것은 지나친 욕심이다. 좀 더 유연하게 잡아 2009년 미분양이 하락하는 시점이나 2018년 말에서 2019년 초반에 매수해도 괜찮은 타이밍이었다. 단, 다른 데이터들과 종합해서 볼 때 더 정확한 판단을 할 수 있다.

14) 전남: 꽤 적은 수준

전남은 특이하게도 미분양이 많았던 2009~2010년에도 가격이 우상향을 했다. 이때 전남의 입주물량이 매우 적었기 때문인 것으로 판단된다. 미분양이 줄어들기 시작하고 평균치 이하로 떨어진 2010년 후반기 이후에도 평균치를 크게 웃돌지 않았다. 미분양이 등락을 거듭하는 모습이고 매매가도 꾸준하게 우상향하는 모습이다. 미분양이 평균치 이하로 등락하는 경우는 다른 변수가 더 크게 아파트 가

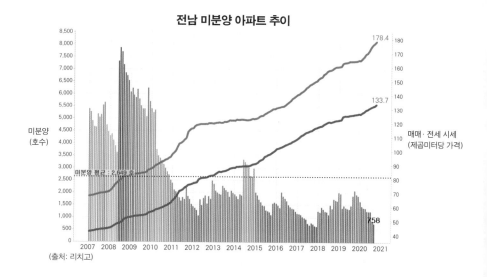

전남 미분양 아파트 추이

(출처: 리치고)

격에 영향을 미칠 수 있다는 점 참고하자. 현재 전남의 미분양 물량은 758호로 평균보다 꽤 적은 수준이다.

15) 전북: 상당히 적은 수준

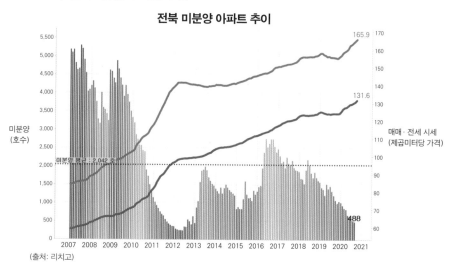

전북 미분양 아파트 추이

(출처: 리치고)

2007~2009년 꽤 많은 미분양에도 가격이 올랐는데 저평가가 주요 요인으로 판단된다. 2009년 이후 미분양이 본격적으로 감소하면서 가격은 크게 상승했다. 미분양이 줄어드는 시기가 매수 적기임이 전북에서도 확인된다.

2017년부터 미분양이 지속적으로 감소해서 최근 488호까지 줄어들었다. 2019년에 주춤했던 가격은 2019년 말부터 다시 상승하고 있다.

16) 충남: 적은 수준

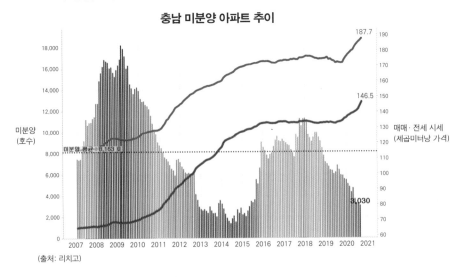

충남 미분양 아파트 추이

(출처: 리치고)

충남도 다른 지역들의 흐름과 유사하다. 미분양이 줄어들었던 2009년 이후 가격 상승이 본격화됐다. 2016년부터 미분양이 다시 증가했고 가격은 주춤했다. 2020년 9월 기준으로 충남의 미분양은 3,030호로 최고점을 찍은 2018년 1월 이후로 지속적으로 감소했고 가격은 2019년 말부터 상승 전환했다. 충남도 다른 데이터들도 양호하기에 관심을 갖고 지켜봐야 한다.

17) 충북: 매우 적은 수준

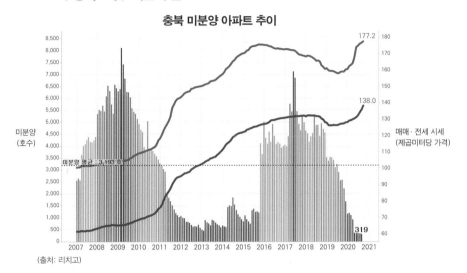

충북 미분양 아파트 추이

(출처: 리치고)

2009년 3월에 미분양이 고점을 찍고 이후로는 지속적으로 감소를 했고 가격은 반대로 우상향을 했다. 그리고 2015년 말부터 미분양은 다시 쌓이기 시작했고 가격은 우하향을 했다. 2019년 중순 이후로 미분양이 평균 이하로 떨어지기 시작했고 가격은 상승으로 전환했다. 충북은 다른 데이터들의 흐름도 좋고 미분양이 계속 줄어서 최근 319호로 매우 적은 수준이라는 것에 주목하자.

여기까지 빅데이터들을 통해 시도별로 흐름을 짚어보았다. 유망 시군구에서도 짚겠지만 이번 장을 정독한 독자라면 전국에서 어느 지역에 관심을 가져야 하고 어느 지역을 신중하게 접근해야 하는지 파악했을 것이다. 또한 입주물량 등을 보며 향후 현금 흐름을 확보하고 역전세나 집값 하락에도 대비해야 한다는 것을 파악했을 것이다. 이 책은 다양한 빅데이터를 기반으로 작성했다. 이러한 빅데이터를 구축하고 자동화하기 위해서는 상당히 많은 인력과 비용이 들어간다. 이렇게 많은 수고가 들어간 고급 정보들을 한 권의 책에 기술하고 전국의 흐름을 모두 담았다. 독자들에게 도움이 되기를 바라서이다.

대한민국에서 내 집 한 채 없는 사람이 절반에 이른다. 내 집 마련이 나와는 멀다는 생각으로 사는 청년들도 많다. 그러나 아직 기회는 많다는 점을 강조한다. 데이터를 통해 과학적인 분석으로 부동산에 접근한다면 내 집도 마련하고 그 집을 발판 삼아 부자 될 기회도 잡을 수 있다.

그래도 어렵다면? 전국 17개 시도별 흐름 한 장으로 결론 내기

여기까지 여러 가지 데이터를 기준으로 시도별 현황을 아주 디테일하게 짚어보았다. 그럼에도 헷갈리는 독자분들이 있을 것이다. 그런 독자들을 위해 준비했다. 독자들의 내 집 마련을 돕고 싶어서이다. 시도별로 여러 데이터들을 취합해서 종합정리하고 앞으로 전망에 대한 결론을 내려보자. 샘플 데이터인 지수 데이터보다는 실제 시세를 더 잘 반영하는 시세 데이터를 더 비중 있게 다뤄서 종합점수를 산정했다.

종합정리 표상에서 나쁨과 좋음에 위치한 화살표로 데이터의 흐름을 파악할 수 있다. 당연히 좋음에 가까운 것이 매매가 상승에 긍정적 요인이다. 화살표 방향은 오른쪽으로 향한 것은 긍정적인 추세를 나타낸다. 반대로 왼쪽을 가르키는 것은 좋음에 위치하더라도 추세가 안 좋은 방향으로 가고 있다고 이해하면 되겠다. 필자가 정리한 종합결론은 참고하고 본인만의 종합결론을 내려보는 노력을 하는 것도 의미가 있어 보인다.

1) 서울

		나쁨		보통		좋음
시세	매매	☐	☐	☐	◄☐	☐
	전세	☐	☐	☐	☐◄	☐
전세 대비 저평가		◄☐	☐	☐	☐	☐
소득 대비 저평가		◄☐	☐	☐	☐	☐
물가 대비 저평가		◄☐	☐	☐	☐	☐
주택구매력지수		☐	◄☐	☐	☐	☐
전세가율		☐	◄☐	☐	☐	☐
수급	매매	☐	☐	◄☐	☐	☐
	전세	☐	☐	☐	☐	☐►
입주물량		☐	☐	☐	☐►	☐
미분양		☐	☐	☐	☐	☐►
종합결론		☐	◄☐	☐	☐	☐

필자의 전작 『빅데이터 부동산 투자』(2018)에서 대부분의 데이터들이 좋은 지역 중의 하나가 서울이었다. 책 출간 후 실제로 엄청나게 급등했다. 현재는 데이터들의 흐름이 안 좋아지기 시작했고 정부 규제도 강력해졌다. 앞으로는 보유세 폭탄이 예정돼 있고 본질가치 대비 고평가 상태다.

2030세대들이 영끌해서 산 만큼 추가 매수에 나설 사람들이 많지 않으리라 예상된다. 2021년 어느 즈음부터 분위기가 많이 바뀔 것으로 예상된다. 2022~2023년부터는 본격적인 대세 하락 구간이 시작될 수 있다는 것을 참고하자. 다만, 전세수급이 너무 높고 향후 입주물량이 별로 없어서 전세가격은 당분간 상승할 것으로 예상된다.

2) 경기

		나쁨	보통			좋음
시세	매매	☐	☐	☐	→	☐
	전세	☐	☐	☐	←	☐
전세 대비 저평가		☐	←	☐	☐	☐
소득 대비 저평가		☐	←	☐	☐	☐
물가 대비 저평가		☐	←	☐	☐	☐
주택구매력지수		☐	☐	☐	←	☐
전세가율		☐	☐ ←	☐	☐	☐
수급	매매	☐	☐	☐	→	☐
	전세	☐	☐	☐	☐	→
입주물량		☐	☐ →	☐	☐	☐
미분양		☐	☐	☐	→	☐
종합결론		☐	☐ ←	☐	☐	☐

경기는 서울과 비슷한 상승 흐름을 보여온 고평가 지역이다. 서울과 비슷한 흐름이 예상된다. 경기의 일부 저평가 지역들은 향후 2021년 5월 말까지 양도세 관련 급매물이 나올 것이고 실수요자들에게는 상당한 기회가 될 수 있다. 경기도는 매우 광범위한 곳인 만큼 세부 지역별 흐름이 다를 수 있다는 점을 기억하자. 저평가된 곳과 고평가된 곳이 다른 양상을 나타낼 수 있다. 관심 가질 만한 경기 지역은 이 책의 5장을 참고하자.

3) 인천

		나쁨		보통		좋음
시세	매매	☐	☐	☐	← ☐	☐
	전세	☐	☐	☐	← ☐	☐
전세 대비 저평가		☐	← ☐	☐	☐	☐
소득 대비 저평가		☐	← ☐	☐	☐	☐
물가 대비 저평가		☐	← ☐	☐	☐	☐
주택구매력지수		☐	☐	☐	← ☐	☐
전세가율		☐	☐	← ☐	☐	☐
수급	매매	☐	☐	☐	← ☐	☐
	전세	☐	☐	☐	☐	→ ☐
입주물량		☐	← ☐	☐	☐	☐
미분양		☐	☐	☐	→ ☐	☐
종합결론		☐	← ☐	☐	☐	☐

수도권에서는 상대적으로 덜 고평가된 지역이나 2022년부터 시작될 입주물량이 많다. 2021년 중순에서 2021년 가을까지는 상승할 수 있으나 이후에는 입주폭탄으로 인해 매매와 전세가 동반 하락할 가능성이 커 보인다. 반대로 임차인들에게는 2022년부터 저렴하게 전세로 들어갈 수 있는 최고의 기회가 될 수 있다.

4) 광주

		나쁨		보통		좋음
시세	매매	☐	☐	☐	→	☐
	전세	☐	☐	☐	→	☐
전세 대비 저평가		☐	→	☐	☐	☐
소득 대비 저평가		☐ ←	☐	☐	☐	☐
물가 대비 저평가		☐	←	☐	☐	☐
주택구매력지수		☐	←	☐	☐	☐
전세가율		☐	→	☐	☐	☐
수급	매매	☐	☐	←	☐	☐
	전세	☐	☐	☐	☐	→
입주물량		☐	☐	←	☐	☐
미분양		☐	☐	☐	←	☐
종합결론		☐	☐	←	☐	☐

꽤 고평가 지역이라고 할 수 있으나 전세수급이 너무 높고 입주물량도 많지 않다. 미분양도 양호한 편으로 당분간 보합이나 우상향할 가능성이 커 보인다. 단, 고평가 상태로 향후 전세수급이 일정 수준 이상으로 떨어지고 매매수급이 급락하면 매매가도 하락 전환될 수 있다. 신규 매수는 보수적으로 접근해야 한다. 매수하기에 좋은 시기라고 볼 수는 없다.

5) 대구

		나쁨	보통			좋음
시세	매매				→	
	전세				→	
전세 대비 저평가			←			
소득 대비 저평가		←				
물가 대비 저평가			←			
주택구매력지수				←		
전세가율				←		
수급	매매				→	
	전세					→
입주물량			←			
미분양					←	
종합결론			←			

꽤 고평가 지역이라고 할 수 있으나 전세수급이 높고 미분양도 양호한 편이다. 당분간은 보합이나 우상향할 가능성이 커 보인다. 단, 고평가 상태이고 입주물량이 늘어날 예정이다. 앞으로 전세수급이 일정 수준 이상으로 떨어지고 매매수급이 급락하면 매매가도 하락 전환될 수 있다. 특히 2023년부터는 입주물량이 급증한다. 따라서 2022년 중순 이후는 매우 조심해야 한다. 신규 매수는 보수적으로 접근해야 한다.

6) 대전

		나쁨	보통			좋음
시세	매매	☐	☐	☐	→☐	☐
	전세	☐	☐	☐	←☐	☐
전세 대비 저평가		☐	←☐	☐	☐	☐
소득 대비 저평가		☐←	☐	☐	☐	☐
물가 대비 저평가		☐	←☐	☐	☐	☐
주택구매력지수		☐	←☐	☐	☐	☐
전세가율		☐	←☐	☐	☐	☐
수급	매매	☐	☐	☐	☐←	☐
	전세	☐	☐	☐	☐	→☐
입주물량		☐	☐	←☐	☐	☐
미분양		☐	☐	→☐	☐	☐
종합결론		☐	☐	←☐	☐	☐

필자의 전작 『빅데이터 부동산 투자』(2018)에서 모든 데이터들이 다 좋은 지역 중의 하나가 대전이었다. 책 출간 이후 실제로 급등했다. 하지만 현재는 여러 가지 데이터들이 안 좋게 바뀌었다. 최근 급등세로 고평가 상태지만 전세수급이 높고 미분양도 양호한 편이다. 입주물량도 많은 편은 아니라 당분간은 보합이나 우상향 가능성이 커 보인다. 단, 고평가 상태이기 때문에 향후 전세수급이 일정 수준 이상으로 떨어지고 매매수급이 급락하면 매매가도 하락 전환될 수 있다. 신규 매수는 보수적으로 접근하는 편이 좋다.

7) 부산

		나쁨		보통		좋음
시세	매매					→
	전세				→	
전세 대비 저평가			←			
소득 대비 저평가		←				
물가 대비 저평가			←			
주택구매력지수					←	
전세가율			←			
수급	매매				→	
	전세					→
입주물량			←			
미분양					→	
종합결론				←		

하락을 끝내고 2019년 중순부터 지속 상승하면서 점점 고평가로 접어들고 있다. 아직은 전세수급이 상당히 좋고 미분양도 별로 없어 당분간 상승 추세가 지속될 가능성이 커 보인다. 다만, 2022년부터는 다시 입주물량이 증가하고 2023년부터는 상당히 늘어날 예정이다. 2022년 중순 정도부터 보수적인 접근이 필요하다. 2022년부터는 전세수급이나 매매수급을 잘 지켜볼 필요가 있다.

8) 울산

		나쁨	보통			좋음
시세	매매	☐	☐	☐	☐ →	☐
	전세	☐	☐	☐	⤍☐	☐
전세 대비 저평가		☐	☐ ←☐	☐	☐	☐
소득 대비 저평가		☐	☐←	☐	☐	☐
물가 대비 저평가		☐	☐←	☐	☐	☐
주택구매력지수		☐	☐ ←☐	☐	☐	☐
전세가율		☐	☐→	☐	☐	☐
수급	매매	☐	☐	☐	→☐	☐
	전세	☐	☐	☐	☐	→☐
입주물량		☐	☐	☐	☐←	☐
미분양		☐	☐	☐	→☐	☐
종합결론		☐	☐	☐	←☐	☐

대세 하락을 끝내고 2019년 중순부터 지속 상승 중이다. 현재 수급 상태가 상당히 좋고 입주물량도 많지 않고 미분양 데이터도 양호하다. 당분간 꾸준한 상승이 예상된다. 실수요자라면 지금이라도 매수를 고려하는 것이 좋다. 단, 조금씩 고평가로 가고 있다는 것을 유념하자.

9) 세종

		나쁨		보통		좋음
시세	매매	☐	☐	☐	←☐	☐
	전세	☐	☐	☐	☐←	☐
전세 대비 저평가		◀☐	☐	☐	☐	☐
소득 대비 저평가		◀☐	☐	☐	☐	☐
물가 대비 저평가		☐	☐	☐	☐	☐
주택구매력지수		☐	☐	☐	☐	☐
전세가율		☐	←☐	☐	☐	☐
수급	매매	☐	☐	◀☐	☐	☐
	전세	☐	☐	☐	☐	→☐
입주물량		☐	☐	☐	→☐	☐
미분양		☐	☐	☐	☐	→☐
종합결론		☐	☐	☐	←☐	☐

행정수도를 이전한다는 기사가 나오고 2020년 8~10월 엄청난 폭등세를 기록하면서 상당히 고평가됐다. 세종의 평당 가격은 서울 다음으로 비싸다. 그럼에도 행정수도 이전 관련한 호재들이 있고 전세수급이 매우 높고 향후 입주물량도 많지 않고 미분양은 전혀 없다. 가격이 조정받을 가능성이 그리 크지 않아 보인다. 최근 너무 급등해서 숨고르기할 수 있으나 중장기적으로 지속적인 우상향이 예상된다.

10) 제주

		나쁨		보통		좋음
시세	매매			→		
	전세				→	
전세 대비 저평가				→		
소득 대비 저평가			←			
물가 대비 저평가			→			
주택구매력지수			→			
전세가율			←			
수급	매매		→			
	전세					→
입주물량						→
미분양		→				
종합결론				→		

제주도 부동산 시장은 2017년부터 지속적인 약세를 보였다. 그러다가 최근 뭔가 변화의 조짐들이 보인다. 먼저 전세수급이 높은 상태이고 전세가격이 얼마 전부터 반등하기 시작했다. 2017년 중순부터 거의 매수세가 없었는데 2020년 9월부터 매수세가 들어오고 있다. 이전에는 없던 긍정적인 변화가 생기고 있다는 의미이다. 여기에 향후 입주물량도 매우 적다.

단, 아직은 미분양이 많고 고평가돼 있어 본격적인 반등까지는 시간이 걸릴 수 있으나 지속적으로 좋아질 가능성이 많다. 미분양이 본격적으로 줄어드는 타이밍이 매수적기가 될 수 있다.

11) 강원

		나쁨	보통			좋음
시세	매매	☐	☐	☐	→	☐
	전세	☐	☐	☐	→	☐
전세 대비 저평가		☐	☐	☐	←	☐
소득 대비 저평가		☐	☐	←	☐	☐
물가 대비 저평가		☐	→	☐	☐	☐
주택구매력지수		☐	☐	☐	←	☐
전세가율		☐	☐	☐	☐	←
수급	매매	☐	☐	☐	→	☐
	전세	☐	☐	☐	→	☐
입주물량		☐	☐	☐	→	☐
미분양		☐	☐	☐	→	☐
종합결론		☐	☐	☐	←	☐

대세 하락을 끝내고 2020년 초부터 상승하기 시작했다. 물가 대비해서 고평가된 부분 외에는 모든 데이터들이 양호하다. 하락할 만한 요인 자체가 거의 없다는 의미다. 지속적인 상승이 예상된다. 실수요자라면 지금이라도 적극적으로 매수를 고민하는 것이 좋다.

2020년 초반부터 강원도는 눈여겨봐야 한다고 이야기해왔다. 거의 모든 데이터들이 다 좋다. 그런 강원도를 매수하지 않는다면 어디를 매수해야 할까?

12) 경남

		나쁨	보통			좋음
시세	매매	☐	☐	☐	→☐	☐
	전세	☐	☐	☐	→ ☐	☐
전세 대비 저평가		☐	☐	☐	→☐	☐
소득 대비 저평가		☐	☐	☐	←☐	☐
물가 대비 저평가		☐	☐	☐	→☐	☐
주택구매력지수		☐	☐	☐	☐←	☐
전세가율		☐	☐	☐	→☐	☐
수급	매매	☐	☐	☐	→☐	☐
	전세	☐	☐	☐	→☐	☐
입주물량		☐	☐	☐	→☐	☐
미분양		☐	☐	☐→	☐	☐
종합결론		☐	☐	☐	☐←	☐

거의 4년 반 가까이 지속된 대세 하락을 끝내고 2020년 중순부터 매매가와 전세가 동반 상승하고 있다. 2019년 말부터 2020년 상반기가 최고의 매수 기회였다. 하지만 여전히 실수요자들은 적극적으로 매수를 고려하는 것이 좋다. 꽤 저평가 돼 있으며 향후 입주물량도 별로 없고 미분양도 감소 중에 있다.

경남도 나쁜 데이터가 단 한 개도 없다. 이런 지역은 내 집 마련하기에 최고의 지역이다. 2019년 말부터 관심 지역이라고 누누이 강조했다.

13) 경북

		나쁨	보통			좋음
시세	매매	☐	☐	☐	→	☐
	전세	☐	☐	☐	→	☐
전세 대비 저평가		☐	☐	☐	←	☐
소득 대비 저평가		☐	☐	☐	←	☐
물가 대비 저평가		☐	☐	☐	→	☐
주택구매력지수		☐	☐	☐	←	☐
전세가율		☐	☐	☐	☐	→
수급	매매	☐	☐	☐	→	☐
	전세	☐	☐	☐	→	☐
입주물량		☐	☐	☐	→	☐
미분양		☐	☐	☐	→	☐
종합결론		☐	☐	☐	←	☐

2015년 말부터 시작된 대세 하락을 끝내고 2020년 중순부터 상승을 시작하고 있다. 실수요자들은 지금이라도 내 집 마련에 대한 적극적인 검토를 해야 한다. 나쁜 데이터가 단 하나도 없다. 저평가돼 있으며 수급도 좋고 향후 입주물량도 별로 없으며 미분양 데이터도 양호하다.

경북 또한 2019년 말부터 필자가 관심 지역으로 봐야 하고 2020년에 상승 반전할 것이라고 예견한 지역이기도 하다.

14) 전남

항목		나쁨		보통		좋음
시세	매매	☐	☐	☐	→☑	☐
시세	전세	☐	☐	☐	→☐	☐
전세 대비 저평가		☐	☐	←☐	☐	☐
소득 대비 저평가		☐	☐←	☐	☐	☐
물가 대비 저평가		☐	☐←	☐	☐	☐
주택구매력지수		☐	☐	←☐	☐	☐
전세가율		☐	☐←	☐	☐	☐
수급	매매	☐	☐	←☐	☐	☐
수급	전세	☐	☐	☐	→☐	☐
입주물량		☐	☐	→☐	☐	☐
미분양		☐	☐	☐	→☐	☐
종합결론		☐	☐	←☐	☐	☐

필자의 전작 『빅데이터 부동산 투자』(2018)에서 모든 데이터들이 다 좋은 지역 중의 하나가 전남이었다. 이후 급상승하며 여러 가지 데이터들이 안 좋게 바뀌는 중이다. 단, 아직은 심각한 고평가는 아니고 입주폭탄도 없고 미분양 데이터도 좋아지고 있다. 당분간 양호한 흐름이 더 이어질 수 있다는 판단이다. 그럼에도 현재는 전남 아파트를 매수하기에 아주 좋은 타이밍은 아니다.
데이터들이 애매할 때는 신중하고 보수적인 접근이 필요하다.

15) 전북

		나쁨		보통		좋음
시세	매매	☐	☐	☐	→☐	☐
	전세	☐	☐	☐	→☐	☐
전세 대비 저평가		☐	☐	☐	◄☐	☐
소득 대비 저평가		☐	☐	◄■	☐	☐
물가 대비 저평가		☐	☐→	☐	☐	☐
주택구매력지수		☐	☐	☐	◄☐	☐
전세가율		☐	☐	☐	☐	→☐
수급	매매	☐	☐	☐	→☐	☐
	전세	☐	☐	☐	☐→	☐
입주물량		☐	☐	☐	→☐	☐
미분양		☐	☐	☐	→☐	☐
종합결론		☐	☐	☐	◄☐	☐

몇 년간의 대세 하락을 끝냈고 2020년 중순부터 상승을 시작했다. 물가 대비해서 약간 고평가된 것 외에는 모든 데이터들이 다 양호하다. 향후 입주물량도 적고 미분양도 계속 줄어들고 있다. 지속적인 대세 상승이 예상된다. 실수요자라면 적극적인 매수 검토를 해야 하는 지역이다.

전북 또한 2019년 말부터 필자가 관심 지역으로 봐야 한다고 2020년에 상승 반전할 것이라고 예견한 지역이다.

16) 충남

		나쁨	보통			좋음
시세	매매	□	□	□	→☑	□
	전세	□	□	□	→☑	□
전세 대비 저평가		□	□	□	→☑	□
소득 대비 저평가		□	□	←☑	□	□
물가 대비 저평가		□	□	□	→☑	□
주택구매력지수		□	□	□	☑←	□
전세가율		□	□	□	□	→☑
수급	매매	□	□	□	→☑	□
	전세	□	□	□	□	→☑
입주물량		□	□	□	→☑	□
미분양		□	□	□	→☑	□
종합결론		□	□	□	☑←	□

몇 년간의 대세 하락을 끝냈고 2019년 말부터 상승을 시작했다. 모든 데이터들이 다 양호하다. 상승할 수밖에 없는 지역 중의 하나이다. 실수요자라면 꼭 적극적인 매수를 고려해야 한다.

충남 또한 2019년 말부터 필자가 관심 지역으로 봐야 하고 2020년에 상승 반전할 것이라고 예견한 지역이기도 하다.

17) 충북

		나쁨	보통			좋음
시세	매매	☐	☐	☐	→☐	☐
	전세	☐	☐	☐	→☐	☐
전세 대비 저평가		☐	☐	☐	→☐	☐
소득 대비 저평가		☐	☐	←☐	☐	☐
물가 대비 저평가		☐	→☐	☐	☐	☐
주택구매력지수		☐	☐	☐	←☐	☐
전세가율		☐	☐	☐	←☐	☐
수급	매매	☐	☐	←☐	☐	☐
	전세	☐	☐	☐	☐	→☐
입주물량		☐	☐	☐	→☐	☐
미분양		☐	☐	☐	→☐	☐
종합결론		☐	☐	☐	←☐	☐

2015년 말부터 시작된 대세 하락을 끝냈고 2020년 5월부터 상승을 시작했다. 청주시는 2020년 6월에 급등하면서 조정지역 대상이 됐다. 물가 대비해서 살짝 고평가된 것 외에는 모든 데이터들이 다 양호하다. 다주택자들이나 법인이 투자를 많이 한 지역이다. 2021년 5월 말까지 급매물이 나올 가능성이 있다.

실수요자들이라면 이러한 급매물을 잡는 것은 매우 좋은 전략이다. 꼭 급매물이 아니더라도 적극적인 내 집 마련을 해야 하는 시기이다. 충남 또한 2019년 말부터 필자가 관심 지역으로 봐야 한다고 강조했고 2020년에 상승 반전할 것이라고 예견한 지역이기도 하다.

4강

비디어드 패러독스 2021년 유망 진영

비디어드를 대상 미래 광항 기체를

끝이라

오를 곳만 콕콕 짚어주는 빅데이터

모든 데이터가 좋은 지역을 선점하라

이번 장은 독자들에게 정말 중요한 내용을 담고 있다. 앞선 장에서 시도별로 전망하고 누구나 알기 쉽게 데이터를 설명했다. 이번 장은 좀 더 구체적으로 들어가서 세부 지역 기준으로 데이터를 살펴보겠다. 내 집 마련을 하기에 좋은 지역을 다양한 데이터를 검증해 기술했으니 정독한다면 독자에게 큰 도움이 될 것이다. 사람으로 따지면 성격, 능력, 체력 등등 모든 데이터가 다 좋은 지역을 선정했다. 전국에 150개가 넘는 지역 중 시도별 전망에서 다뤘던 지표들이 대부분 좋은 지역만 선정하면 성공적인 의사결정을 할 수 있다.

전국의 유망 시도별로 세부 지역 한 곳을 특정해서 다룰 예정이다. 여기서 언급하는 지역이 다른 곳보다 유망하다기보다 괜찮은 지역들 중 한 곳을 소개하는 것으로 생각하면 좋을 듯하다. 다양한 데이터를 모두 점검한 지역인 만큼 승률이 더욱 올라간다고 할 수 있다. 시도별 전망에서 데이터들이 괜찮았던 지역은 경기 일부, 강원, 전북, 충남, 충북, 경남, 경북이었다. 내 집 마련하기에 좋은 유망 시군구 지역은 이 시도 중에서 선정할 것을 추천한다. 다만, 이 책을 쓰는 시점에 사용된 데이터는 2020년 9~10월 기준이어서 출간된 시점과는 약간의 시차가 있다. 이 장에 보여지는 가격이나 각종 저평가 인덱스를 산출할 때 사용된 데이터는 지수가 아니라 실제 가격을 잘 반영하는 시세 기준이다. 데이터는 계속해서 바뀌기 때문에 최신 데이터를 지속해서 모니터링하면 좋다. 리치고 앱을 깔면 유망 시군구 지역의 투자 점수, 거주 점수, 아파트 시가총액 순위 등을 최신 데이터로 좀 더 디테일하게 확인할 수 있다는 점 참고하자.

강원도가 심상치 않다, 강원도 원주시

1) 매매와 전세 시세 흐름

강원도 원주시의 매매가와 전세가는 2018년 9월 정도부터 하락하다가 2019년 10월에 바닥을 찍고 이후에는 지속적으로 상승하고 있다.

원주시 매매 및 전세 증감률

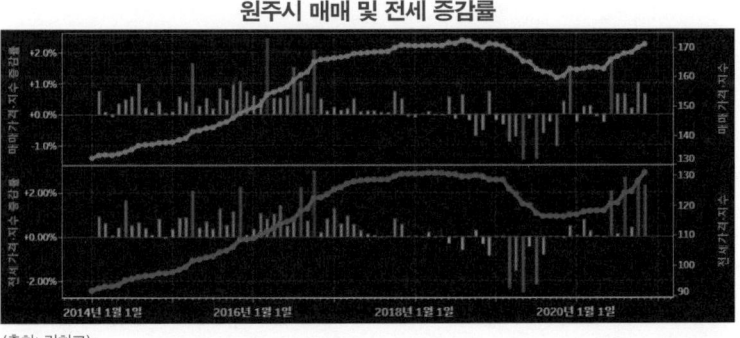

(출처: 리치고)

2) 전세 대비 매매 저평가 인덱스

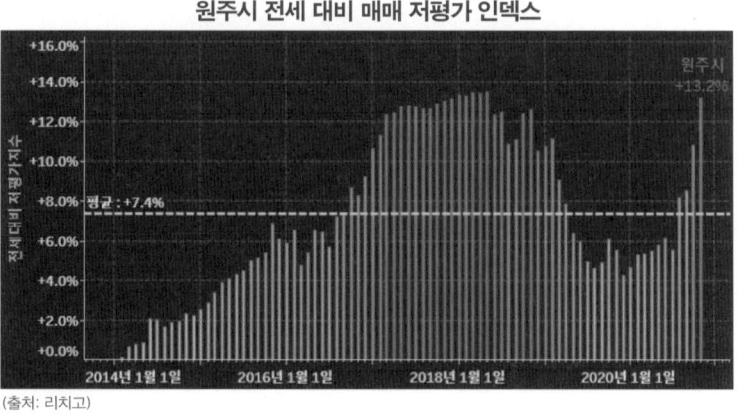

(출처: 리치고)

전세 대비 매매 저평가 인덱스는 2020년 11월 13.2%로 상당히 높은 편이다. 원주시의 매매가는 실제 사용가치인 전세 대비해서 13.2% 저평가돼 있다는 뜻이다. 이는 지난 2014년 1월 이후로 가장 높은 수치다. 실수요자는 이 지역에 내 집 마련을 하는 것에 대해 긍정적으로 검토해볼 필요가 있다. 물론 아직은 더 체크해야 할 데이터들이 있으니 마지막에 결론을 내보자.

3) 소득 대비 저평가 인덱스

원주시의 소득 대비 아파트 가격은 2017년 4월부터 2018년 6월까지가 4.7~4.8 정도로 가장 높았다. 당시 가격이 소득 대비 최고로 높았다는 뜻이다. 이후 2018년 9월부터 아파트 가격이 하락하면서 소득 대비 주택가격 역시 동반 하락했고 2019년 10월 4.3까지 하락했다. 이후 다시 상승하면서 최근에는 4.6을 기록하고 있다. 원주시의 처분가능소득 대비 아파트 가격은 높은 편이지만 과거 고점보다는 조

원주시 소득 대비 저평가 인덱스

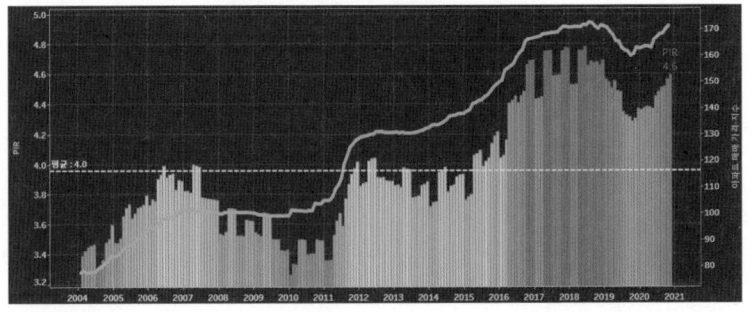

(출처: 리치고)

금 낮은 수준이라고 할 수 있다.

4) 물가 대비 저평가 인덱스

원주시는 대체로 물가 대비해서 고평가 상태였다. 지난 17년 동안 평균치는 -26.5%이다. 이는 원주시의 아파트 가격이 물가 대비해서 거의 26.5% 정도 높은 가격이었다는 뜻이다. 저평가된 시기는 2004년 초부터 2004년 9월까지였다. 이때가 원주시의 아파트를 매수하는 찬스였다. 과거 평균보다 가격이 높아진 시기는 2014년 10월이다. 이

원주시 물가 대비 저평가 인덱스

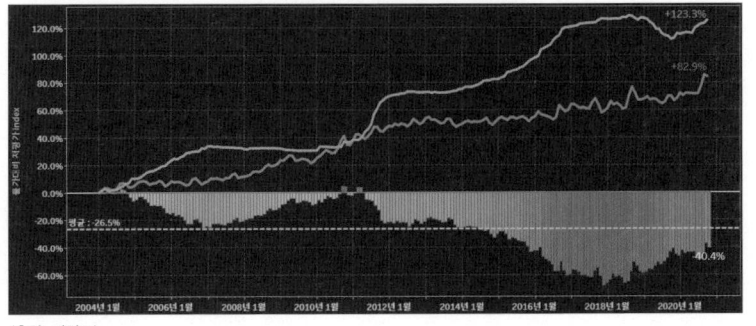

(출처: 리치고)

로부터 3년 정도 지난 2017년 11월에 67.6%로 가장 고점이었다. 이후 하락장을 겪은 뒤 조금씩 나아져 2020년 10월 기준으로 40.4% 고평가 상태다. 평균 대비 13.9% 가격이 높다. 결론은 원주시의 아파트 가격은 물가 대비 고평가 구간에 있다는 뜻이다.

5) 전세가율

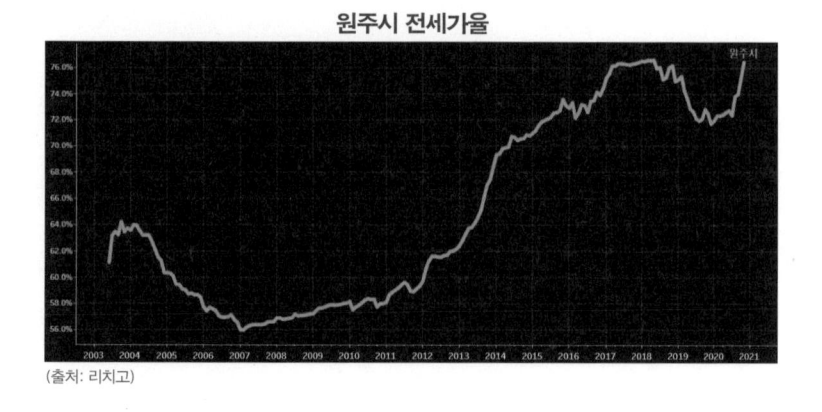

원주시 전세가율

(출처: 리치고)

전세가율이 높을 때와 상승하고 있을 때가 매수적기라고 강조했다. 원주시의 전세가율은 2020년 11월 76.4%로 매우 높은 수준이고 최근 상승 추세에 있다. 원주의 전세가율은 지금이 매수적기라고 말하고 있다.

6) 입주물량

원주시는 2018~2019년 입주물량이 꽤 많았다. 2018년 9월부터 2019년 10월까지 아파트 매매가와 전세가격 동반 하락을 만든 원인은 바로 입주물량이다. 다른 지역들도 입주물량이 2년 연속 과잉이라면 조심해야 한다. 그러나 2020년부터는 물량이 급감한다. 입주물량

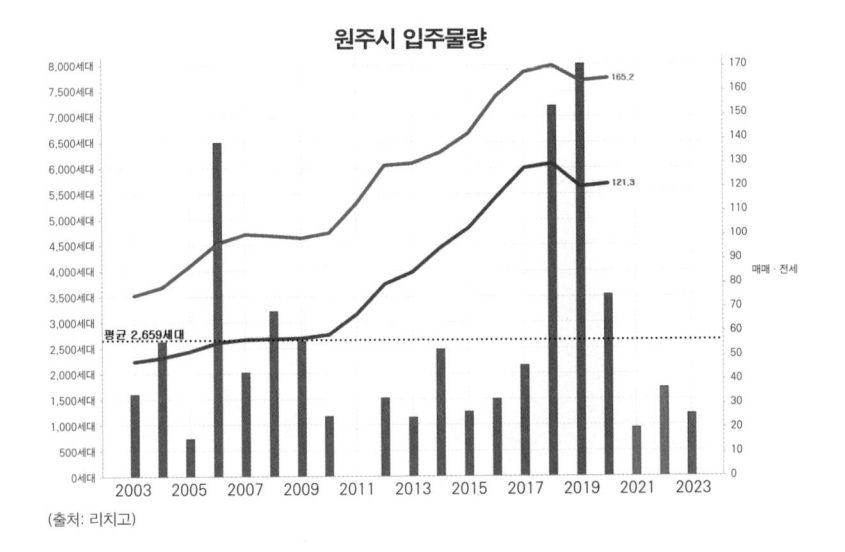

원주시 입주물량

(출처: 리치고)

이 감소하니 이미 시장에 선반영돼 2019년 11월 정도부터는 매매와 전세가격이 동반 상승을 시작했다. 향후 공급을 보면 2021~2023년까지 평균 이하를 상당히 밑돈다. 최소 2~3년 정도는 원주시에 새 아파트 공급이 별로 없다는 뜻이다. 원주시의 전세가 상승과 매매가 상승에 상당한 긍정적인 영향을 미칠 가능성이 크다.

7) 미분양

원주시 전체의 미분양은 2020년 9월 기준으로 28채로 아주 적은 수준이다. 2019년 11월부터 본격적으로 줄어들면서 매매와 전세가가 동반 상승을 시작했다.

과거에도 원주시의 미분양은 2010년 1월부터 급감했다. 바로 그 시기부터 원주시의 매매가와 전세가는 본격적으로 상승하기 시작했다. 미분양이 계속해서 줄어들고 있는 지역이라면 관심권에 넣어두자.

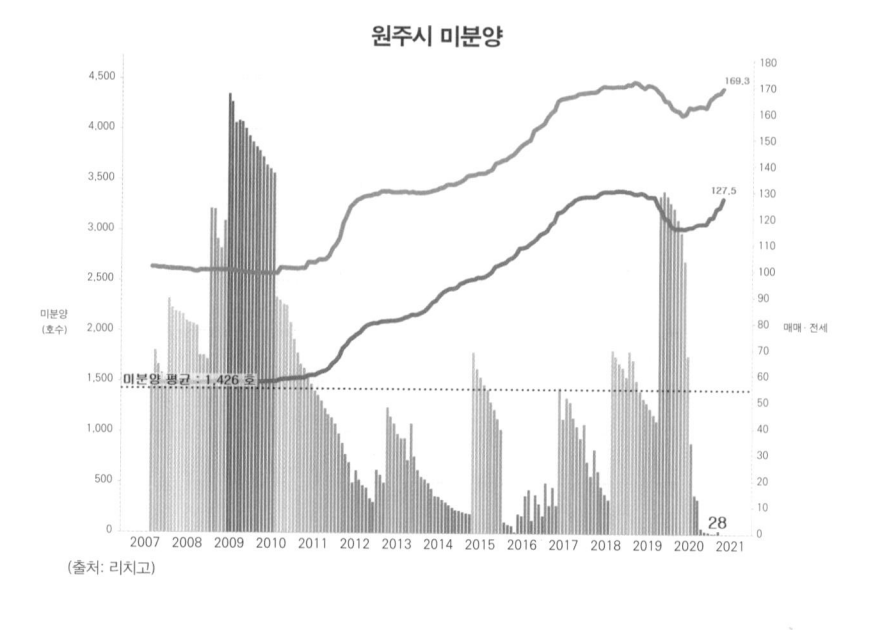

원주시 미분양

(출처: 리치고)

8) 일자리

원주시의 일자리는 2020년 9~10월에 많이 증가하는 모습이다. 앞으로 입주물량이 별로 없고 미분양도 거의 없는데 일자리가 증가한다면 원주시의 아파트 가격은 어떻게 될까? 2019년 1월 대비 무려 15.2%의 일자리가 증가했다. 일자리의 증가는 원주시의 부동산 가격에 긍정적 영향을 미칠 것이다.

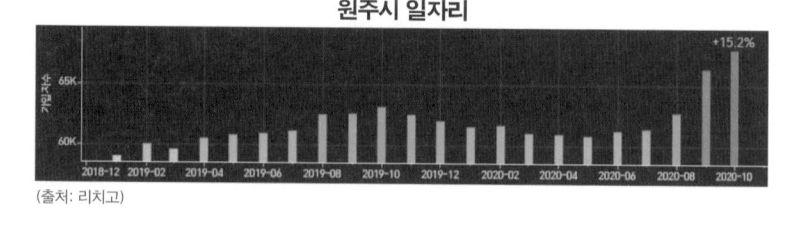

원주시 일자리

(출처: 리치고)

원주시 인구수, 세대수

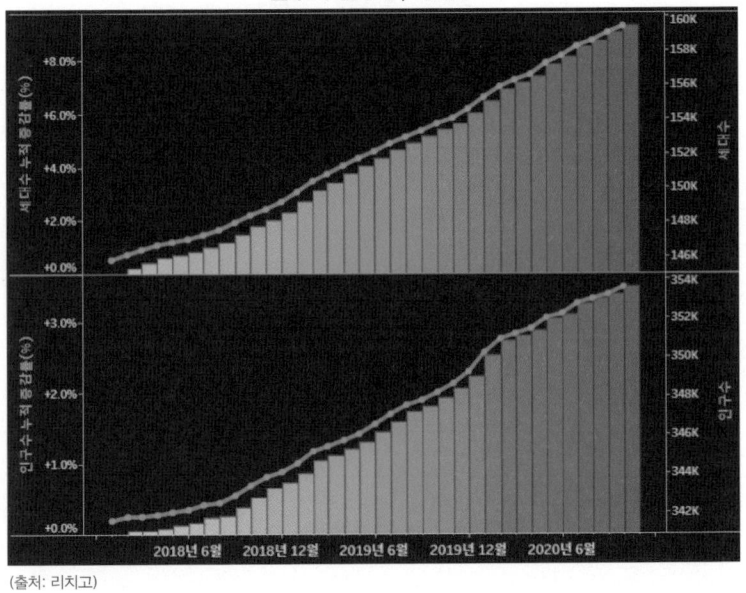

(출처: 리치고)

9) 인구수, 세대수

원주시의 세대수 증감률과 인구수 증감률을 보여주는 데이터이다. 세대수와 인구수 모두 꾸준히 증가 중으로 2018년 1월 대비 세대수는 8% 이상, 인구수는 3% 이상 증가했다. 강원도에서 원주는 인구수와 세대수 증감률 1위 지역이라는 점 유념하자.

10) 종합정리

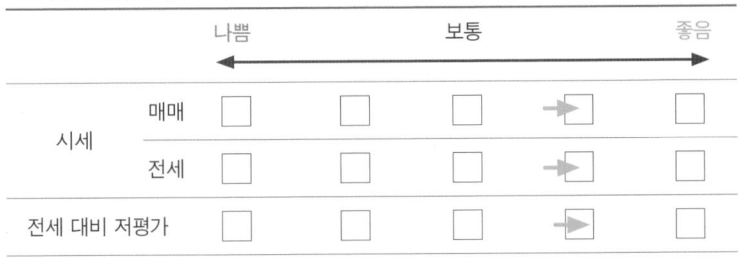

		나쁨		보통		좋음
시세	매매	☐	☐	☐	➡	☐
	전세	☐	☐	☐	➡	☐
전세 대비 저평가		☐	☐	☐	➡	☐

소득 대비 저평가	☐	←	☐	☐	☐
물가 대비 저평가	☐	→	☐	☐	☐
전세가율	☐	☐	☐	→	☐
입주물량	☐	☐	☐	☐	→
미분양	☐	☐	☐	☐	→
일자리	☐	☐	☐	→	☐
인구수, 세대수	☐	☐	☐	→	☐
종합결론	☐	☐	☐	←	☐

강원도 원주시의 최적의 매수 시기는 2019년 말~2020년 상반기였으나 아직은 상승 초기라고 할 수 있다. 소득, 물가 대비해서는 좀 고평가됐지만 전세가율도 아주 높고 입주물량은 별로 없고 미분양도 크게 줄어 향후 상승을 방해할 수 있는 요인이 거의 없다. 최근 일자리가 많이 증가하고 있어 실거주라면 적극적으로 매수를 고려할 필요가 있다.

충남의 반격이 시작된다, 충남 서산시

1) 매매와 전세 시세 흐름

충남 서산시의 매매가와 전세가는 2018년 5월부터 계속 하락했다. 전세는 2019년 9월부터 바닥을 찍고 조금씩 상승 중이고 매매는 2020년 6월부터 하락을 멈추고 횡보 중이다.

서산시 매매 및 전세 증감률

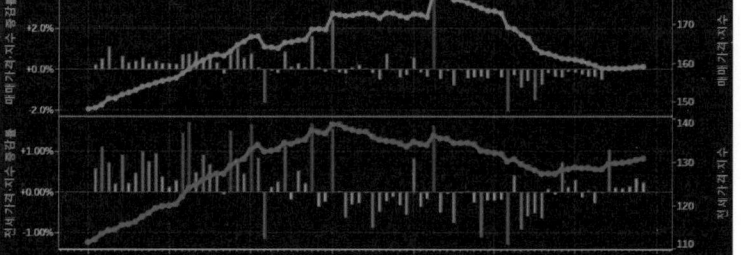

(출처: 리치고)

2) 전세 대비 매매 저평가 인덱스

서산시 전세 대비 매매 저평가 인덱스

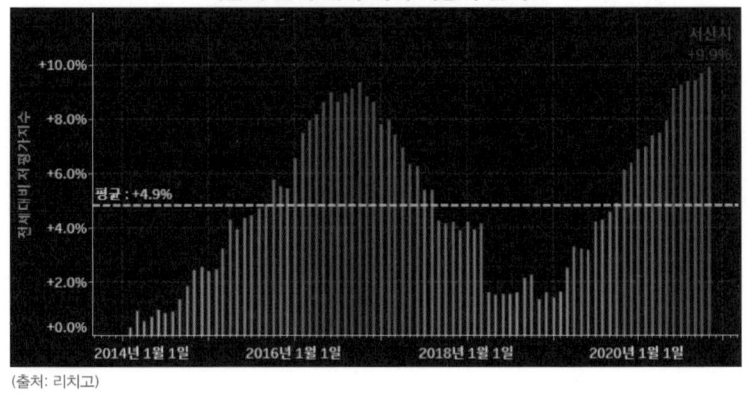

(출처: 리치고)

전세 대비 저평가 인덱스 2020년 11월 9.9%로 최근 몇 년 중 최고점을 기록 중이다. 현재 서산시의 매매가는 전세 대비 9.9% 저렴하다는 뜻이고 지난 2014년 1월 이후로 가장 높은 수치다. 서산시에 내집 마련을 하는 것에 대해 긍정적인 검토가 필요한 시점이다.

3) 소득 대비 저평가 인덱스

서산시 소득 대비 저평가 인덱스

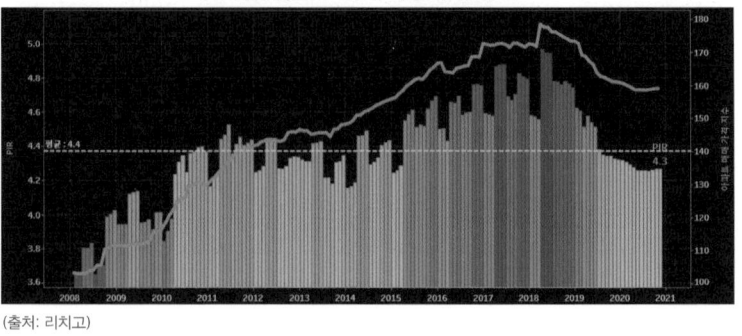

(출처: 리치고)

소득 대비 아파트 가격은 2018년 2분기가 5.0 정도로 가장 높았다. 이때가 소득 대비 아파트 가격이 가장 높았다는 의미다. 이후 2018년 5월부터 가격이 하락하면서 소득 대비 주택가격도 급락했고 2020년 10월 4.3을 기록했고 평균 이하로 저평가된 수준이다.

4) 물가 대비 저평가 인덱스

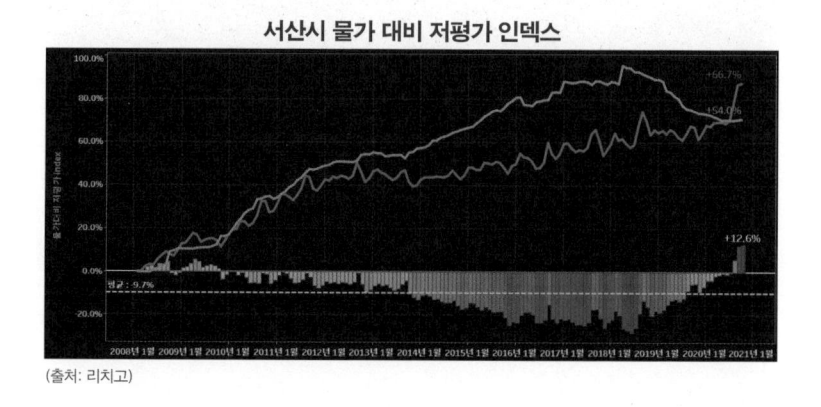

서산시 물가 대비 저평가 인덱스

(출처: 리치고)

서산시는 과거 추이를 보면 물가 대비 대부분 고평가 상태였다. 지난 12년 동안 평균치는 -9.7%이다. 이는 물가 대비 10% 정도 고평가 상태임을 의미한다. 저평가된 시기는 2008년 초반부터 2009년 10월까지였고 절호의 매수 찬스였다. 평균치보다 더 고평가로 접어들었던 시기는 2013년 11월이다. 이때부터 4년 반 정도 지난 2018년 6월에 28%로 가장 높은 고평가 시기였다. 바로 이즈음부터 매매 가격은 하락하게 된다. 2020년 10월에는 12.6% 저평가로 지난 12년 동안에서 가장 저평가된 수준이다.

5) 전세가율

서산시 전세가율

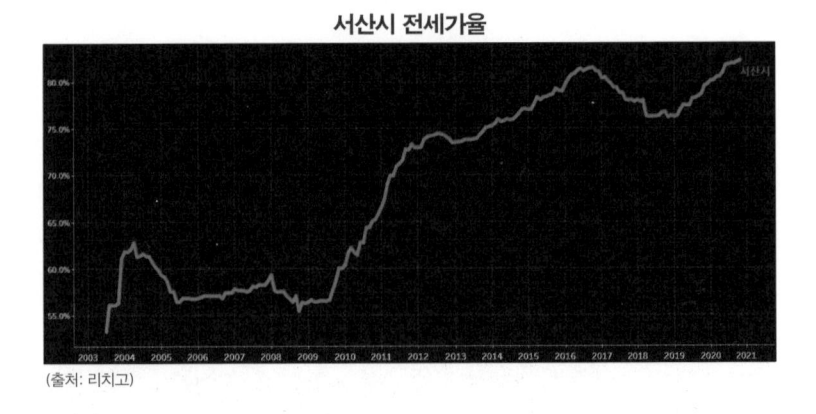

(출처: 리치고)

　전세가율이 높고 상승하는 시기가 투자 적기다. 서산시의 전세가율은 2020년 11월 82.2%로 가장 높은 수준이고 최근 상승 추세다. 전세가율로 분석하면 현재가 서산시의 아파트 매수적기라고 할 수 있다.

6) 입주물량

서산시 입주물량

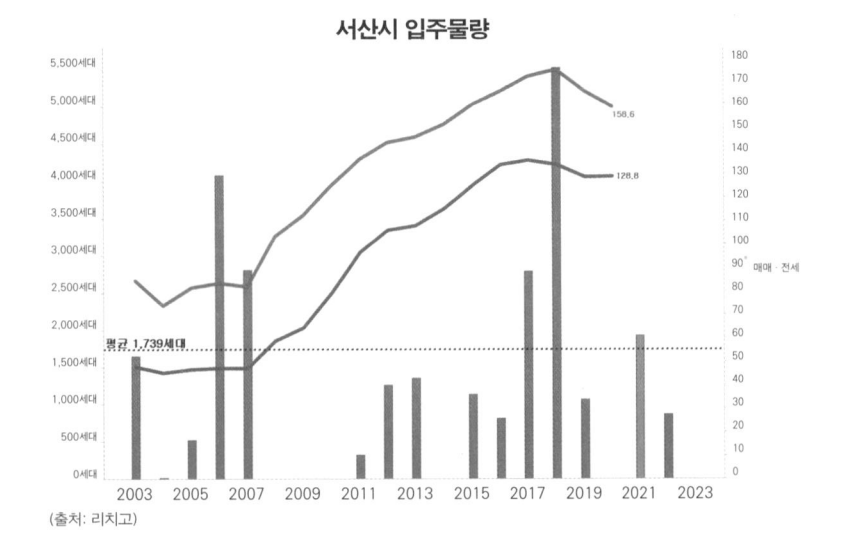

(출처: 리치고)

서산시는 2017~2018년 2년 연속으로 입주물량이 꽤 많았다. 특히 2018년에는 사상 최대의 입주물량이 공급됐다. 당시 서산의 매매가와 전세가가 좋지 않았던 원인이기도 했다. 입주물량이 2년 연속 과잉 공급되는 지역은 조심하는 것이 좋다고 이미 언급했다. 중요한 것은 2019년부터 입주물량이 급감하는 부분이다. 전세가 상승과 매매가 상승에 긍정적인 요인으로 작용할 것이다.

7) 미분양

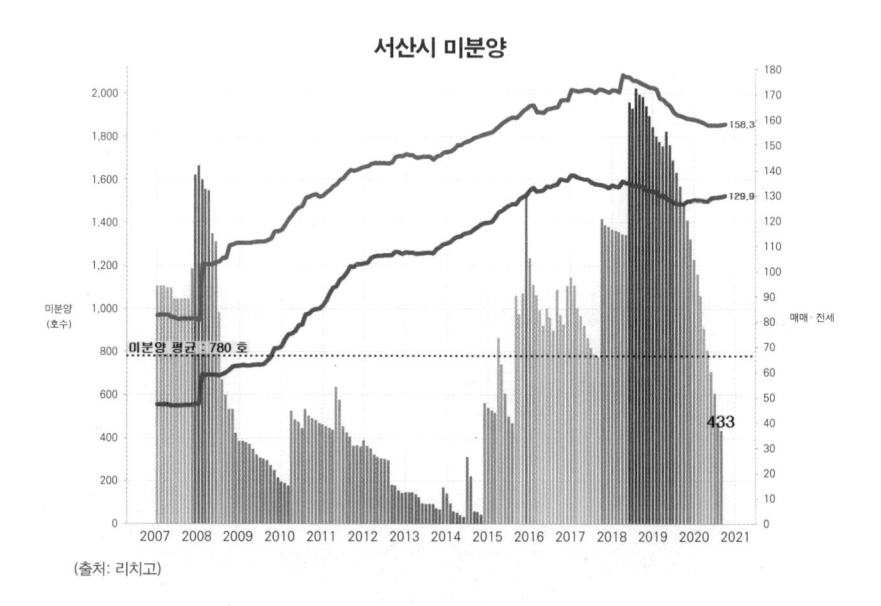

서산시 미분양

(출처: 리치고)

서산시의 미분양은 2020년 9월 기준으로 433채이고 계속 감소하고 있다. 부동산 시장이 좋아지고 있다는 결정적인 증거다. 서산시처럼 미분양이 계속해서 줄어드는 지역이라면 눈여겨봐야 한다.

8) 일자리

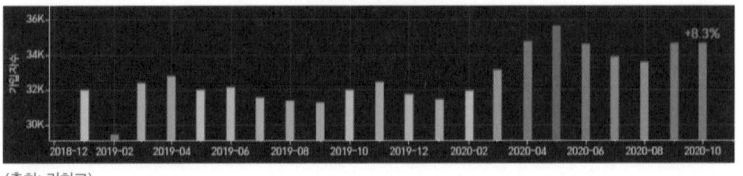

(출처: 리치고)

서산시는 2020년 들어 일자리가 증가하고 있다. 앞으로 입주물량은 별로 없고 미분양도 지속적으로 줄어드는데 일자리가 증가한다면 매매가 상승에 필요충분 조건을 갖춘 셈이다. 2019년 1월 대비 8.3%의 일자리 증가가 있었다.

9) 인구수, 세대수

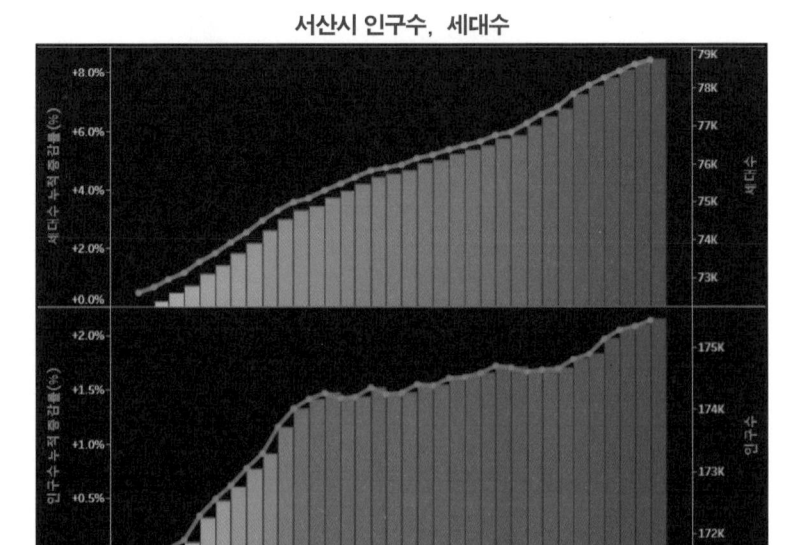

(출처: 리치고)

지방이라고 다 인구가 줄어드는 것은 아니다. 무조건 지방은 인구가 감소하니 투자의 대상이 아니라고 생각하지 말자. 데이터에 근거해 의사결정을 하는 습관을 키우면 도움이 될 것이다. 서산은 세대수와 인구수 모두 꾸준히 증가해서 2018년 1월 대비 세대수는 8% 이상, 인구수는 2% 이상 증가했다. 서산은 충남에서도 인구와 세대수가 상당히 증가하는 지역 중의 하나이다.

10) 종합정리

		나쁨 ←		보통		→ 좋음
시세	매매	☐	☐	➡️	☐	☐
	전세	☐	☐	☐	➡️	☐
전세 대비 저평가		☐	☐	☐	➡️	☐
소득 대비 저평가		☐	☐	☐	➡️	☐
물가 대비 저평가		☐	☐	☐	☐	➡️
전세가율		☐	☐	☐	☐	➡️
입주물량		☐	☐	☐	➡️	☐
미분양		☐	☐	☐	➡️	☐
일자리		☐	☐	☐	➡️	☐
인구수, 세대수		☐	☐	☐	➡️	☐
종합결론		☐	☐	☐	☐ ➡️	☐

지금이 최적의 매수 시기라고 할 수 있다. 상당히 저평가돼 있고 전세가율도 아주 높고 입주물량은 별로 없고 미분양도 꽤 줄어들어 향후 상승을 방해할 요인이 거의 없다. 여기에 최근 일자리도 증가하고 있어 실거주라면 적극적으로 매수를 고려할 필요가 있다. 거기다 아직 매매가는 상승 시작도 안 했다는 점이 중요하다. 적극적으로 검토해야 한다.

충북의 반전이 기대된다, 청주시 상당구

1) 매매와 전세 시세 흐름

충북 청주시 상당구의 매매가와 전세가는 2015년 11월부터 2019년 중순까지 무려 3년 반 정도를 계속 하락했다. 전세는 2019년 7월 바닥을 찍고 상승폭을 키우는 중이고 매매가는 2019년 11월에 바닥을 찍고 계속 우상향 중이다.

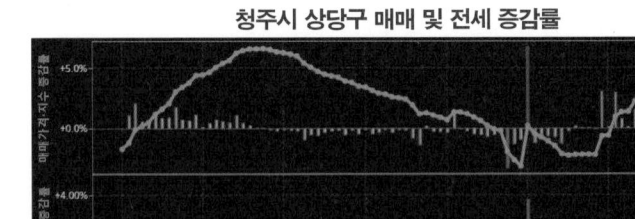

청주시 상당구 매매 및 전세 증감률

(출처: 리치고)

2) 전세 대비 매매 저평가 인덱스

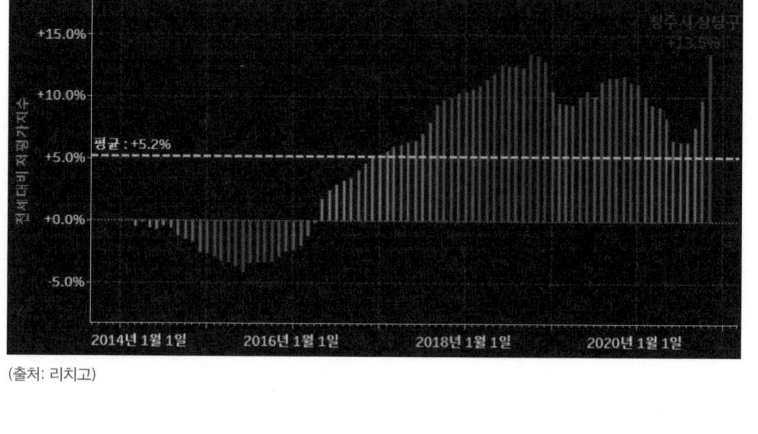

청주시 상당구 전세 대비 매매 저평가 인덱스

(출처: 리치고)

전세 대비 저평가 인덱스는 2020년 11월 13.5%로 가장 높은 수치다. 매매가도 13.5% 저평가돼 있고 2014년 1월 이후로 지금이 가장 높다. 실수요자는 내 집 마련을 긍정적으로 검토하자.

3) 소득 대비 저평가 인덱스

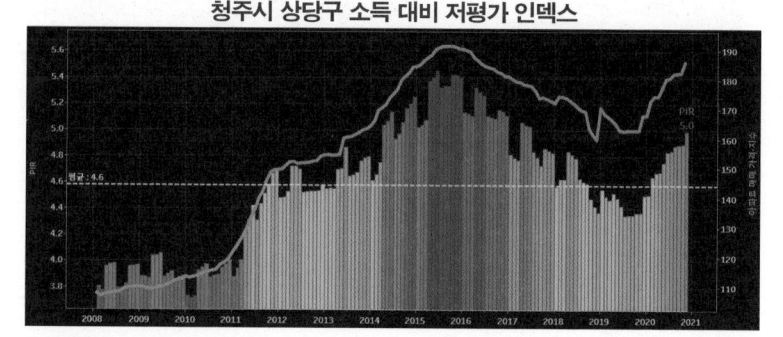

청주시 상당구 소득 대비 저평가 인덱스

(출처: 리치고)

소득 대비한 아파트 가격은 2015년 2~4분기에 5.3~5.5 정도로 가장 높았다. 당시가 가장 비쌌다는 뜻이다. 2016년부터는 아파트 가격이 하락하면서 소득 대비 주택가격도 급락했고 2019년 7월 4.3까지 하락했다. 그러나 2019년 12월부터는 상황이 반전됐다. 아파트 가격이 다시 상승하면서 최근에는 소득 대비 주택가격이 5.0까지 상승했으니 말이다.

전고점까지는 아직 여유가 있고 최근 전국적인 추세는 소득 대비 대부분 지역에서 가격이 높게 나타나고 있다. 이는 매매 가격이 더 올라갈 여지가 있다는 것을 의미한다.

4) 물가 대비 저평가 인덱스

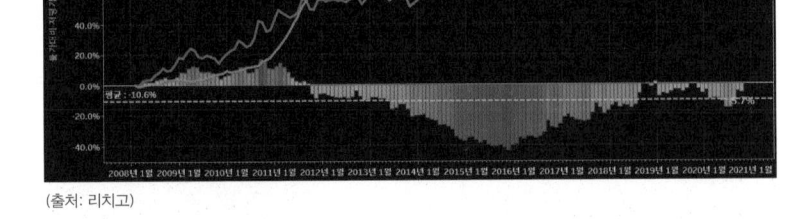

(출처: 리치고)

청주시 상당구는 과거에도 물가 대비 고평가 구간이 많았다. 지난 12년 동안 평균치는 -10.6%이다. 평균적으로 거위 10% 정도는 고평가 상태였다는 뜻이다. 저평가된 시기는 2008년 초반부터 2011년 9월까지였고 당시가 매수적기였다. 이 책을 읽는 독자라면 어렵지 않게 알 수 있다. 평균치보다 더 고평가로 접어든 시기는 2013년 6월이었고 2년 반 정도 지난 2015년 11월 -43.7%로 가장 고평가됐다. 이후 가격은 계속해서 하락하게 된다. 2020년 10월 기준 -5.7% 고평가 상태지만 평균 대비하면 4.9% 저평가 상태다. 지난 12년 중 비교적 가격이 저렴하다는 뜻이다. 추가적인 매매가 상승이 충분히 가능하다고 해석할 수 있다.

5) 전세가율

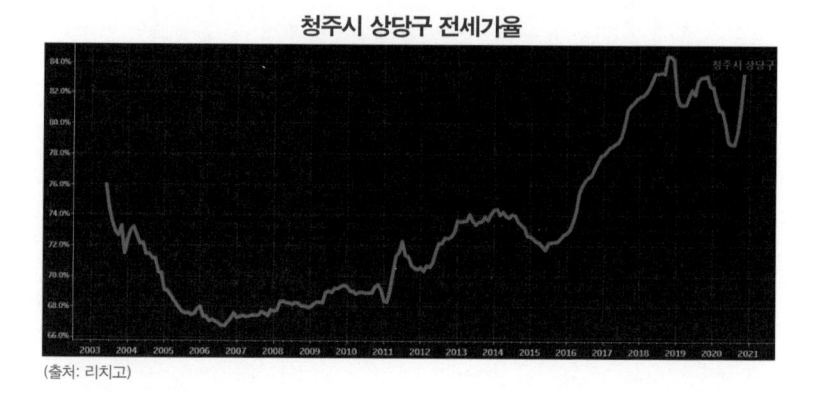

청주시 상당구 전세가율

(출처: 리치고)

전세가율은 2020년 11월에 83.2%로 과거 대비 가장 높은 수준이고 최근 상승 추세다. 전세가율로 보면 지금이 청주시 상당구 아파트의 매수적기라고 할 수 있다.

6) 입주물량

2018~2020년 입주물량이 상당했다. 청주시 전체로는 2018년의 입주물량이 가장 많았다. 흥미로운 것은 입주폭탄이 시작되기 전보다 훨씬 전인 2015년 말부터 하락이 시작됐다는 점이다. 그래서 입주물량 이외에도 다른 데이터를 같이 보고 종합적인 판단을 해야 한

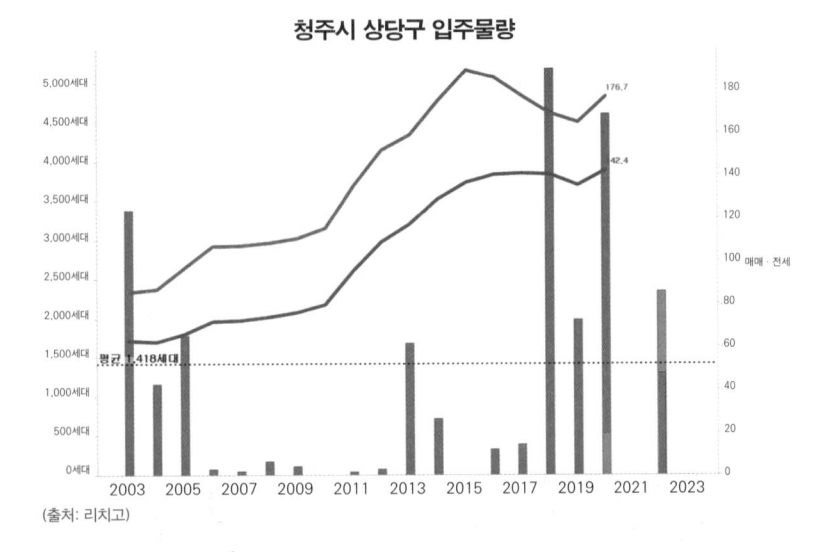

청주시 상당구 입주물량

(출처: 리치고)

다. 향후 2022년은 평균보다 높게 공급되지만 이를 제외하면 2021년 2023년은 입주물량이 아예 없다. 청주시 전체적으로도 새 아파트 공급이 많지 않다. 이는 전세가 상승과 매매가 상승에 긍정적인 원인으로 작용할 것이다.

7) 미분양

청주시 상당구만의 미분양 아파트 데이터는 없어서 청주시 전체 데이터를 가지고 이야기하겠다. 청주시의 미분양은 2020년 9월 기준으로 28채이고 2019년 11월부터 미분양이 급속도로 줄었다. 매매가가 바닥을 치고 상승을 시작한 시점과 미분양이 급속도로 줄기 시작한 시점이 거의 유사하다. 미분양이 계속 줄어드는 지역을 눈여겨보라고 강조하는 이유다. 최근의 상황은 상당히 좋다고 할 수 있다. 향후 입주물량은 별로 없고 미분양도 적고 몇 년 동안 하락했지만 반등을 시작한 지 얼마 안 됐다. 이 정도만 봐도 향후 청주시 상당구의 아파트

청주시 미분양

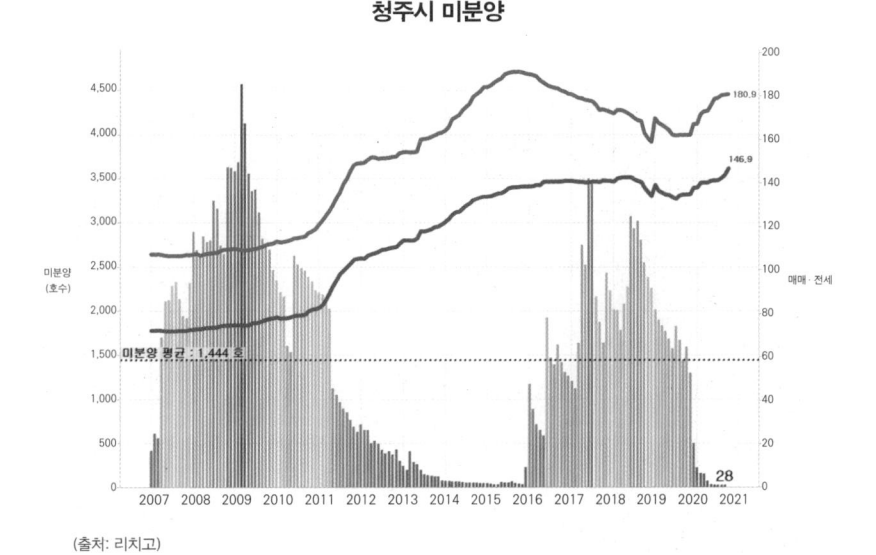

(출처: 리치고)

가격이 어떻게 될지는 독자들도 충분히 가늠이 될 것이다.

8) 일자리

청주시 상당구 일자리

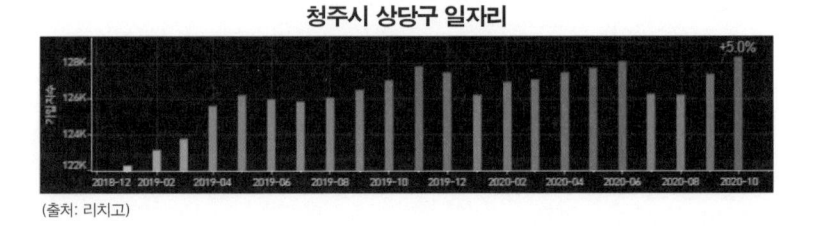

(출처: 리치고)

일자리 데이터도 상당구만 보기보다는 청주시 전체 일자리를 보는 것이 더 도움될 것이다. 청주시는 일자리가 안정적으로 증가하고 있다. 2019년 1월 대비 2020년 10월 5.0% 증가했으니 말이다.

9) 인구수, 세대수

청주시 상당구 인구수, 세대수

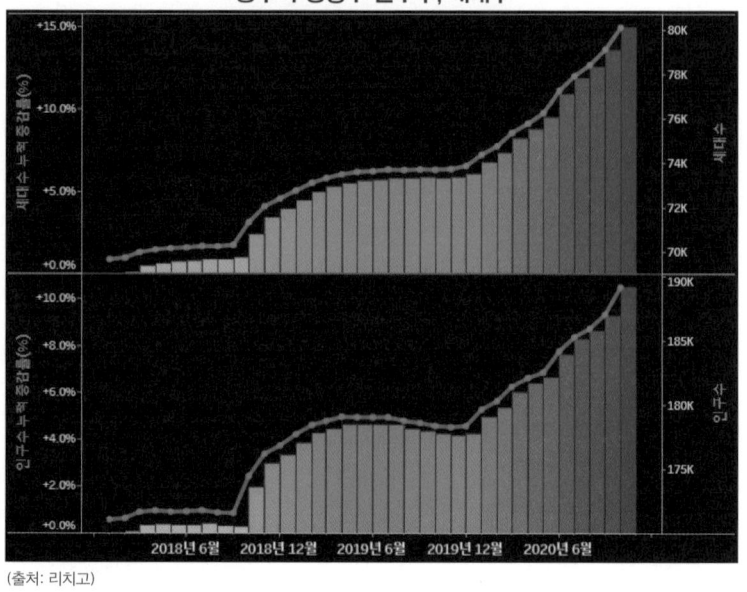

(출처: 리치고)

　세대수, 인구수도 모두 증가 중이다. 2018년 1월 대비 세대수는 15% 이상이고 인구수는 10% 이상 증가했다. 충남에서도 인구와 세대수가 가장 많이 증가하는 지역 중 하나다.

10) 종합정리

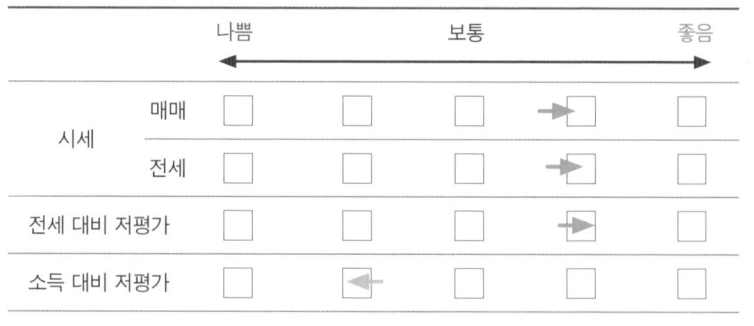

물가 대비 저평가	☐	☐	☐	→ ☐	☐
전세가율	☐	☐	☐	☐	→ ☐
입주물량	☐	☐	☐	→ ☐	☐
미분양	☐	☐	☐	☐	→ ☐
일자리	☐	☐	☐	→ ☐	☐
인구수, 세대수	☐	☐	☐	☐	→ ☐
종합결론	☐	☐	☐	← ☐	☐

청주시 상당구는 2019년 말부터 2020년 상반기 정도가 매수적기였다고 할 수 있다. 하지만 아직 상승 초기 단계다. 상당히 저평가돼 있고 전세가율도 높고 입주물량은 별로 없고 미분양도 줄어들고 있다. 앞으로 상승을 방해할 요인이 거의 없다. 세대수, 인구수도 증가하고 있어 실거주라면 적극적으로 매수를 고려할 필요가 있다. 다주택자나 법인의 급매물이 나올 수 있으니 2021년 5월 말 정도가 최고의 매수 타이밍이 될 것으로 전망한다.

전북의 힘을 싣다, 전북 군산시

1) 매매와 전세 시세 흐름

전북 군산시의 매매가와 전세가는 2012년 5월부터 대세 하락하다가 2019년 11월에 바닥을 찍고 계속 상승하고 있다. 전세가는 조금더 일찍 2019년 7월에 바닥을 찍었다.

군산시 매매와 전세 시세 흐름

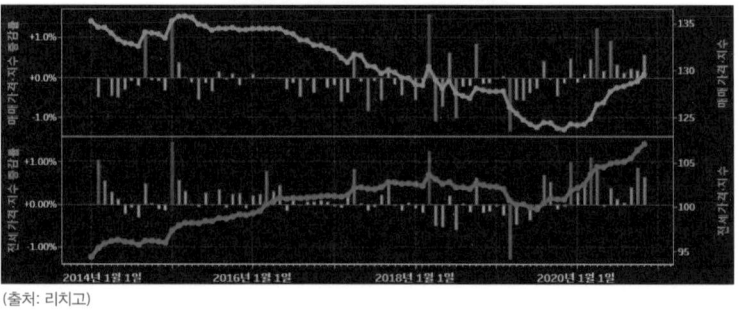

(출처: 리치고)

2) 전세 대비 매매 저평가 인덱스

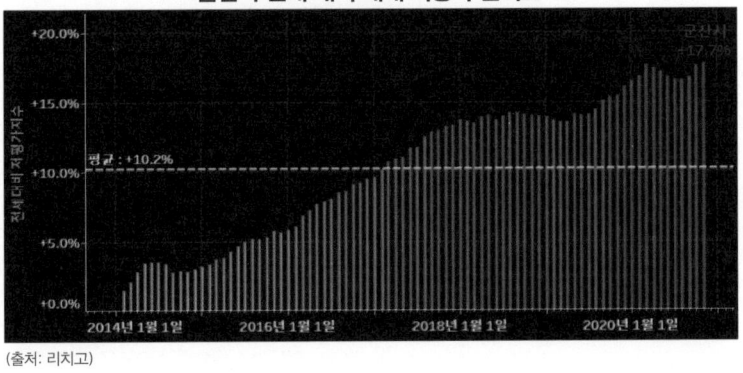

군산시 전세 대비 매매 저평가 인덱스

(출처: 리치고)

 전세 대비 저평가 인덱스는 2020년 11월 17.7%로 최고점이고 2014년 1월 이후 가장 높은 수치다. 지난 7년 중 2020년 11월 기준 전세 대비 군산시의 아파트 가격이 가장 저렴하다는 뜻이다. 전북 군산시에 내 집 마련을 하는 것에 대해 긍정적으로 검토하자.

3) 소득 대비 저평가 인덱스

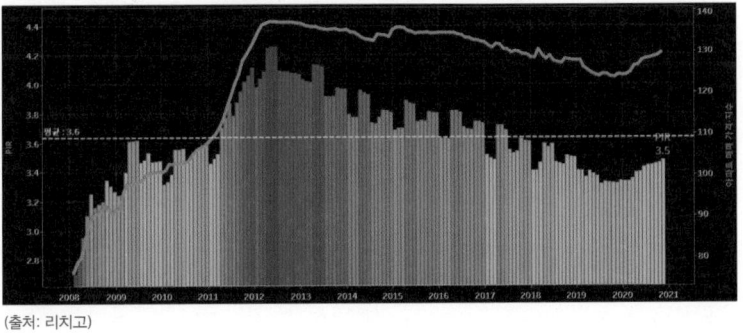

군산시 소득 대비 저평가 인덱스

(출처: 리치고)

군산의 소득 대비 아파트 가격은 2012년 2분기에 4.3으로 가장 높았다. 2008년부터 2012년 초까지 대세 상승하던 군산시의 아파트 가격은 같은 해 5월부터 2019년 11월까지 무려 7년 반 가까이 기나긴 하락장을 맞았다. 그러나 2019년 7월부터는 수치가 3.4 이하로 떨어지며 다시 저평가 시기로 접어들었다. 최근 매매가격이 상승하며 소득 대비 주택가격이 다시 상승했지만 3.5로 여전히 꽤 낮은 수준이다. 찾아보기 힘들 정도로 오랜 기간을 대세 하락했다. 그만큼 군산시의 대세 상승장은 상당히 오랫동안 지속될 가능성이 있다.

4) 물가 대비 저평가 인덱스

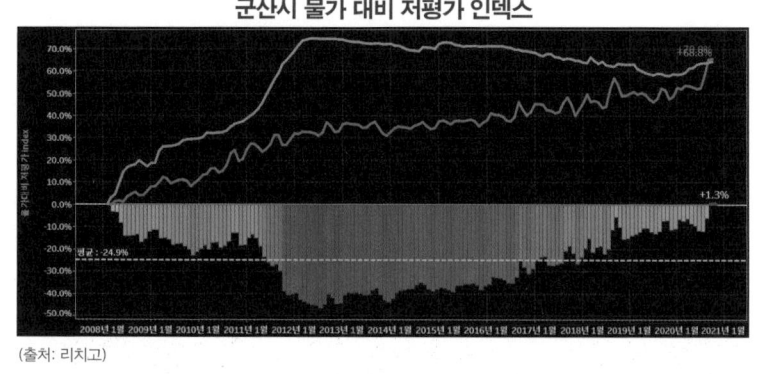

군산시 물가 대비 저평가 인덱스

(출처: 리치고)

군산시도 물가 대비 지표는 거의 고평가 구간을 나타낸다. 지난 12년 동안의 평균치는 -24.9%이다. 물가 대비 거의 25% 정도 가격이 높다는 뜻이고 2011년 7월 평균보다 고평가되기 시작했다. 그러나 1년 정도 지난 2012년 중순 이후 46.5%로 고점을 찍고 대세 하락을 시작하게 된다. 이 수치가 평균 정도를 나타낸 된 건 2017년 3~4분기다. 이후 2년 정도 지난 2019년 11월 군산시의 매매가격이 바닥을 치고 다시 상승 중이다. 최근 기준으로 +1.3%로 평균 대비 무려 26.2% 저평가 상태다. 즉 지난 12년 중 물가 대비 가장 가격이 저렴하다는 뜻이다. 물가 대비한 저평가 인덱스로 보면 지난 12년 중 최고의 매수 타이밍이다.

5) 전세가율

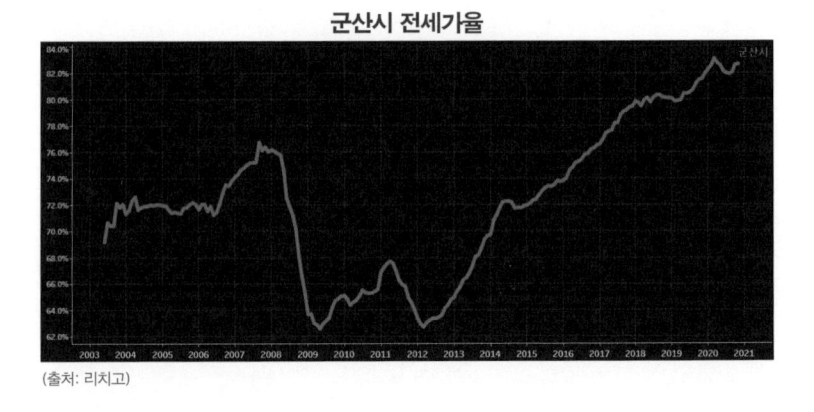

군산시 전세가율

(출처: 리치고)

전세가율은 2020년 11월에 82.7%로 역사상 매우 높은 수치다. 전세가율로 판단하면 군산시의 아파트를 매수하기 좋은 타이밍이라는 것을 알 수 있다.

6) 입주물량

군산시는 그동안 입주폭탄이라고 할 만한 시기가 없었다. 2008년 물량이 많았지만 전후로 그리 많지 않았기 때문에 과잉공급에 따른 하락세는 없었다. 입주폭탄으로 인한 하락세가 오려면 2~3년 연속으로 입주물량이 많아야 한다. 2019년부터는 물량이 상당히 적은 수준이고 군산시의 전세가와 매매가 상승에 긍정적인 요인으로 작용할 것이다.

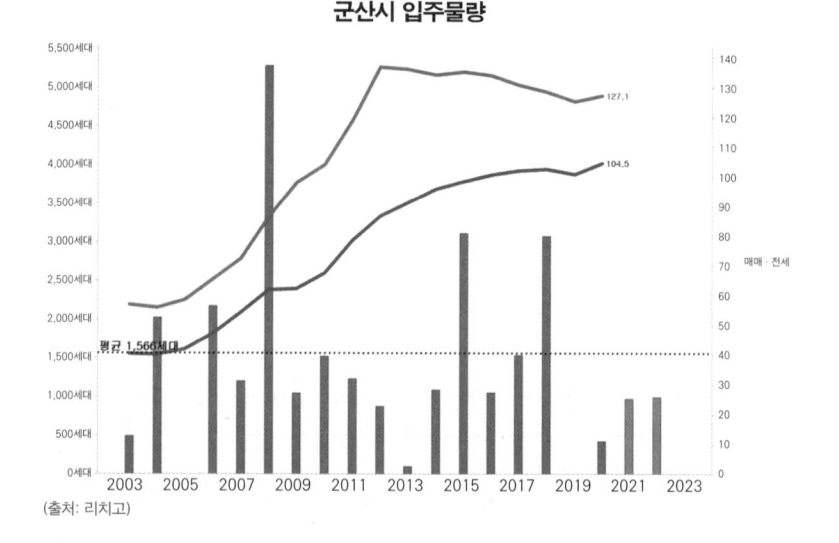

군산시 입주물량

(출처: 리치고)

7) 미분양

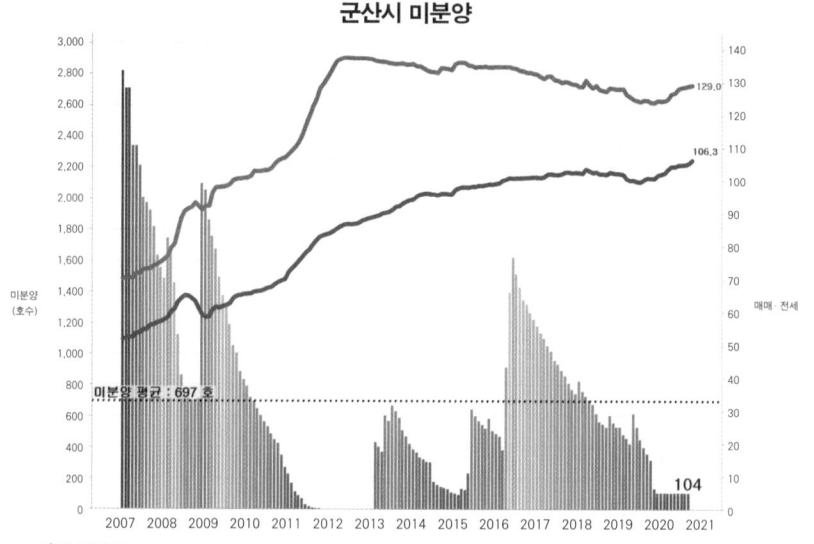

군산시 미분양

(출처: 리치고)

군산시 전체의 미분양은 2020년 9월 기준으로 104채뿐이다. 미분양이 800채 이하로 본격적으로 줄기 시작한 2019년 말부터 매매가가 상승 중이다. 수치가 줄기 시작한 시점부터 1~2년 정도 지나고 매매가가 상승한다면 본격적인 상승장의 신호로 보아도 좋다. 미분양 아파트가 줄면서 동반하여 매매가와 전세가가 상승하는 것은 좋은 신호다. 적절한 매수 시기로 볼 수 있다.

과거에 군산시는 미분양이 최고점을 찍고 줄기 시작하던 2007년 초반부터 매매가와 전세가가 본격적인 동반 상승의 흐름을 보이기 시작했다. 금융위기 직후인 2008년 12월부터 미분양이 다시 급증했지만 2009년 1월부터 바로 줄었다. 2008년 11~12월은 잠깐 매매가가 하락했지만 2009년 1월부터 다시 상승세로 돌아섰다. 군산의 매매가가 최고가를 경신했던 2012년 5월 군산시의 미분양은 단 한 채도 없었다. 문제는 매매가가 이때부터 대세 하락을 시작했다는 것이다. 미분양이 없거나 적다고 해당 지역의 매매가격이 무조건 올라갈 것으로 생각하는 것은 위험할 수 있음을 보여주는 사례다. 물론 미분양이 계속 줄어드는 것은 대부분의 지역에서 상승의 트리거로 작동한다. 하지만 아닌 경우도 있었다는 것이다. 필자가 다른 데이터의 종합적인 검토를 여러 번 강조하는 이유이기도 하다. 한두 가지 데이터만 보고 결론짓는 것은 주의가 필요하다.

8) 일자리

군산시는 2019년 12월까지 계속 일자리가 증가하다가 2020년 1분기부터 줄었지만 2020년 9월부터는 다시 증가 추세이다. 2019년 1월 대비 2020년 10월까지 3.2%의 일자리가 증가했다는 점 알아두자.

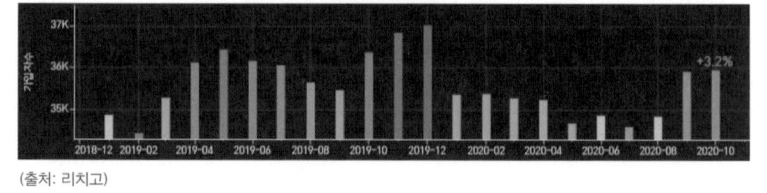

군산시 일자리

(출처: 리치고)

　앞으로 군산이 상당히 기대되는 이유 중 하나는 일자리가 많이 증가할 가능성이 크기 때문이다. 군산 바로 옆에 새만금이 있는데 5차 국토종합계획에서도 지역명을 꼭 짚어서 언급하고 있다. 새만금을 첨단산업, 문화관광, 국제 협력이 어우러진 세계적인 명품도시 '환황해 경제권의 중심지'로 조성할 계획이다. 여건 변화를 반영해 속도감 있는 사업 추진을 위해 새만금 기본계획 재정비를 추진하고 단계별로 개발 방안을 보완하고 확정한다고 발표했다.

　이를 반영하듯 최근에 새만금과 군산 지역에 기업들의 투자 등이 활발히 진행되고 있다. 대표적으로 SK컨소시엄이 2조 원 규모의 투자를 새만금개발청에 제안했다. GS글로벌도 2020년 말 입주계약을 체결하고 2021년 7월에 착공해 2023년 6월 특장센터를 완공할 예정이다. 210명을 신규로 채용할 계획도 있다. 이처럼 일자리 관련한 좋은 소식들이 군산 새만금에서 계속해서 들려오고 있다. 앞으로 군산 지역 부동산에 상당히 긍정적인 영향을 미칠 것으로 예상된다.

9) 인구수, 세대수

　군산시의 세대수 증감률과 인구수 증감률을 보자. 세대수는 꾸준히 증가해서 2018년 1월 대비 4% 이상 꾸준히 늘어나지만 인구수는 줄어드는 듯하다. 그러나 2020년 8월부터 감소세를 멈추고 횡보 중이

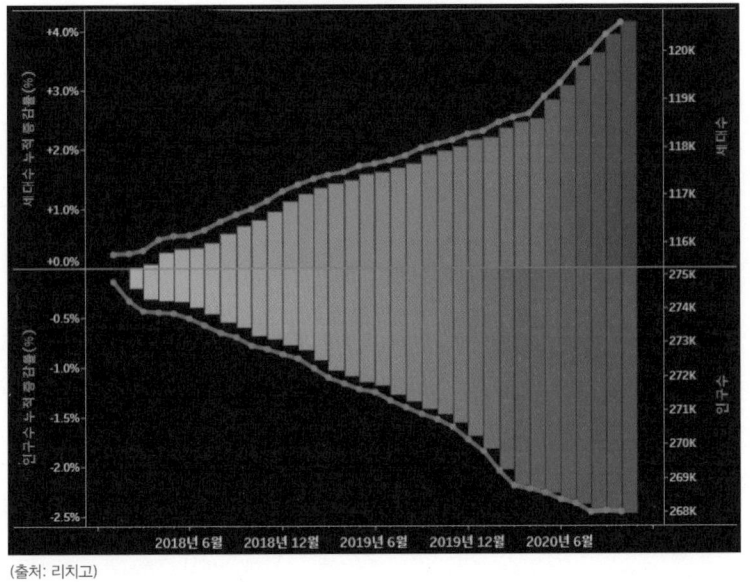

군산시 인구수, 세대수

(출처: 리치고)

다. 앞으로 일자리가 많이 늘어날 것으로 기대되는 만큼 인구수는 다시 증가세로 돌아설 수 있고 세대수는 더욱 증가할 가능성이 크다.

10) 종합정리

		나쁨		보통		좋음
시세	매매	☐	☐	☐	→☐	☐
	전세	☐	☐	☐	→☐	☐
전세 대비 저평가		☐	☐	☐	☐	→☐
소득 대비 저평가		☐	☐	☐	←☐	☐
물가 대비 저평가		☐	☐	☐	☐	→☐
전세가율		☐	☐	☐	☐	→☐

입주물량	☐	☐	☐	☐	→☐
미분양	☐	☐	☐	☐	→☐
일자리	☐	☐	☐	→☐	☐
인구수, 세대수	☐	☐	→☐	☐	☐
종합결론	☐	☐	☐	☐	←☐

2019년 말부터 2020년 상반기가 매수적기였다. 그러나 아직은 대세 상승의 초입이라고 할 수 있다. 오랜 기간 하락장을 겪었고 상당히 저평가돼 있다. 전세가율도 높고 입주물량은 별로 없고 미분양도 크게 줄어들어 앞으로 상승을 방해할 요인이 거의 없다. 일자리도 조금씩 증가 중이다. 일자리 관련 호재들도 매매가 상승에 좋은 요인으로 작용할 것이다. 군산시 아파트 매수를 적극적으로 고려할 필요가 있다.

경남도 이제는 달라진다, 창원시 진해구

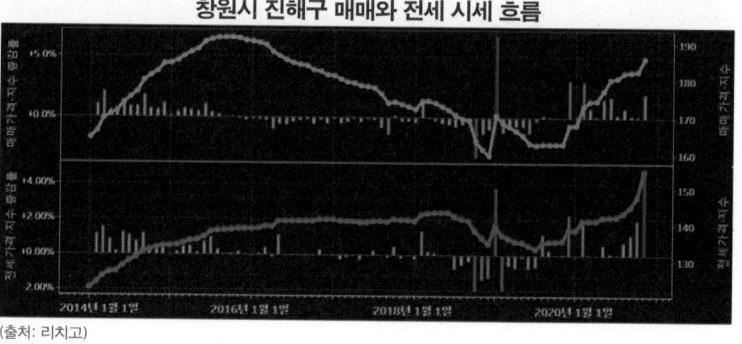

1) 매매와 전세 시세 흐름

경남 창원시 진해구의 매매가는 2014년 4월부터 2020년 중순까지 무려 6년을 대세 하락했지만 2020년 6월부터는 상승 반전 중이다. 전세는 조금 뒤인 2017년 5월부터 하락했고 매매가보다 조금 더 빠른 2020년 초반에 바닥을 찍고 상승을 시작했으며 최근 상승폭을 키워나가는 중이다.

창원시 진해구 매매와 전세 시세 흐름

(출처: 리치고)

2) 전세 대비 매매 저평가 인덱스

창원시 진해구 전세 대비 매매 저평가 인덱스

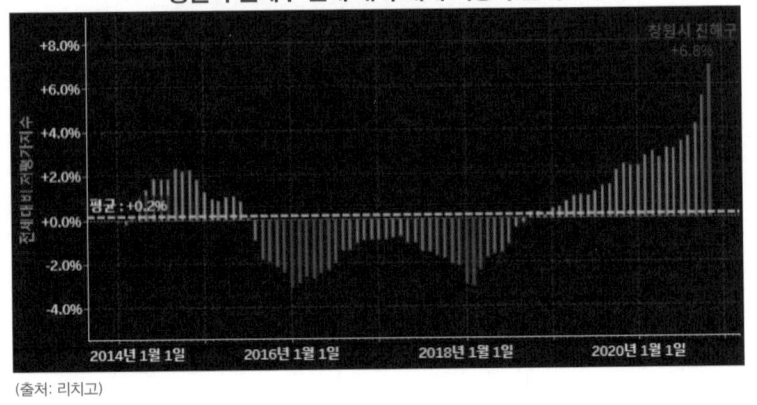

(출처: 리치고)

창원시 진해구의 전세 대비 저평가 인덱스는 2020년 11월 6.8%로 과거 대비 가장 높은 수치다. 매매 가격이 전세 대비 6.8% 저렴하다는 뜻이고 2014년 1월 이후 2020년 11월이 가장 높은 수치라는 점을 기억하자. 내 집 마련을 적극적으로 검토해야 할 지역이다.

3) 소득 대비 저평가 인덱스

창원시 진해구 소득 대비 저평가 인덱스

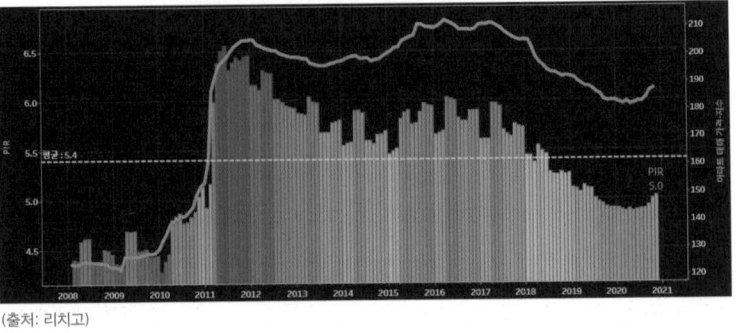

(출처: 리치고)

창원시 진해구의 소득 대비 아파트 가격을 보면 2011년 2~4분기가 6.3~6.6 정도로 가장 높았다. 이후 2012년 3월부터 아파트 가격이 하락하면서 소득 대비 주택가격 역시 같이 하락했고 2015년 1월 5.5로 단기 저점을 찍었다. 이후 잠깐 상승하는가 싶더니 2017년 중순부터 하락했고 최근 다시 반등하고 있다.

중요한 것은 2020년 1~2월에 평균보다 꽤 낮은 수준인 4.9로 바닥을 찍고 이후 창원시 진해구의 아파트 가격이 다시 상승 반전했다는 점이다. 최근 지표는 5.0로 상승했지만 평균 대비 낮은 수준이다. 매가 상승의 여지가 큰 지역이다.

4) 물가 대비 저평가 인덱스

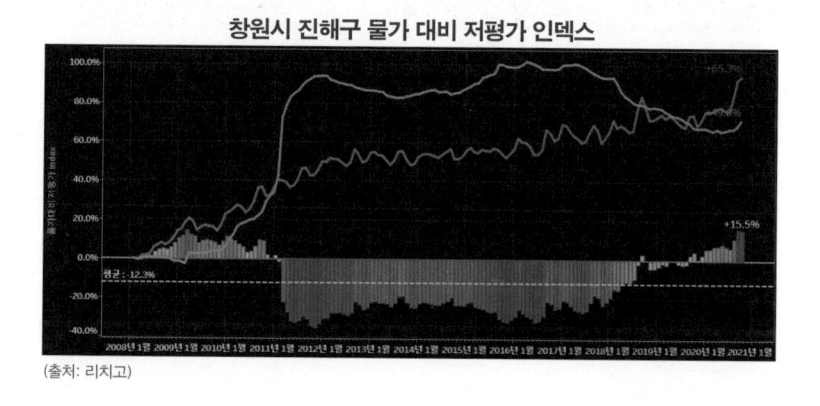

창원시 진해구 물가 대비 저평가 인덱스

(출처: 리치고)

물가 대비 저평가 인덱스를 살펴보자. 지난 12년 동안 평균치는 -12.3%다. 평균치보다 고평가로 접어들었던 시기는 2011년 3월이고 2년 반 정도 지난 2015년 11월에 -43.7%로 가장 고평가 상태로 이후 매매가격은 하락하게 된다. 2018년 8월 다시 지표가 평균치 이상으로 상승하더니 1년 4개월 후인 2019년 12월부터 아파트 가격은 다시 상승하기 시작했다.

2020년 10월 기준 15.5% 저평가로 역사적으로 물가 대비해서 가장 저평가됐다고 할 수 있다.

5) 전세가율

창원시 진해구 전세가율

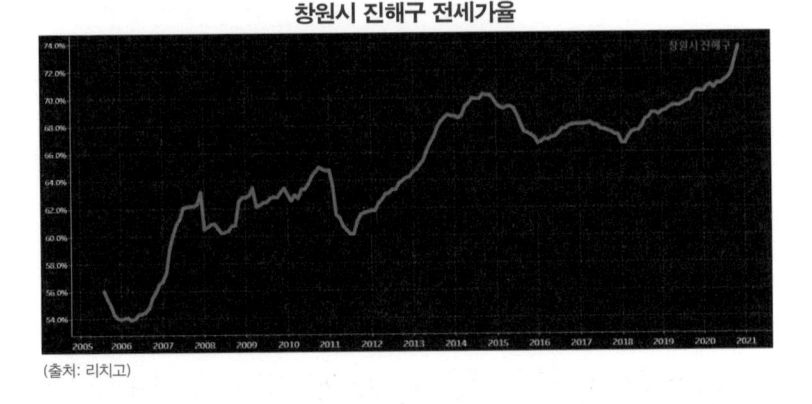

(출처: 리치고)

전세가율은 2020년 11월에 73%로 가장 높은 수준이고 상승 추세다. 창원시 진해구의 전세가율은 2020년 11월이 매수하기 좋은 타이밍이라고 말하고 있다.

6) 입주물량

창원시 진해구는 2015~2017년 입주물량이 꽤 있었지만 앞으로의 입주물량은 매우 적다. 창원시 전체적으로 보더라도 입주물량이 매우 적다. 입주물량에 따른 리스크는 전혀 없어 보인다. 지난 몇 년 동안 하락하다가 2020년 중순부터 상승 전환했기에 지금은 꽤 저평가돼 있고 상승 초기라고 할 수 있다. 여기에 앞으로 입주물량마저 없으니 전망은 꽤 괜찮다. 나머지 데이터들을 확인하면서 최종 결론을 내보자.

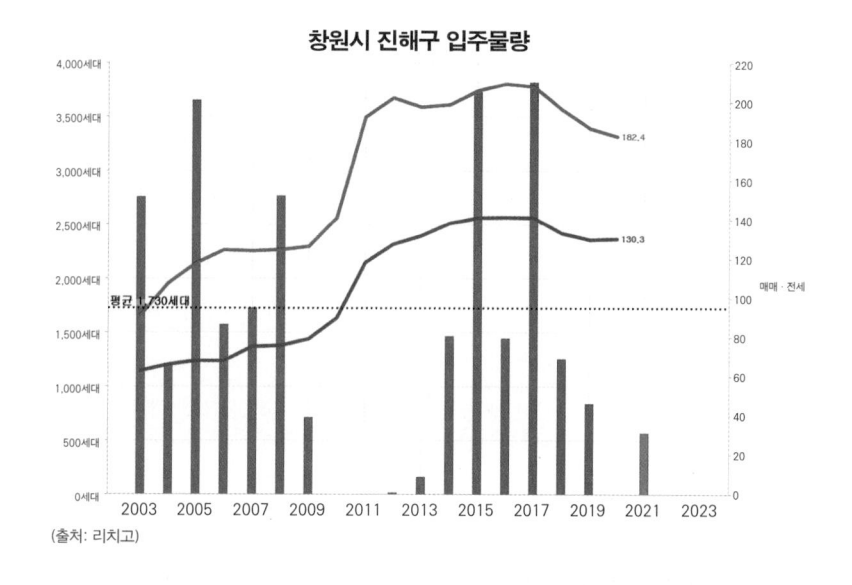

창원시 진해구 입주물량

(출처: 리치고)

7) 미분양

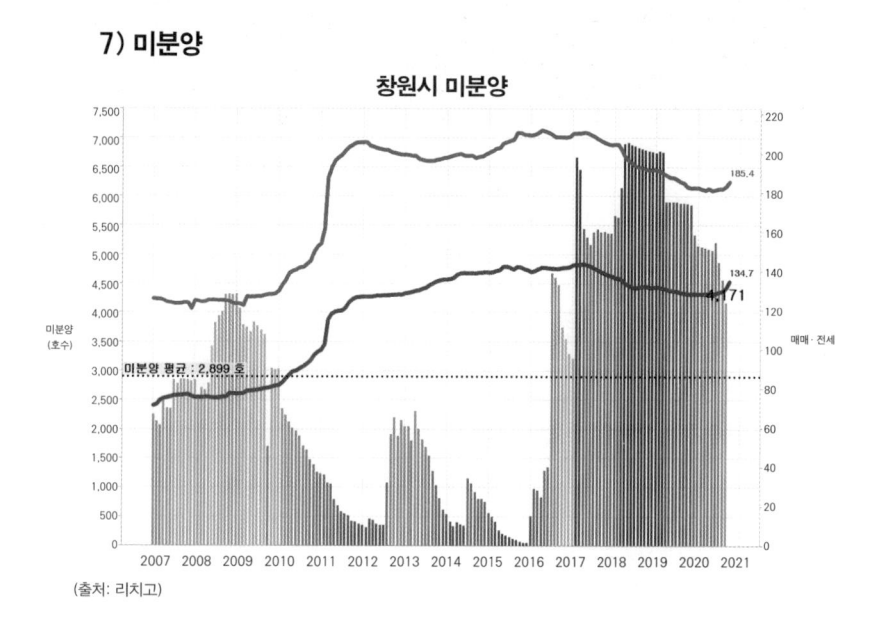

창원시 미분양

(출처: 리치고)

진해구만의 미분양 데이터는 없으니 창원시 전체의 미분양 데이터를 보자 창원시의 미분양은 2020년 9월 기준으로 28채이고 2019년

12월부터 지속적으로 감소하고 있다. 미분양이 지속적으로 감소하면서 하락하던 가격은 2020년 중순부터 상승 전환을 했다. 미분양이 줄어드는 지역을 관심권에 두어야 한다는 당위성이 제공된다. 미분양이 아직은 평균 이하로 떨어지지는 않았지만 지속적으로 하락 중이다. 앞으로 입주물량이 별로 없고 미분양이 감소 중이고 몇 년을 하락하다 상승 반전한 지 얼마 안 됐다. 센스 있는 독자라면 이 의미를 이미 해석했을 것이다.

8) 일자리

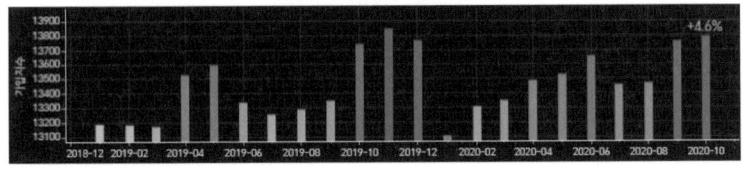

창원시 진해구 일자리

(출처: 리치고)

일자리 데이터는 창원시 전체 일자리 데이터를 보는 것이 좋다. 창원시는 일자리가 안정적으로 증가 추세이다. 2019년 1월 대비 2020년 10월 4.6%의 일자리가 증가했다.

9) 인구수, 세대수

세대수, 인구수 모두 증가 중이다. 2018년 1월 대비 세대수는 6% 이상이고 인구수는 1% 이상 증가했다.

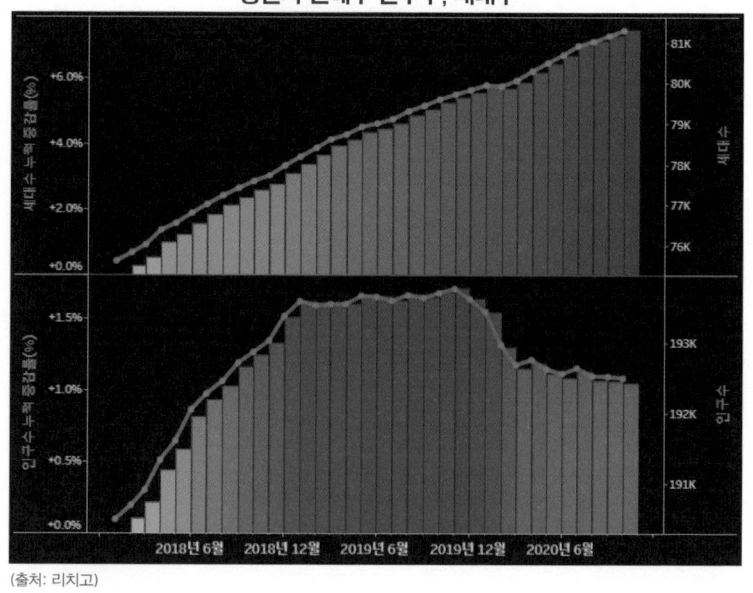

창원시 진해구 인구수, 세대수

(출처: 리치고)

10) 종합정리

		나쁨	보통			좋음
시세	매매	☐	☐	☐	→☐	☐
	전세	☐	☐	☐	→☐	☐
전세 대비 저평가		☐	☐	☐	→☐	☐
소득 대비 저평가		☐	☐	☐	←☐	☐
물가 대비 저평가		☐	☐	☐	→☐	☐
전세가율		☐	☐	☐	→☐	☐
입주물량		☐	☐	☐	→☐	☐
미분양		☐	☐	→☐	☐	☐
일자리		☐	☐	☐	→☐	☐

인구수, 세대수	☐	☐	☐	→☐	☐
종합결론	☐	☐	☐	☐←	☐

창원시 진해구는 2019년 말부터 2020년 상반기 정도가 최적의 매수 시기였다. 하지만 지금도 상승 초기 단계라고 할 수 있다. 상당히 저평가돼 있고 전세가율도 높고 입주물량은 별로 없고 미분양도 하락 추세라 향후 상승을 방해할 요인이 거의 없다. 세대수, 인구수도 증가 중이다. 실거주라면 적극적으로 매수를 고려하자. 다주택자나 법인의 급매물이 나올 수 있다. 2021년 5월 말까지 최고의 매수 타이밍이 될 것으로 전망한다.

경북도 이제는 상승장이다, 포항시 북구

1) 매매와 전세 시세 흐름

경북 포항시 북구의 매매가와 전세가는 2015년 12월부터 하락하다가 2019년 10월에 바닥을 찍고 이후에는 계속 상승하고 있다.

포항시 북구 매매와 전세 시세 흐름

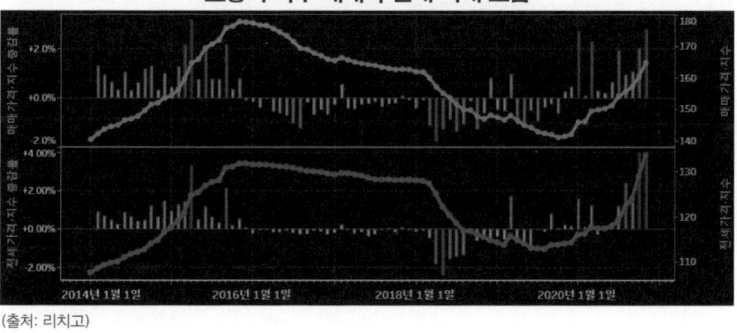

(출처: 리치고)

2) 전세 대비 매매 저평가 인덱스

전세 대비 저평가 인덱스는 2020년 11월이 6.8%로 가장 높다. 지

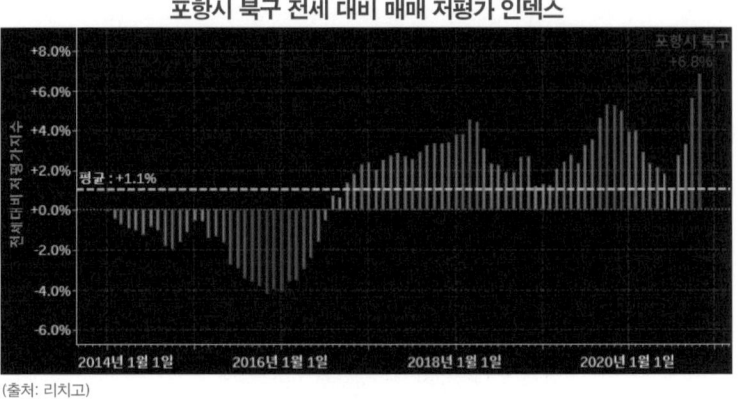

포항시 북구 전세 대비 매매 저평가 인덱스

(출처: 리치고)

난 2014년 1월 이후로 가장 높은 수치다. 지난 7년 중 전세 대비 매매가 가장 저평가된 시기라는 것을 기억하자.

3) 소득 대비 저평가 인덱스

포항시 북구 소득 대비 저평가 인덱스

(출처: 리치고)

소득 대비 아파트 가격은 2015년 11월이 가장 높았다. 2008년부터 2015년까지 오랜 기간 상승하면서 소득 대비 2015년 4월부터는 매우 고평가 시기로 접어들었다. 그러나 영원한 상승은 없는 것처럼 2019년 10월까지 무려 4년 가까이 하락했다. 소득 대비 고평가됐을 때 매수하는 것이 얼마나 위험할 수 있는지를 보여주는 실제 사례다. 2018년 9월 이후는 지난 12년 동안의 평균 저평가 수준인 4.1 이하로 떨어졌다. 소득 대비 다시 저평가 시기로 접어들었고 2019년 10월에 3.8로 저점을 기록했다. 이에 상응하듯 2019년 10월부터 매매가는 바닥을 찍고 상승했다는 점을 기억하라. 가격이 지속적으로 상승하면서 2020년 10월 지표는 4.4까지 꽤 상승했다. 하지만 아직은 최고점보다 꽤 낮은 수준이다.

4) 물가 대비 저평가 인덱스

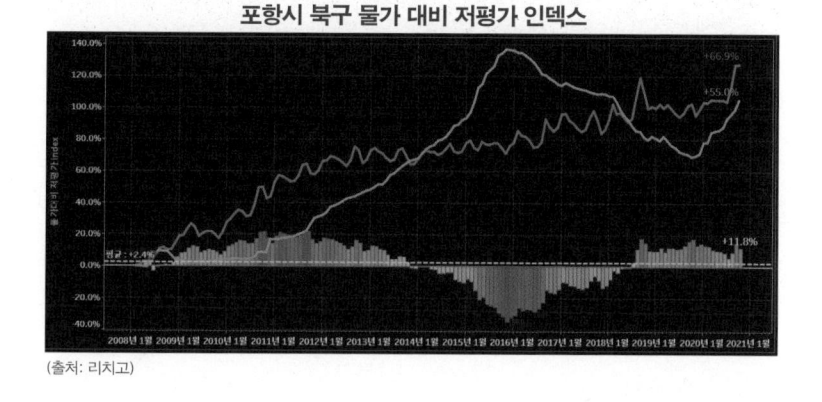

포항시 북구 물가 대비 저평가 인덱스

(출처: 리치고)

포항시 북구의 물가 대비 고평가 인덱스의 지난 12년 동안의 평균치는 +2.4%다. 물가 대비해서 저평가된 시기는 2011년 전후였고 평균보다 고평가로 처음 접어든 시기는 2013년 11월부터였다. 그로부터 2년이 지난 2015년 11월에 -34.4%로 가장 고점을 찍고 대세 하락의 시기를 보내게 된다. 다시 이 수치가 평균 이상으로 올라오게 된 건 2018년 8월이고 약 1년 여 후 매매가격이 반등하기 시작했다. 2020년 10월 기준으로 +11.8%로 저평가 상태이고 평균 대비 9.4%

저평가돼 있다. 즉 아직은 매매가격이 좀 더 상승할 여지가 있다는 뜻이다. 포항시 북구의 아파트를 매수하는 것을 긍정적으로 검토해보자. 상승 흐름이 좀 더 이어질 가능성이 크다.

5) 전세가율

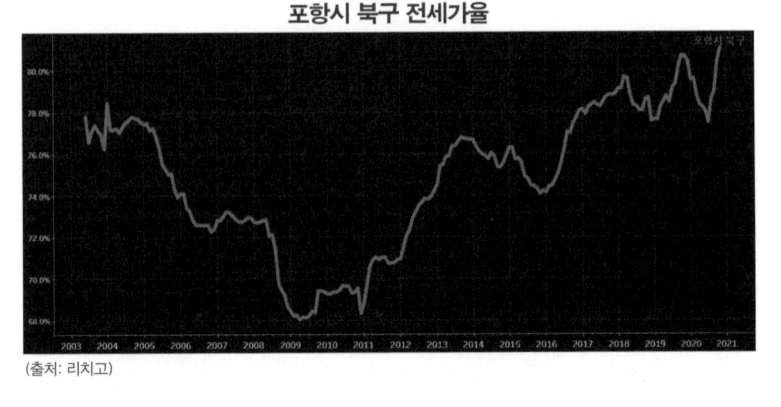

포항시 북구 전세가율

(출처: 리치고)

포항시 북구의 전세가율은 2020년 11월 81.0%로 과거 대비 가장 높은 수치를 기록 중이다. 내 집 마련 적기라고 할 수 있다.

6) 입주물량

2018년에 입주폭탄이 있었지만 2011~2017년에는 상당히 적었다. 그런데 아파트 가격은 2018년보다 2년 정도 빠른 2015년 말부터 하락했다. 아파트 가격은 입주물량이 적으면 상승하고 많으면 하락한다는 단순 논리로만 접근해서는 안 된다는 것을 보여주는 사례다. 2018년은 과잉 공급됐지만 2019년에는 확연히 줄었고 2020년은 평균보다 약간 많았던 수준이다. 매매가격은 2019년 10월 바닥을 찍고 상승했고 여전히 상승 추세다. 또한 향후 입주물량이 아예 없다.

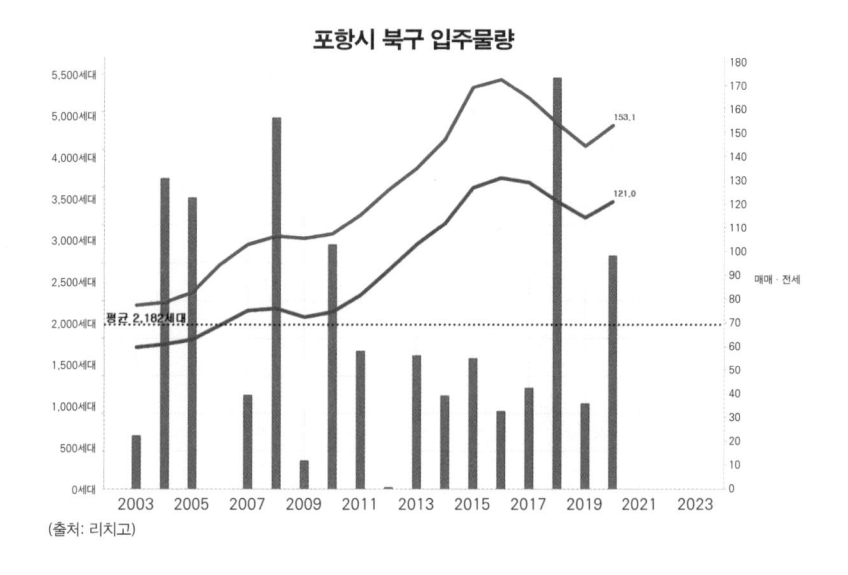

포항시 북구 입주물량

(출처: 리치고)

당분간 최소 2~3년 정도는 새 아파트 공급이 없다는 이야기이다. 다른 데이터들이 양호하다면 전세가와 매매가 상승에 긍정적인 영향을 미칠 것으로 판단된다.

7) 미분양

경북 포항시 전체의 미분양은 2020년 9월 기준으로 59채다(구별 자료 없음). 과거 대비 최저 수준이고 1,000채 이하로 줄기 시작한 2019년 말부터 매매가가 상승하고 있다. 미분양이 계속 줄어든 시점부터 1~2년 정도 지나고 매매가가 상승한다면 본격적인 상승장의 트리거로 작용한다는 점 강조한다. 과거 포항 북구도 미분양이 최고점을 찍고 줄어들기 시작하던 2009년 초반부터 2년 가까이 지난 2010년 말부터 매매가와 전세가가 본격적인 상승의 흐름을 보이기 시작했다. 2017년 11월 이후에도 미분양이 계속 줄더니 2년 정도 후인

포항시 미분양

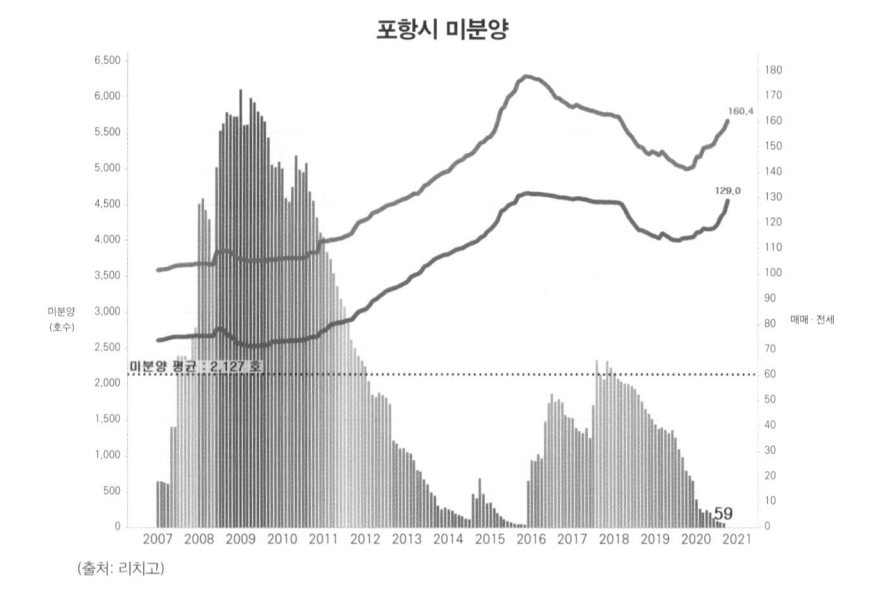

(출처: 리치고)

2019년 11월부터 상승 반전이 시작된 것이다. 미분양의 감소가 얼마나 큰 힌트를 주는지 알 수 있는 대목이다.

8) 일자리

포항시 북구 미분양

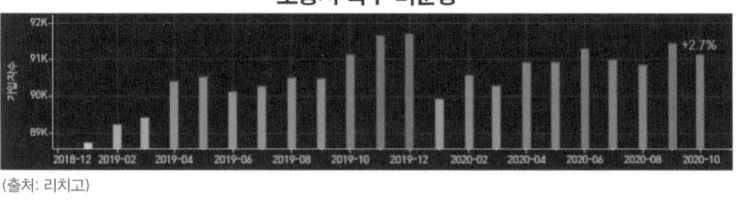

(출처: 리치고)

포항시 전체의 일자리 데이터를 살펴보자. 2019년 12월까지 계속 증가하다가 2020년 1분기에 잠깐 줄었지만 최근 다시 증가 추세다. 2019년 1월 대비 2020년 10월을 기준으로 2.7%의 일자리가 증가했다.

9) 인구수, 세대수

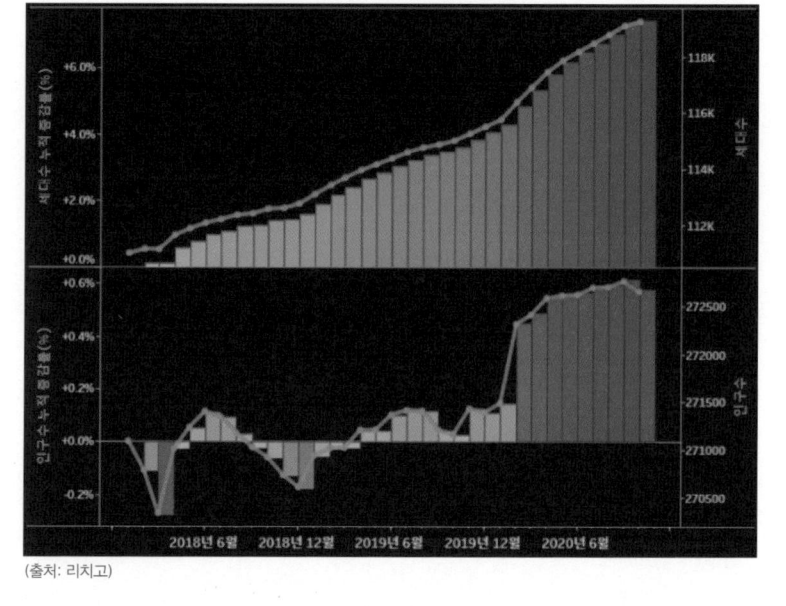

포항시 북구 인구수, 세대수

(출처: 리치고)

포항시 북구의 세대수는 2018년 1월 대비 6% 이상 증가했고 인구
수도 최근 꾸준히 증가하고 있다. 세대수와 인구수가 증가하는 것은
좋은 신호다.

10) 종합정리

		나쁨		보통		좋음
시세	매매	☐	☐	☐	→☐	☐
	전세	☐	☐	☐	→☐	☐
전세 대비 저평가		☐	☐	☐	→☐	☐
소득 대비 저평가		☐	←☐	☐	☐	☐

물가 대비 저평가	☐	☐	☐	← ☐	☐
전세가율	☐	☐	☐	☐	→ ☐
입주물량	☐	☐	☐	☐	→ ☐
미분양	☐	☐	☐	☐	→ ☐
일자리	☐	☐	☐ →	☐	☐
인구수, 세대수	☐	☐	☐	→ ☐	☐
종합결론	☐	☐	☐	← ☐	☐

2019년 말부터 2020년 상반기가 최적의 매수적기였다. 하지만 아직 상승의 초기 단계다. 소득 대비 살짝 고평가돼 있으나 다른 저평가 인덱스들은 양호한 수준이다. 전세가율도 매우 높고 입주물량은 아예 없고 미분양도 크게 줄어드는 추세라 향후 상승을 방해할 요인이 거의 없다. 실거주라면 포항시 북구 아파트 매수를 적극적으로 고려하자.

　여기까지 전국 시군구 데이터의 흐름이 양호한 지역 중 몇 곳을 선정해 데이터에 근거해 낱낱이 분석하는 시간을 가져보았다. 누군가는 이번 장을 읽고 실행에 나설 것이고 누군가는 여전히 강남 불패를 외치며 똑똑한(?) 한 채를 마련할 것이다. 각자의 상황이 다르니 집을 마련하는 기준은 모두 다를 수 있다. 단, 인간 전문가의 추천이 아니라 과학적인 데이터가 추천하는 지역을 외면하는 것은 시험을 보는 학생이 족집게 선생님이 알려준 대목만 제외하고 공부하는 것과 마찬가지다. 이번 장을 통해 내 집을 마련하고 노후를 스스로 준비하는 독자가 되길 바라고 그런 소식들이 들려오기를 진심으로 바란다. 실행과 실행하지 않은 것에 차이는 이미 2년 전 집필한 책의 결과에도 나와 있으니 말이다.

5장

빅데이터가 알려주는
전국 종합투자점수 랭킹
: 종합적으로 좋다면
오르지 않을 이유가 없다

모든 데이터가 좋은 지역을 선점하라

이번 장에서는 빅데이터를 기반으로 종합투자점수를 매겨보려 한다. 서울대에 가길 원하면 영어와 수학 모두 잡아야 한다. 한 가지만 잘해서는 크게 성공하긴 어렵다. 그런 의미로 종합투자점수가 좋다는 것은 그 지역의 여러 데이터들의 흐름이 좋아 상승할 확률이 타 지역보다 높을 수 있다는 의미다. 그러나 데이터를 이해하고 그 원리를 알아가는 과정이 복잡할 수 있다. 독자들은 '그래서 어디가 좋은 거지?'라는 의문이 생길 수 있다.

데이터의 흐름이 좋은 유망 지역

필자는 이 책을 기획하며 독자들에게 데이터를 읽는 방법을 알려주고 흐름을 짚어보는 능력을 키워주고 싶었다. 그러나 데이터를 이해하기 어려운 분도 있을 수 있어서 물고기를 잡는 방법도 포함했지만 물고기를 던져주듯이 기술하기로 결정했다. 이번 장 안에는 여러 데이터의 흐름이 양호한 지역들에 대한 결정적인 힌트가 포함돼 있으니 참고하길 바란다. 단, 종합투자점수 랭킹에는 세금 같은 정부정책, 일자리 호재, 교통 호재 등의 데이터들은 포함되지 않았다는 점을 유념하자.

종합투자점수 랭킹은 전세가율, 저평가 인덱스(전세 대비, 소득 대비, 물가 대비), 미분양, 입주물량, 주택구매력지수 등의 지표를 가지고 개발한 로직을 통해서 종합점수를 산출한 것이다. 여러 가지 시행착오 끝에 상당히 적중률이 높은 로직을 만들어낼 수가 있었다.

종합투자점수 랭킹이 얼마나 정확한지 검증해보자

먼저 종합투자점수 랭킹이 얼마나 유효한지 검증하는 시간을 가져보자. 실제로 본 랭킹을 이용해 부동산에 대한 의사결정을 했을 때 결과를 분석한다면 신뢰할 수 있는지 없는지 알 수 있을 것이다. 현재와 부동산 시장 상황이 상당히 유사하다고 할 수 있는 2008년 1월의 빅데이터 종합투자점수 랭킹을 보자. 시도별 랭킹을 먼저 보도록 하겠다.

다음 표는 2008년 1월의 시도별 투자 점수와 랭킹이다. 제주도의 점수가 월등히 좋았고 당시가 투자하기 가장 좋은 시기였다는 것이

2008년 1월 빅데이터 종합투자점수 랭킹

1	제주	82%	9	충북	63%
2	부산	74%	10	전북	62%
3	전남	72%		경북	62%
4	대전	70%	12	대구	61%
5	강원	69%	13	인천	59%
6	광주	68%	14	충남	58%
7	경남	67%	15	서울	56%
8	울산	65%	16	경기	45%

(출처: 리치고)

데이터로 확인된다. 그다음이 부산 〉 전남 〉 대전 〉 강원 〉 광주 〉 경남 〉 울산 순이다. 이 당시에 상위에 랭크된 제주나 부산 등의 지방 아파트에 투자했다면 매우 성공적인 투자를 할 수 있었다.

당시에 투자하기 위험했던 지역은 어딜까? 점수와 랭킹이 낮은 서울과 경기다. 실제로 서울과 경기는 2008년 초중반 즈음이 고점이었다. 이 책을 정독한 독자라면 모두 알고 있을 것이다. 2008년 1월 종합투자점수 랭킹을 통해 부동산을 매입했다면 상당히 좋은 결과가 도출됐다는 것이 검증된 셈이다. 좀 더 구체적으로 확인해보자. 이번에는 시도별 종합투자점수와 아파트의 제곱미터당 매매가격의 차트를 보자.

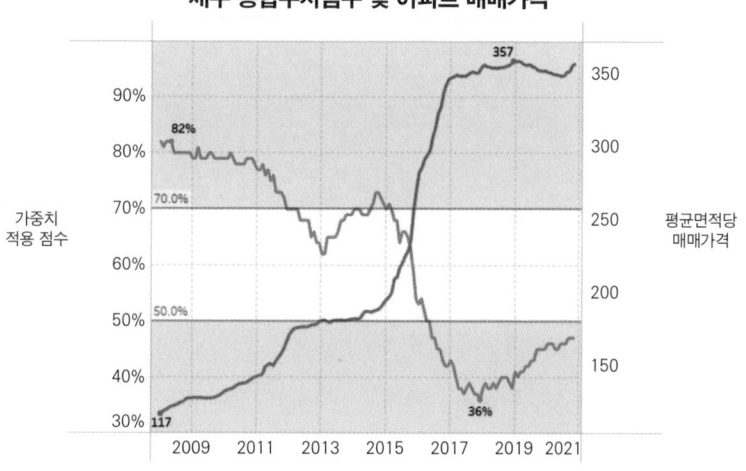

제주 종합투자점수 및 아파트 매매가격

먼저 2008년 1월에 점수가 가장 좋았던 제주도의 차트를 보자. 주황색 선이 제주도의 종합투자점수가 어떻게 움직이는지 보여주고 있고, 점수가 높을 때 투자하는 것이 가장 좋다. 점수가 낮아질수록 위

험하다는 점 강조한다. 파란색 선은 제주도의 제곱미터당 매매 가격
이다. 2008년 초 매수했다면 큰 시세 차익을 올릴 수 있었다. 매매
가격이 상승하고 2015~2016년 급등하며 종합투자점수는 급락한다.
2017년 이후는 더 이상 오르지 못하고 주춤하거나 하락하는 모습이
다. 투자 점수가 역사적으로 높을 때는 적극적으로 매수를 권장하고
낮을 때는 가급적 신규 매수는 자제하는 것이 좋다.

경기도 종합투자점수 및 아파트 매매가격

이번에는 2008년 1월에 점수가 가장 좋지 않았던 경기도의 차트를
보자. 경기도의 종합투자점수(주황색 선)는 2008년 초중반에 43~45%
로 상당히 좋지 않았다. 당연히 경기도의 매매가격은(파란색 선)은
2013년 말까지 하락했다. 가격이 하락하며 경기도의 종합투자점수는
상승했고 2014년 3월에는 81%로 역사상 최고치를 기록하게 된다. 종
합투자점수가 가장 높았던 2014년 초반부터 2015년 초반까지가 최고
의 매수적기였던 것이다. 지금까지 2008년 1월 투자점수가 가장 좋았

2014년 3월 빅데이터 종합투자점수 랭킹

1	경기	81%	8	부산	70%
2	서울	79%	10	전남	67%
3	인천	76%	11	충남	63%
4	대전	75%	12	경남	61%
5	광주	74%	13	충북	59%
	강원	74%		경북	59%
7	대구	72%	15	울산	58%
8	제주	65%	16	전북	56%

(출처: 리치고)

던 제주도와 경기도의 차트를 살펴보았다. 빅데이터를 기반으로 한 종합투자점수 랭킹이 얼마나 정확했는지 검증했고 신뢰도가 높다는 것도 확인했다.

이번에는 수도권 아파트 시장이 바닥을 찍고 상승한 지 얼마 안 된 2014년 3월의 빅데이터 종합투자점수 랭킹을 보도록 하자. 2008년 1월에 가장 점수가 좋지 않았던 서울과 경기가 2014년 3월에는 전국에서 가장 점수가 좋은 1,2위가 됐다. 즉 2014년 3월이 경기와 서울의 아파트를 투자하기에 가장 좋았다는 뜻이다.

당시 전북, 울산, 경북, 충북 경남 등은 그리 점수가 좋지 못했다. 실제로 이 지역들은 시차는 있지만 꽤 하락했다는 것을 이미 여러 차례 기술했다. 2008년 1월에 이어 2014년 3월의 종합투자점수가 또다시 상당한 적중률을 보인 것이다.

인간은 빅데이터를 이길 수 없다

인간 전문가는 절대로 이런 분석을 할 수 없다. 아직도 부동산은 심리가 전부이고 데이터로 특정 지역의 미래가격을 알 수 없다고 생각하는가? 부동산도 빅데이터와 인공지능이 그 어떤 인간 전문가보다 명확한 예측이 가능한 세상이 왔다. 아직은 부족한 부분들이 있지만 계속해서 보완하고 발전하는 중이다. 이 책 곳곳에서 다양한 데이터를 통해 전국의 지역별로 흐름을 분석하고 데이터가 알려주는 내용이 무엇인지 기술했다. 그럼에도 불구하고 판단이 어렵고 망설여진다면 다음 장을 주목하자.

지역별 흐름을 더 명확하게 한눈에 볼 수 있고 내가 원하는 지역에 매입을 할 것인지 말 것인지의 기준이 될 것이다.

그래서 어디가 점수가 높은가요? 전국 세부 지역별 종합투자점수 랭킹

그래서 어디를 살까요?

이번 장에선 가장 중요한 2020년 11월의 빅데이터 종합투자점수 랭킹을 보도록 하자. 과거를 아는 것도 중요하지만 독자들은 종합투자점수가 어떻게 바뀌었는지가 가장 궁금할 것이다. 각설하고 현재 시도별 점수와 랭킹을 확인해보자.

2020년 12월 기준 경북, 충남, 경남, 충북, 전북, 강원이 좋다. 이 6곳은 시도별 전망에서도 데이터의 흐름이 좋았던 지역이다. 종합투자점수 랭킹에서도 양호하다고 판단한다는 것은 무슨 의미일까? 독자들은 숙고하길 바란다. 본 랭킹은 전세가율, 저평가지수, 미분양지수, 입주물량, 주택구매력지수 등 5개의 데이터를 분석해 개발한 로직 계산식을 통해서 나온 결과물이다.

내 집 마련을 고민하고 있다면 긍정적으로 검토하자. 단, 시도별 점수가 좋다고 세부적인 지역(시군구) 모두 점수가 좋다고 할 수는 없다. 세

2020년 12월 기준 전국 빅데이터 종합투자점수

1	경북	74%	9	경기	56%	
2	충남	71%	10	전남	54%	
3	경남	70%	11	부산	53%	
4	충북	68%	12	광주	51%	
5	전북	66%	13	서울	50%	
6	강원	63%		대구	50%	
7	울산	59%	15	제주	47%	
8	인천	57%		대전	47%	

(출처: 리치고)

부적인 지역에 대한 검증은 리치고 앱을 통해서도 가능하니 참고하자.

다음은 흐름이 좋지 않은 지역이다. 대전 〉제주 〉대구 〉서울 〉광주 〉부산 순으로 안 좋다. 대전이 최악으로 나온 건 좀 의외지만 이 지역에 내 집 마련을 계획했다면 신중하고 보수적인 접근이 필요해 보인다. 한 가지 당부할 것은 지역마다 영향을 미치는 데이터들의 경중이 다르다는 점이다. 이 부분은 현재 인공지능 기술을 적용해서 풀어나가고 있다. 향후 출간되는 책에는 좀 더 디테일한 종합투자점수가 나오게 될 것이다.

여기서 한 가지 강조할 점은 이전에도 강조했듯 고평가된 지역이 오르는 폭보다 저평가된 지역이 오르는 폭이 훨씬 크다는 점이다. 마찬가지로 종합투자점수 랭킹에서 상위에 랭크된 지역들이 하위에 랭크된 지역들보다 상승폭이 더 클 수 있다는 점을 유념하자. 이미 많이 오른 곳보다 더 오를 만한 곳에 투자하는 것이 투자의 기본 원칙이다.

세부적으로 들어가 시군구 지역별로 점수를 살펴보자. 순위는 있는 그대로 공개하니 해당 지역에 관심 있다면 참고하자. 모든 시군구에 대한 랭킹을 보여주기는 힘드니 지면상 세대수 6만 이상인 시군구

만의 랭킹을 보여주고 있고 2020년 11월 기준이다.

전국 세부 지역별 빅데이터 종합투자점수 랭킹

1	경북	안동시	83%	36	인천	남동구	64%
2	경남	창원시 마산합포구	80%		전남	목포시	64%
	경북	구미시	80%	39	경남	양산시	63%
	충남	천안시 동남구	80%	40	경기	군포시	62%
5	경기	고양시 일산서구	79%			오산시	62%
	경북	포항시 북구	79%			의정부시	62%
7	경남	거제시	77%			이천시	62%
	경북	김천시	77%		경북	경산시	62%
	전북	군산시	77%		부산	기장군	62%
10	경북	포항시 남구	76%			사하구	62%
	충남	서산시	76%		인천	연수구	62%
12	경기	안성시	75%		충북	청주시 청원구	62%
	경남	김해시	75%		경기	안산시 상록구	62%
14	경북	경주시	74%	49	울산	북구	61%
	충북	제천시	74%		충북	청주시 흥덕구	61%
16	경남	진주시	73%	52	경기	안산시	60%
		창원시 마산회원구	73%			평택시	60%
18	충북	청주시 서원구	72%			포천시	60%
19	경남	창원시 진해구	71%	55	강원	강릉시	59%
	충북	청주시 상당구	71%			춘천시	59%
21	경기	파주시	70%		경기	광주시	59%
	충남	아산시	70%			김포시	59%
23	강원	원주시	69%			성남시 수정구	59%
	경기	고양시 일산동구	69%			수원시 영통구	59%
25	울산	동구	68%			의왕시	59%
	전북	전주시 완산구	68%		부산	사상구	59%
	충남	당진시	68%		울산	중구	59%
28	경기	용인시기흥구	67%		인천	미추홀구	59%
	충남	천안시 서북구	67%	65	경기	부천시	58%
30	충북	충주시	66%			수원시 권선구	58%
31	경남	창원시 성산구	65%			용인시 수지구	58%
	인천	계양구	65%		부산	금정구	58%
		중구	65%			북구	58%
	전북	익산시	65%	70	경기	구리시	57%
		전주시 덕진구	65%			성남시 분당구	57%
36	경기	용인시 처인구	64%			시흥시	57%

70	대구	달성군	57%		102		금천구	51%
	울산	울주군	57%				중구	51%
75	경기	남양주시	56%		110	경기	수원시 팔달구	50%
		수원시 장안구	56%			서울	강서구	50%
		하남시	56%				도봉구	50%
	경남	창원시 의창구	56%				마포구	50%
	광주	광산구	56%				용산구	50%
	부산	연제구	56%				종로구	50%
81	경기	고양시 덕양구	55%			전남	광양시	50%
		광명시	55%		117	광주	북구	49%
	대구	달서구	55%			대구	남구	49%
	부산	남구	55%			서울	동대문구	49%
	울산	남구	55%				송파구	49%
	인천	서구	55%				영등포구	49%
87	광주	서구	54%				은평구	49%
	대구	북구	54%				중랑구	49%
		서구	54%			제주	서귀포시	49%
	부산	해운대구	54%		125	경기	성남시 중원구	48%
	전남	순천시	54%			대구	동구	48%
93	부산	수영구	53%			서울	강동구	48%
	인천	부평구	53%				서대문구	48%
	전남	여수시	53%				양천구	48%
96	경기	안양시 만안구	52%		130	서울	강남구	47%
	광주	남구	52%				동작구	47%
	대구	수성구	52%				서초구	47%
	대전	유성구	52%		133	경기	안양시 동안구	46%
	부산	부산진구	52%			대전	동구	46%
	제주	제주시	52%			서울	광진구	46%
102	대전	대덕구	51%				성북구	46%
	부산	동래구	51%		137	대전	중구	44%
	서울	강북구	51%			서울	노원구	44%
		관악구	51%		139	대전	서구	43%
		구로구	51%					

(출처: 리치고)

전국에서 상위 20위 안에 드는 지역 살펴보기

이번 장에서는 종합투자점수가 좋은 상위 20개 지역을 살펴보도록 하겠다. 내 집 마련을 고민하는 독자가 내가 거주하는 지역이 상위에 랭크돼 있다면 좀 더 긍정적으로 매수를 검토하자. 좀 더 상위지역으로 갈아타고 싶은 사람이라면 직장 가까운 곳에 임대를 살고 유망 지역에 집을 마련하고 시세차익을 지렛대 삼아 상급지로 옮겨갈 수 있다는 것을 유념하자. 독자들이 얻을 수 있는 부동산 자료 중 가장 방대한 양의 자료이고 정확도가 높은 자료라는 점 강조한다.

1위: 경북 안동시

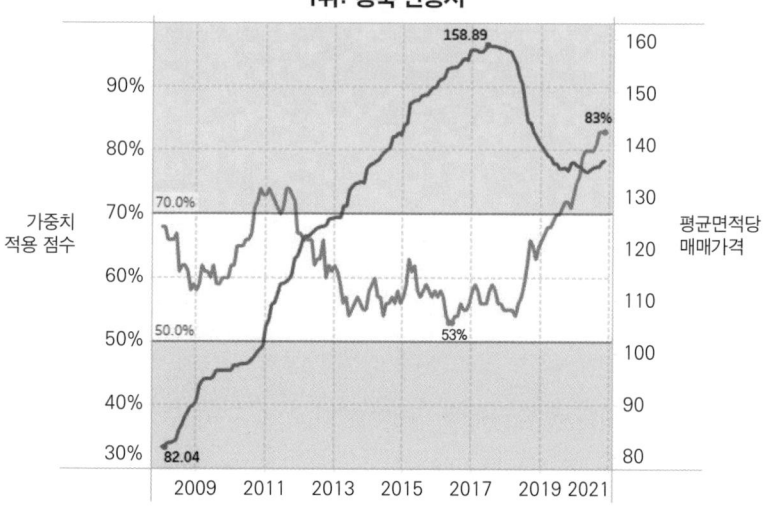

경북 안동시는 최근 종합투자점수가 가장 높고 추세 또한 지속 중이다. 종합투자점수가 높다면 상승 여력도 크다는 것을 의미한다. 2020년 1월 중앙선 복선전철 청량리~안동 구간에 신형 KTX(EMU260)가 투입되며 운행시간이 2시간 정도로 단축되는 호재도 있다.

이번 장 서문에 기술한 전세가율, 저평가지수, 미분양지수, 입주물량, 주택구매력지수 등 5개의 데이터의 흐름이 양호하고 2009년 이후 종합투자점수가 가장 높다. 지역 설명에서 개발 호재를 포함했지만 가장 중요한 것은 데이터의 흐름이라는 것을 명심하자. 비규제지역.

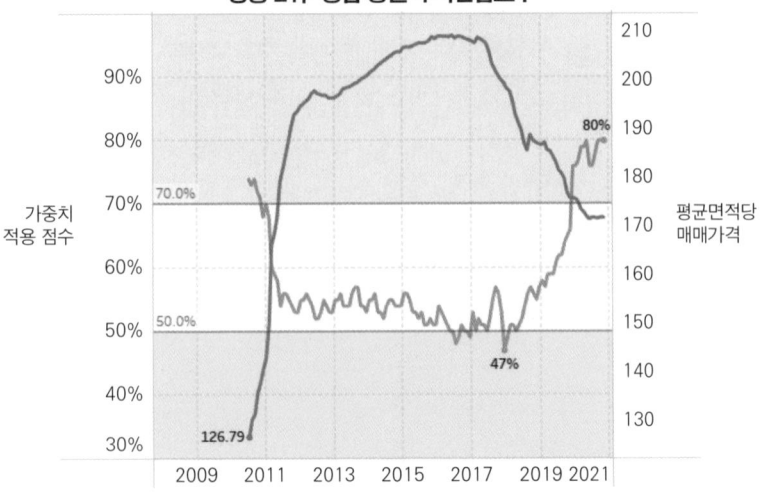

공동 2위: 경남 창원시 마산합포구

창원시 마산합포구는 안동에 이어 공동 2위를 차지했다. 수년간 베일에 싸여 있던 마산해양신도시의 미래 모습을 보여줄 조감도가 처음 공개되며 기대를 모으고 있다. 경북 안동과 더불어 데이터의 흐름이 좋고 2009년 이후 종합투자점수도 가장 높다. 비규제지역.

공동 2위: 경북 구미시

구미도 최근 점수가 가장 높다. 경상북도는 올해 2차 도시재생 뉴딜사업 대상에 구미도 추가 선정했다. 앞서 기술한 5가지 데이터도 양호하고 2009년 이후 종합투자점수도 가장 높다. 전세가율이 높고 미분양이 적고 공급이 부족하고 주택구매력지수가 양호하고 소득이나 물가 대비 아파트 가격이 저렴하다는 뜻이다. 비규제지역.

공동 2위: 충남 천안시 동남구

천안시 동남구도 최근에 조금 내려오기는 했지만 여전히 점수가 높다. 조정대상지역이지만 오랜 기간 하락한 만큼 상승 여력은 충분하다. 다주택자의 조정대상지역 내 주택 양도시 중과 제외 주택(소득령 167의 3, 167의 4, 167의 10, 167의 11) 요건을 적용하면 수도권, 광역시, 세종시 외 지역에 3억 원 이하 주택이다. 천안시 동남구도 이에 해당되는 것이 중요한 팁이다. 조정대상지역.

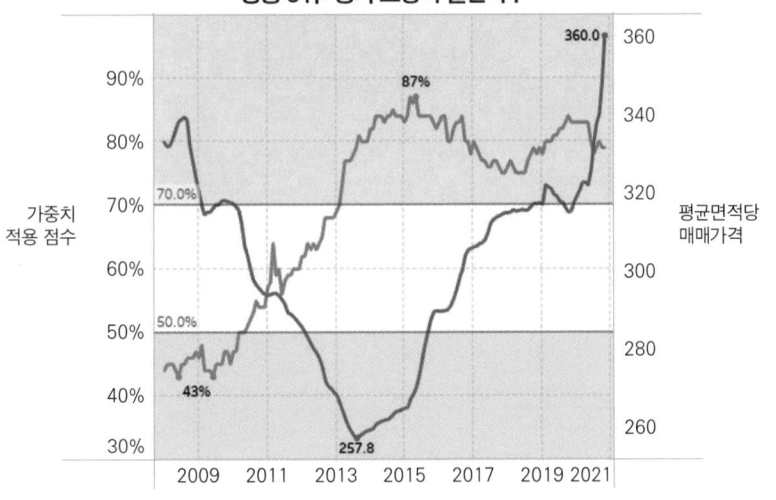

공동 5위: 경기 고양시 일산서구

가중치
적용 점수

평균면적당
매매가격

경기도에서 가장 저평가됐던 일산서구가 기지개를 펴는 모습이다. 최근 상승세도 두드러지는데 영원한 상승도 하락도 없음을 명심하자. 시장은 돌고 도는 것이 원칙이다. 입지가 비슷한 인근 지역보다 저평가됐다는 인식이 확산되면서 상승일로에 있고 여전히 투자점수도 높은 편이다. 조정대상지역.

포항시 북구는 2020년 3월이 가장 좋은 매수 타이밍이었지만 현재도 높은 편이다. 포항경제자유구역에 바이오와 IT 분야 8개 회사가 공장을 설립하는 호재도 있다. 오는 2024년까지 포항 북구 흥해읍 대련리와 이인리 일대 3만 6,848제곱미터 땅에 451억 원을 투자해 공장을 지을 예정이다(포항융합기술지구). 종합투자점수 랭킹에서도 상위 지역인 만큼 향후 흐름도 양호할 것으로 판단된다. 여전히 종합투자점수도 높은 편이다. 비규제지역.

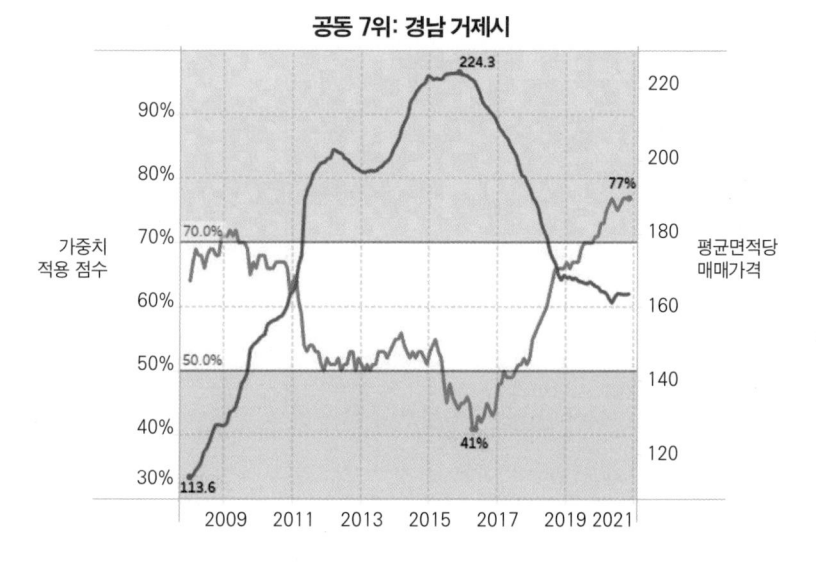

공동 5위: 경북 포항시 북구

공동 7위: 경남 거제시

뒤를 잇는 곳은 경남 거제시다. 코로나로 인해 해외를 나가지 못하는 상황에서 호황을 맞는 중이다 1,000만 관광객 호재 속에 시는 장목면 구영리 일대 38만 제곱미터 부지 매입을 마쳤다. 총 266억 원을 투입해 힐링 콘셉트의 장목관광단지로 조성할 계획이다. 2025

년 완성되는 KTX 남부내륙철도가 완공되면 수도권과 남해안 지역이 2시간대로 연결된다. 2009년 이후 종합투자점수도 가장 높다. 비규제지역.

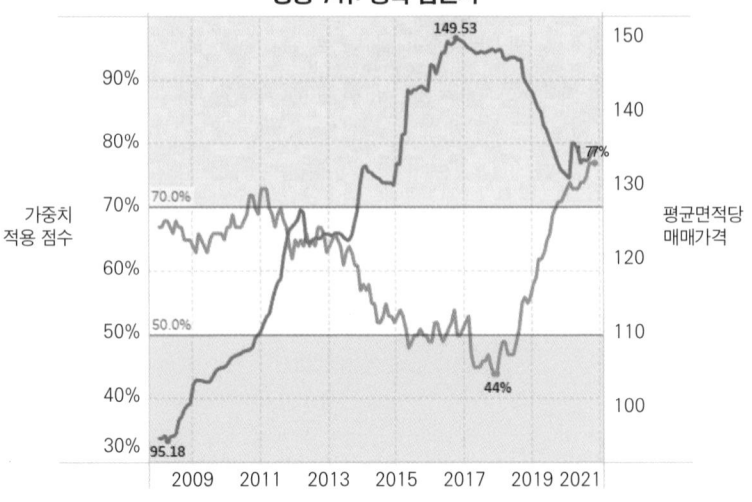

공동 7위: 경북 김천시

경상도의 종합점수가 높은 만큼 상위권에 많은 지역들이 랭크됐다. 경북 김천은 서울에서 KTX로 1시간 20분여가 소요되는 지역이다. 그동안 지방 경기가 좋지 않아 하락일로에 있었지만 현재는 2009년 이후 종합투자점수도 가장 높다. 비규제지역.

다음은 군산이다. 2019년 9월부터 추천한 지역이고 가장 중요한 종합투자점수가 2009년 이후 가장 높다. 최근 새만금 사업에 군산 지역 기업들의 투자 등이 활발히 진행되고 있다. 대표적으로 SK컨소시엄이 2조 원 규모의 투자를 새만금개발청에 제안했다. GS글로벌도 2020년 말 입주계약을 체결했고 2021년 7월에 착공해 2023년 6월 특장센터를 완공할 예정이다. 비규제지역.

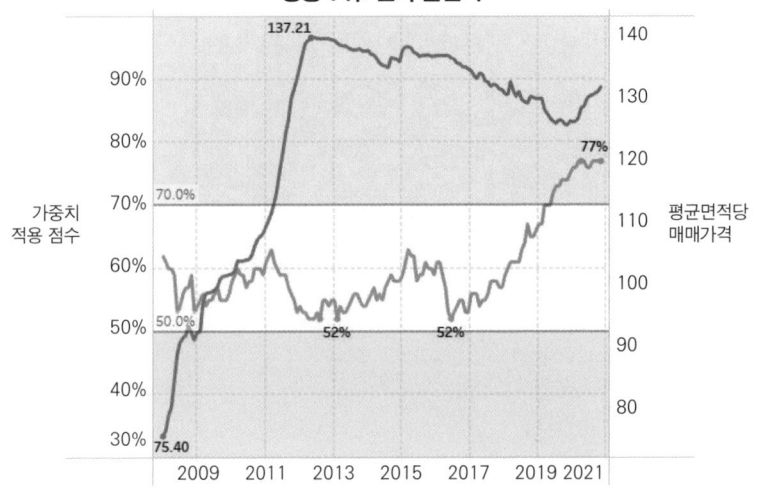

공동 7위: 전북 군산시

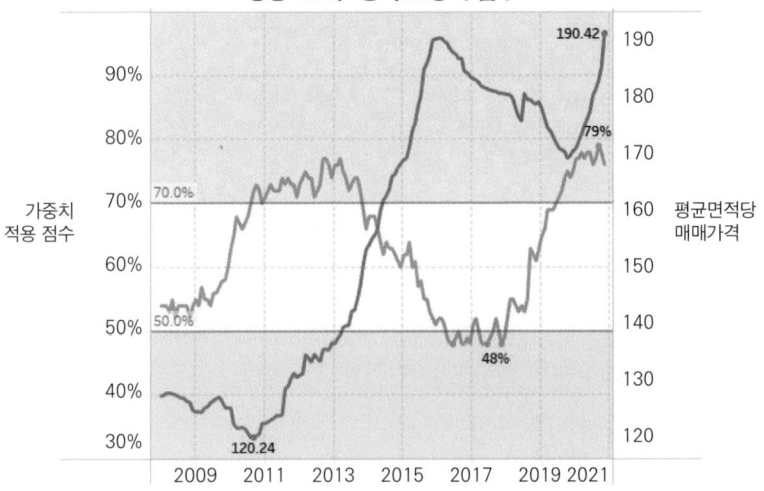

공동 10위: 경북 포항시 남구

포항시 북구에 이어 남구도 추천 지역이다. 종합투자점수도 여전히 매우 높은 편이다. 포항시는 그동안 주력사업이었던 철강산업을 혁신할 예정이다. 4차 산업혁명 시대에 맞는 '강소연구개발특구' '영일만관광특구' '배터리 규제자유특구' 등의 국가전략특구 지정을 통해 신성

장동력 에너지를 확보한 상황이다.

이와 더불어 창업, 기업유치, 관광활성화 등 기존의 산업구조를 변화시킬 기반을 마련했다. 이에 따라 지역경제도 좋아지는 추세다. 조정대상지역.

공동 10위: 충남 서산시

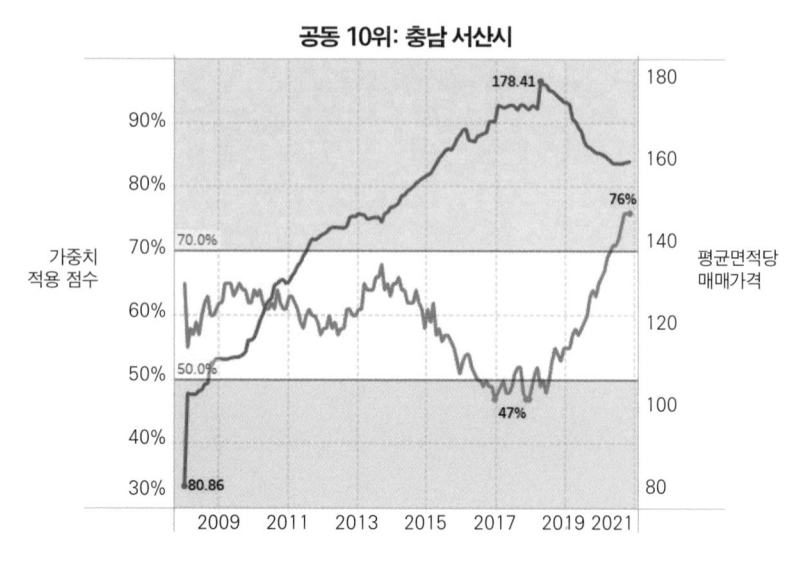

다음은 충남 서산시다. 충청남도는 2019년 일자리 창출을 위해 국가와 지자체가 부담해 191억 3,400만 원을 집행했다. 이를 통해 '전체 고용률(15세이상) 65.%를 달성하고 일자리 20만 개 창출'이라는 목표를 달성할 계획이다. 물론 데이터를 확인해도 일자리는 증가하는 중이다. 2009년 이후 종합투자점수도 가장 높다. 비규제지역.

수도권의 외곽으로 저평가 지역인 안성은 예전에는 대구, 전주와 더불어 큰 장場이 서던 상업의 요충지였다. 다시 예전의 명성을 찾는 것은 어렵겠지만 바로 옆에 위치한 평택의 개발호재와 더불어 종합투자점수도 여전히 매우 높은 편이라는 점 기억하자. 조정대상지역.

공동 12위: 경기 안성시

가중치 적용 점수

평균면적당 매매가격

170.28

79%

70.0%

50.0%

42%

106.70

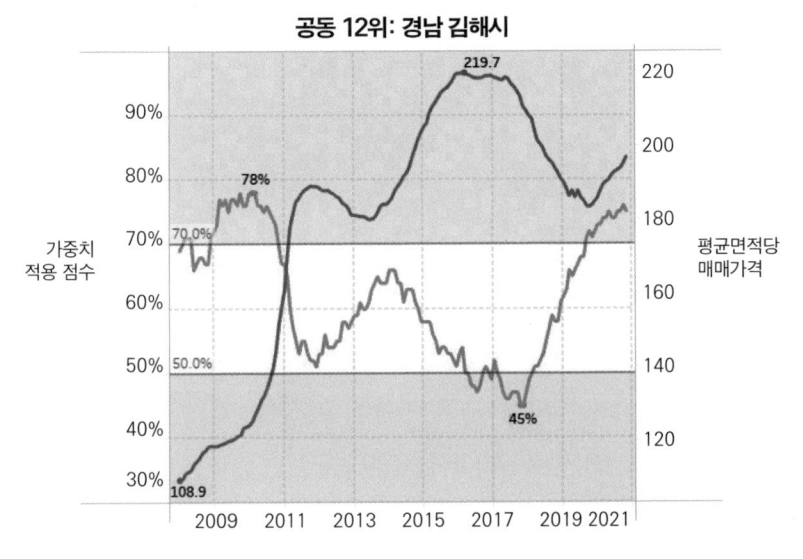

공동 12위: 경남 김해시

가중치 적용 점수

평균면적당 매매가격

219.7

78%

70.0%

50.0%

45%

108.9

상위에 랭크된 대부분의 지역이 경상도라는 점 다시 한번 강조한다. 그동안 약세를 면치 못했던 김해도 2009년 이후 종합투자점수가 거의 가장 높다. 여기서 한 가지 드릴 팁은 지방의 경우 토지 가격 자체가 저렴해 오래된 아파트는 재건축이 어려울 수 있다. 이 점을 유념하고 지방의 유망 지역은 신축으로 매수할 것을 추천한다. 비규제지역.

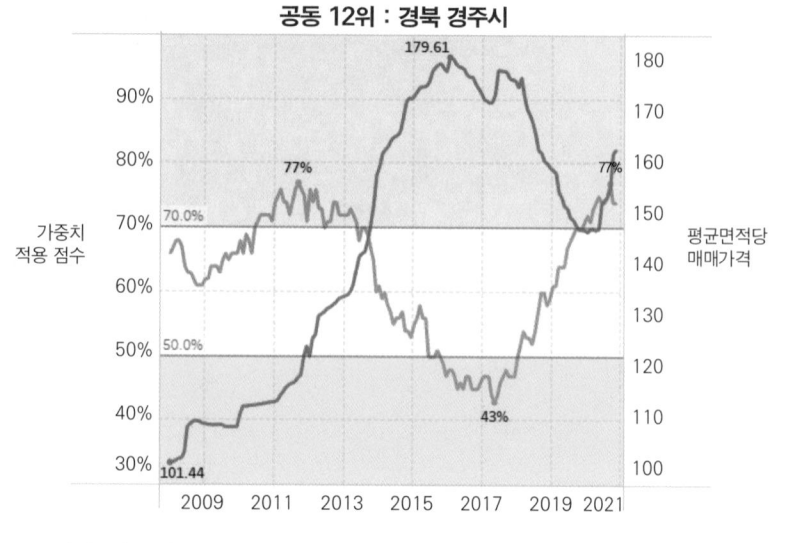

공동 12위 : 경북 경주시

경북 경주시도 2009년 이후 종합투자점수가 거의 가장 높다. 경상 북도 동남부에 있는 경주는 신라 천년의 명승고적이 많아 관광 명소 이다. 경주는 6·25전쟁의 피해를 입지 않았다. 그래서 최대의 유물과 유적이 보존된 거대한 야외 박물관이라 불린다. 과거 수학여행을 갔 던 경주가 데이터의 흐름이 좋다니 눈여겨보자. 비규제지역.

다음은 충북 제천이다. 오랜기간 저평가 지역이었던 만큼 최근 종 합투자점수는 여전히 매우 높은 편이다. 2021년 1월 충북 제천과 강 원 원주를 연결하는 복선전철이 개통된다. 지난 2003년부터 추진하 던 사업이 드디어 완공되는 것이다. 국비 1조 1,812억 원을 투자해 제 천~원주 구간 44.1킬로미터를 복선화한 사업이다. 중앙선, 태백선, 충 북선 열차가 운행하는 제천역사도 지상 3층 규모로 신축했다. 비규제 지역.

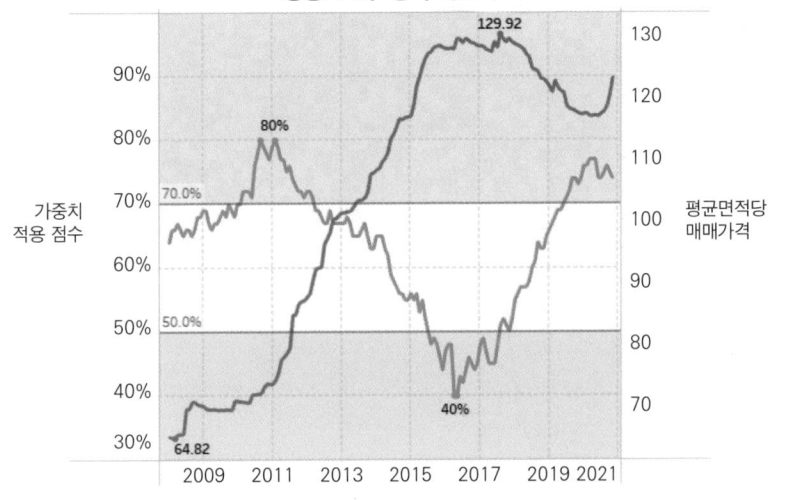

공동 14위: 충북 제천시

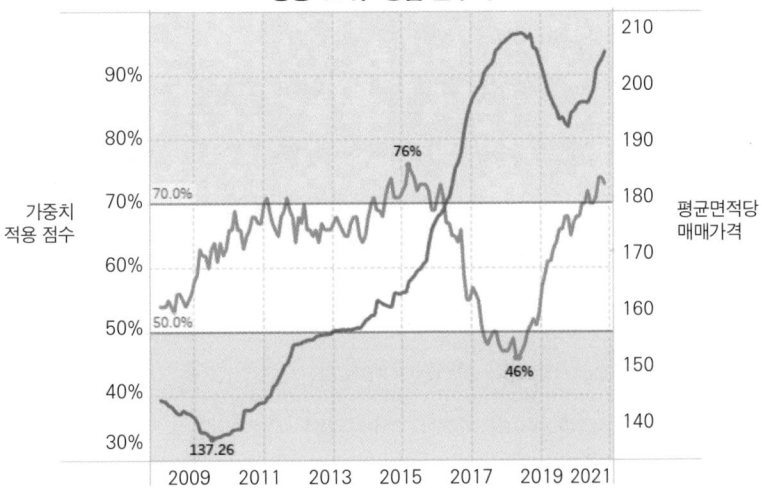

공동 16위: 경남 진주시

　종합투자점수가 높은 지역에 경남과 경북이 많이 포함돼 있다는 것에 주목하자. 진주도 마찬가지로 종합투자점수가 2009년 이후 거의 가장 높다. 2025년 완공되는 KTX 남부내륙철도가 진주에 정차하는데 수도권과 2시간대로 연결된다. 비규제지역.

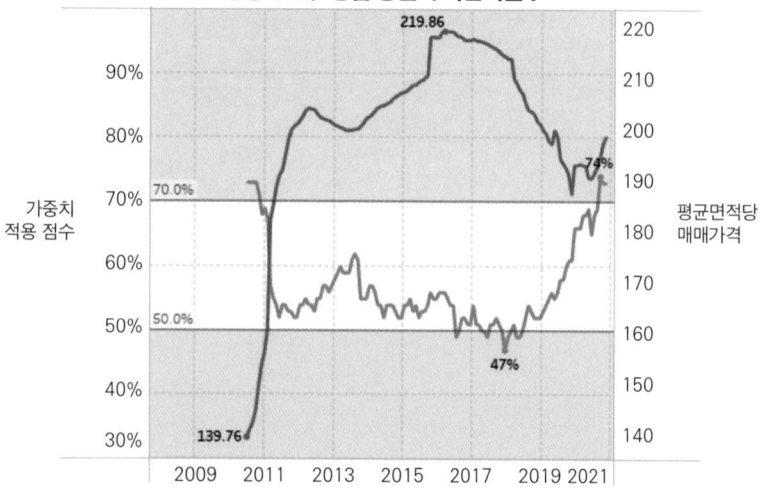

공동 16위: 경남 창원시 마산회원구

창원시 마산회원구는 종합투자 랭킹에서 2위를 기록한 마산합포구 바로 위에 위치한 구이다. 2010년 7월 1일 마산시, 창원시, 진해시가 통합해 창원시가 출범하면서 신설된 구이다. 동쪽은 의창구를 접하고 북서쪽은 함안군을 접한다. 남쪽은 성산구와 마산합포구와 접한다. 2위를 기록한 지역 바로 옆에 인접하고 마산해양신도시 수혜 지역이다. 물론 종합투자점수도 높다. 비규제지역.

다음은 청주시 서원구다. 청주는 최근 방사능 가속기 유치 소식으로 많이 들썩인 지역이다. 방사능 가속기는 오창읍 후기리 오창 테크노 폴리스 54만제곱미터 부지에 건설된다. 가속기 1식, 빔라인 10기, 연구지원시설 등을 갖춘다. 한국기초과학지원연구원KBSI 조사에 의하면 방사능가속기 사업으로 13만 7,000명의 고용창출 효과가 발생한다. 6조 7,000억 원의 생산 효과와 더불어 2조 4,000억 원의 부가가치가 발생하는 엄청난 사업이다. 1조 400억 원 규모로 기술을 수출하는 효과가 발생하고 20년 이내 10조 원가량 국가경제발전에 기

상위 18위: 충북 청주시 서원구

여하는 거대한 사업이다. 어려운 시국에 지역경제 발전에 혁혁한 공을
세울 전망이다. 물론 종합투자점수도 높다. 조정대상지역.

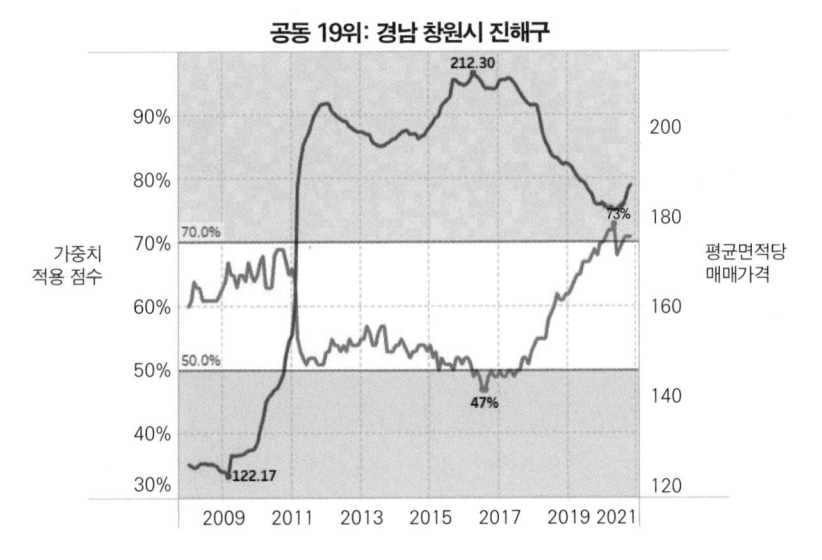

공동 19위: 경남 창원시 진해구

다음 랭킹도 경남에 속한 창원시 진해구다. 2020년 12월 17일 부
동산 대책으로 조정대상지역으로 지정된 성산구와 투기과열지구로

지정된 의창구와는 달리 비규제지역이다. 창원시 남동쪽에 위치한 시이다. 1955년 시로 승격했고 2010년 7월 1일 마산시와 창원시와 통합해 창원시 진해구로 재편됐다. 남쪽으로 마산만·진해만 등 바다와 닿아 있는 아름다운 도시다. 2009년 이후 종합투자점수도 거의 가장 높다. 비규제지역.

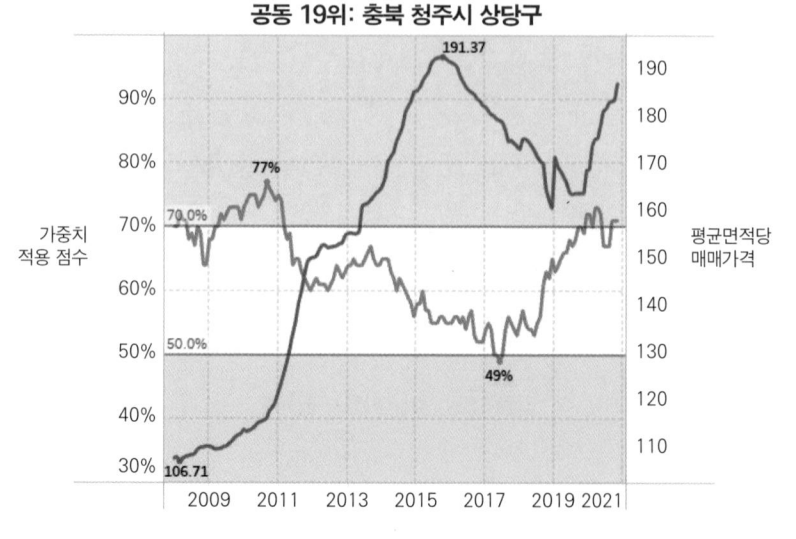

공동 19위: 충북 청주시 상당구

마지막으로 청주시 상당구이다. 앞서 기술했듯 방사광가속기 유치 수혜지역이다. 과학계 초미의 관심사였던 다목적 방사광가속기 사업을 유치한 것은 지역경제 발전에 지대한 영향을 미칠 것이다. 심사 결과도 아슬아슬하게 총점 100점 중 90.54점으로 전남 나주시의 87.33점을 겨우 3.21점 차이로 제쳤다고 한다.

원래 방사광가속기는 의학, 화학, 생물, 전기 등 과학 기초 분야에 사용됐지만 현재는 반도체, 바이오, 친환경, 신소재 개발 등 최첨단 산업에 적용되고 있다. 청주의 미래가 사뭇 기대되는 부분이다. 종합투자점수는 상당히 높은 편이다. 조정대상지역.

이상으로 종합투자점수에서 상위 20개의 시군구 데이터를 살펴보았다. 최근 부동산 시장이 과열되고 집이 있는 사람과 없는 사람의 자산 격차가 너무 크게 벌어졌다. 평생 내 집 마련의 꿈을 포기한 분들도 계실 것이다. 그러나 위기 속에서도 기회는 있고 돈이 많지 않아도 내 집 마련은 가능하니 절대로 꿈을 포기하지 말라고 말씀드리고 싶다. 당장 서울과 수도권에 진입할 여력이 되지 않는다면 데이터가 추천하는 저평가 지역에 먼저 집을 마련하고 그 집을 지렛대 삼아 더 좋은 지역으로 더 큰 집으로 옮겨갈 수 있다. 내 자산 규모보다 무리해서 고평가된 지역에 집을 사기보다는 자금 상황에 맞추어 저평가 지역에 매입하고 천천히 다져가며 지역을 옮기는 것이 가장 안전하고 현명한 방법이다.

순위가 낮은 지역은 보수적인 판단이 필요하다

이번에는 반대로 종합투자점수 하위 20개의 시군구 데이터를 살펴보자. 이 하위에 있는 지역에서 내 집 마련을 고민하고 계신 분들은 정말 신중하고 보수적으로 접근하는 게 좋다. 여기서 유의할 점은 하위에 있다고 해서 바로 하락한다는 것은 절대 아니라는 점이다. 리치고 종합투자점수가 좋지 않아도 추가로 더 상승을 할 수 있다. 다만, 투자하기에 좋은 시기보다는 안 좋은 시기일 가능성이 크니 조심해서 의사결정을 하라는 것이다.

재차 강조하지만 무리하게 고평가 지역에 투자하는 것보다는 안전하게 저평가 지역에 투자하자는 것이 이 책의 핵심이다. 이를 이해하고 이번 장을 참고하면 좋을 듯하다. 내 집 마련에 대한 의사 결정은 인생을 바꿀 만한 중요한 결정이다. 이 중요한 결정을 잘하는 것도 중요하지만 잘못된 의사결정을 하지 않는 게 더욱더 중요하다. 잘못된 의사결정은 고평가된 시기에 매수하고 저평가된 시기에 매도하는 것이다.

종합투자점수 상위 20개에 있는 지역들은 저평가된 지역들이면서 미분양 아파트나 입주물량에 따른 리스크가 별로 없는 지역들이다. 이 지역들에 아파트를 소유하고 계신 분들이라면 추가로 매수는 안 하더라도 적어도 매도하는 우를 범해서는 안 된다. 반대로 종합투자점수 하위 20개에 있는 지역들은 고평가된 지역들이면서 미분양 아파트나 혹은 입주물량에 따른 리스크가 있을 수 있는 지역들이다. 그렇기 때문에 이런 지역들의 아파트를 분위기에 휩싸여 매수하는 잘못된 의사결정은 하지 않는 것이 좋다.

자, 마지막으로 하위에 있는 지역들의 리치고 종합투자점수의 추이를 잘 살펴보자. 지금은 하위에 있지만 과거 언제 종합투자점수가 높았는지? 그 시점이 비교적 저점이었는지? 가격이 지난 몇 년 동안 얼마나 많이 올랐는지를 확인해보면 좋을 거 같다. 하위는 동일한 점수대가 있는 관계로 20개 지역이 아니라 총 23개 지역을 꼽았다. 다시 이야기하지만 하위 23개 지역에 대한 매수는 지금 시기에 상당히 위험할 수 있다.

> 주황색 선: 종합투자점수, 파란색 선: 세대수 감안한 평균 매매가격

보수적인 접근이 필요한 지역 살펴보기

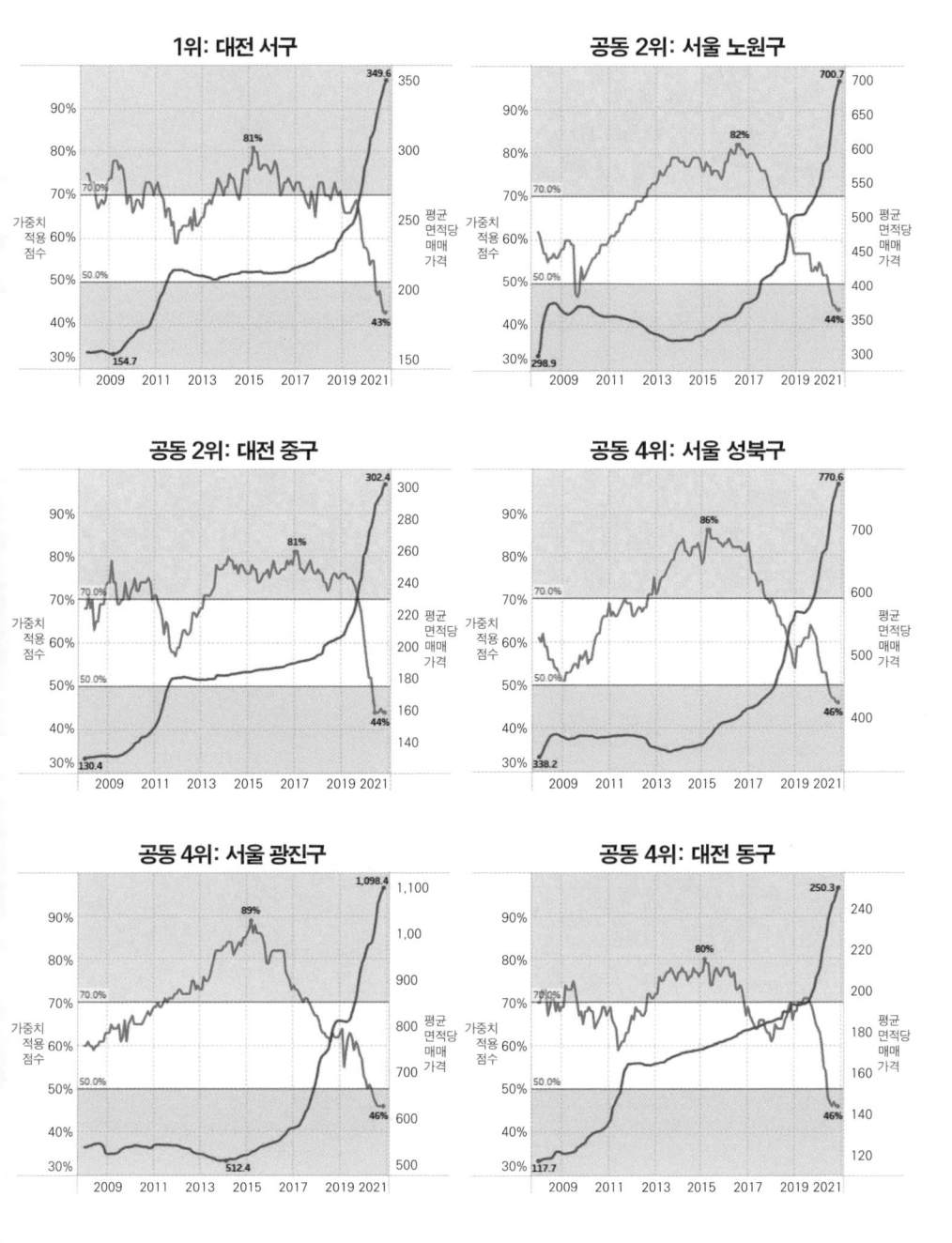

1위: 대전 서구

공동 2위: 서울 노원구

공동 2위: 대전 중구

공동 4위: 서울 성북구

공동 4위: 서울 광진구

공동 4위: 대전 동구

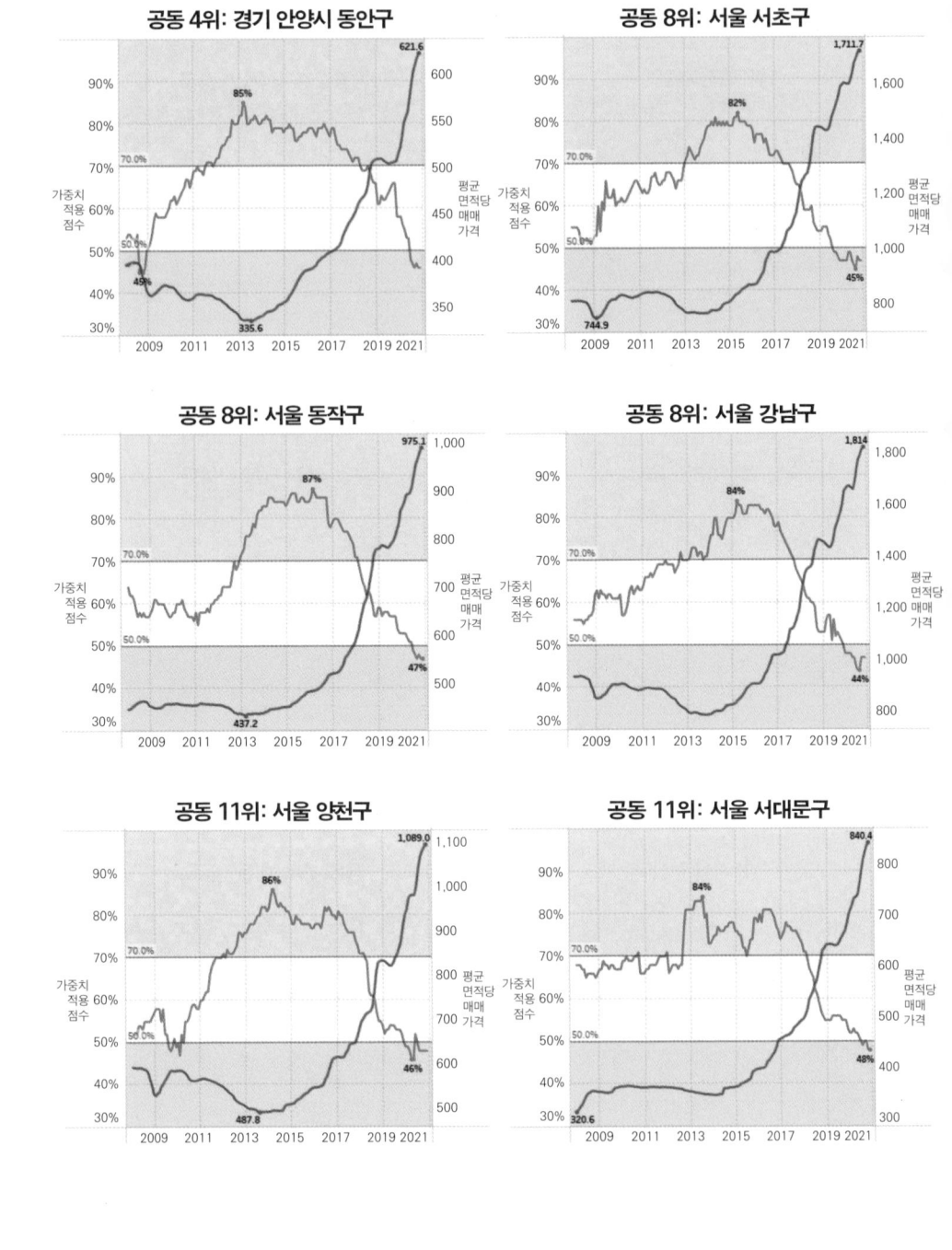

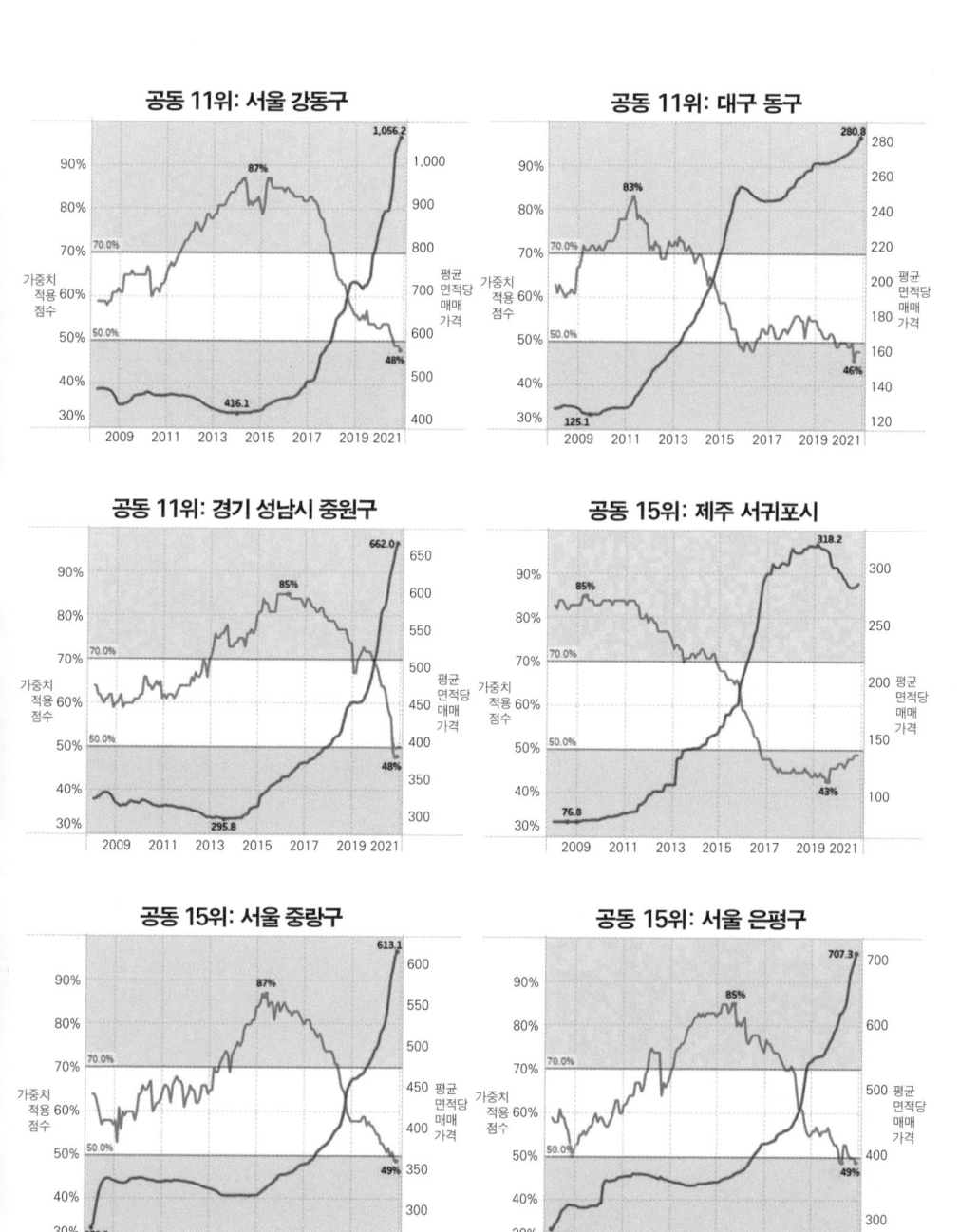

공동 15위: 서울 영등포구

공동 15위: 서울 송파구

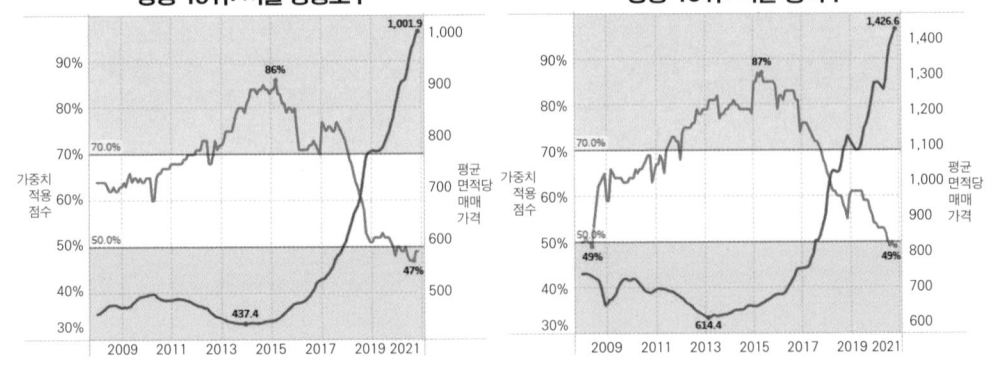

공동 15위: 서울 동대문구

공동 15위: 대구 남구

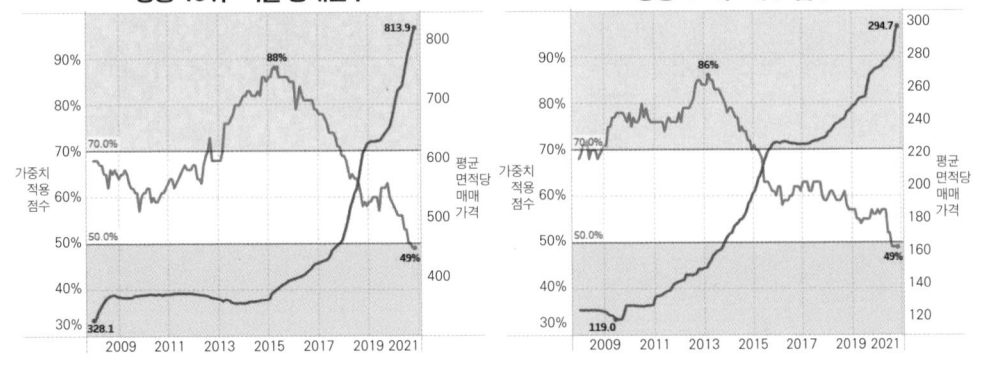

공동 15위: 광주 북구

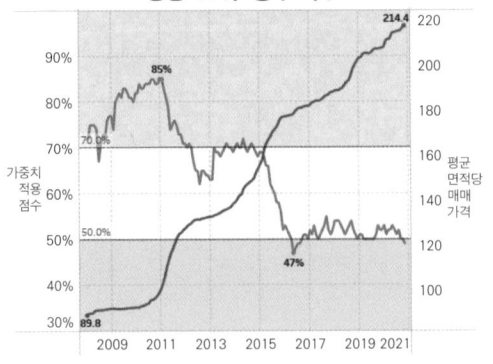

부동산은 돌고 돈다는 것을 명심하라

여기까지 리치고 종합투자점수 랭킹으로 전국을 살펴보았다. 단 여기서 유념할 것은 계속 오르기만 하는 지역도 없고 또 계속 내리기만 하는 지역도 없다는 점이다. 이러한 큰 흐름을 잘 이해하고 있어야 한다. 언제나 그렇지만 대중들은 최근 몇 년의 흐름만 기억을 한다. 최근 몇 년 동안 올랐으면 계속 오를 것으로 생각하고 최근 몇 년 동안 내렸으면 계속 더 내릴 것으로 생각한다. 하지만 절대로 시장은 그렇게 움직이지 않는다. 대중들의 탐욕과 공포가 반복되듯 부동산 시장 역시 상승과 하락을 반복되기 때문이다.

물론 최종 판단은 독자가 하는 것이고 데이터가 항상 정답은 아니다. 다만, 데이터는 현재의 있는 그대로의 모습을 보여주면서 우리가 나아갈 방향을 알려주고 최소한 좌초하지 않게 해주는 등대 역할을 한다는 점 기억하자. 인생은 속도가 아니라 방향이라고 했듯이 방향만 잘 잡고 간다면 누구나 경제적인 자유를 누리고 부자가 될 수 있다.

한국의 부동산 시장에 빅데이터와 인공지능이
희망이 되길 바라며……

전작 『빅데이터 부동산 투자』(2018. 2)가 출간이 된 지도 거의 3년이 되었습니다. 개인적인 경험이나 의견이 아니라 데이터에 근거한 부동산 관련 책을 쓰려고 했습니다. 지금 다시 보니 빅데이터 부동산 투자에서 이야기했던 시도별 전망이 상당히 잘 적중했습니다. 서울, 대전, 전남의 모든 데이터들이 좋아서 상승할 수밖에 없다고 했는데 실제로 2018년 이후 가장 많이 상승한 지역들이었습니다. 또한 하락할 것으로 전망했던 지역들도 실제로 다 하락했습니다.

과연 이런 정확한 전망이 어떻게 가능했을까요? 그건 개인적인 경험이나 의견이 아니라 객관적인 데이터에 근거해서 종합결론을 내렸기 때문입니다. 이제는 그 어떤 부동산 전문가보다 데이터가 부동산 시장의 향방에 대해 확률 높은 예측이 가능한 시대가 왔습니다.

내 집 마련은 인생에서 가장 중요한 결정이다

개인의 입장에서는 내가 살 집은 반드시 있어야만 합니다. 내 명의로 된 집에서 살 수도 있고 남의 집을 전세나 월세로 빌려서 살 수도 있습니다. 개인에게 있어서 주택에 대한 의사결정은 반드시 필요하고 인생에서 가장 중요하고 값비싼 의사결정입니다. 내 집을 언제 살지? 어디에 살지? 이 의사결정 하나가 한 개인의 인생에 지대한 영향을 미치기 때문입니다. 잘못된 시기에 고평가 지역에 내 집 마련을 한다면 상당히 오랜 기간 재산상의 손실을 볼 수 있습니다. 반대로 좋은 적기에 좋은 지역에 내 집 마련을 한다면 근로소득을 통해서는 얻기 힘든 자산증식을 할 수 있습니다.

우리는 이렇게 중요한 내 집 마련에 대한 의사결정을 어떻게 해왔나요? 너무나도 주먹구구식으로 했습니다. 내 직장에서 가까운 곳에 시기와는 무관하게 가용 가능한 자금으로 구입할 수 있는 주택을 사거나 부동산 강의를 몇 개 듣고 매입을 결정하기도 합니다. 공인중개사들의 이야기를 참고해서 사거나 부동산 전문가와의 상담을 통해서 사는 등 정도의 차이는 있지만 결국에는 상당히 주먹구구식으로 의사결정을 할 수밖에 없는 구조 속에 있습니다. 이로 인해 부동산으로 돈을 벌려면 결국은 운이 있어야 한다는 이야기들을 하는지도 모르겠습니다.

그러나 시대는 바뀌었고 인생에서 가장 큰 구매 의사결정인 내 집 마련을 하는 데 데이터가 중요한 역할을 할 수 있습니다. 적기의 매수 타이밍과 매도 타이밍을 잡아줄 수 있고 과열 분위기에 휩싸여 최고점에서 매수하거나 공포스러운 대세 하락의 막바지에서 매도하는 잘못된 의사결정을 막아줄 수 있기 때문입니다.

내 집 마련 절호의 기회를 데이터를 통해 조언받자

개인들은 지금이 과연 내 집 마련을 하기에 절호의 기회인지, 아니면 위험한 시기인지에 대한 객관적인 근거인 데이터가 너무 부족합니다. 인생에서 너무나도 중요한 의사결정인데 제대로 된 합리적 조언을 구할 곳이 별로 없는 것이 현실이기 때문입니다.

이에 매년 빅데이터를 기반으로 향후 부동산 시장의 전반적인 흐름을 시도별로 전망하고 내 집 마련을 하기에 절호의 기회인 지역들에 대해 이야기하려고 합니다. 이를 통해 부동산에 대한 최악의 잘못된 의사결정을 하지 않게 도움을 드리고 좋은 기회에 내 집 마련을 할 수 있게 도움을 줄 수 있다면 좋겠습니다. 그렇게 되면 책을 집필하는 보람이 느껴질 듯합니다.

부동산에 관련한 의사결정은 개인만이 하는 것은 아닙니다. 내 집 마련을 해야 하는 개인들도 있지만 아파트 등과 같은 주택을 건설, 시행, 분양 등을 하는 기업들이 있으며 부동산 관련 정책들을 만들어가는 정부도 있습니다. 그동안은 개인, 기업, 정부 모두 주먹구구식으로 부동산 관련 의사결정을 했습니다. 그러다 보니 수요에 따른 적정한 공급이 이루어지지 못하고 너무 부족하거나 너무 많이 공급되는 일들이 생기기도 하고 잘못된 부동산 정책으로 인해 시장이 왜곡되거나 비정상적으로 움직이기도 합니다. 이제는 데이터가 이러한 폐단을 바로잡을 수 있는 시대가 왔습니다.

최근 몇 년 동안 컴퓨터 하드웨어의 향상과 더불어 부동산 관련한 수많은 데이터들이 공개되고 인공지능과 같은 소프트웨어의 발전이 이루어졌기 때문입니다. 4차 산업혁명이 부동산 시장에도 일어나는 것이지요. 이제는 개인, 기업, 정부 모두 데이터에 근거한 과학적인 의사결정을 할 수 있게 되었고 만약 그렇게 된다면 한국의 부동산 시장은 과거와는 달리 상당히 효율적으로 움직일 수 있게 될 것입니다.

정부, 개인, 기업에서 데이터를 활용한다면 부동산 시장은 안정된다

정부는 각종 데이터에 근거해 정확한 수급을 파악하고 국민들이 원하는 주택과 평형대를 구성해 적절히 공급한다면 부동산 시장의 변동성은 크게 줄어들 것입니다. 부동산 정책도 데이터를 통해 좀 더 유연하고 세부적인 제정이 가능합니다

현재는 아파트와 관련해 폐지된 주택임대사업자 제도의 경우를 예를 들어보겠습니다. 데이터를 근거해 지역별로 다주택자들을 미리 파악하고 매입한 시기, 보유 채 수, 평형대 등을 파악해 등록시기 등 완급을 조절하고, 세금혜택도 경중을 조절하고, 양도 가능한 시기도 조절했다면 어땠을까요? 데이터가 기반이 됐다면 임대사업들의 매물 잠김 현상을 미리 방지할 수 있었고 부동산 가격의 급상승도 충분히 방어가 가능했을 것이라는 생각입니다. 또한 정책이 폐지되는 초유의 사태도 벌어지지 않았을 것입니다.

기업도 마찬가지입니다. 과거 사람을 통한 리서치 방식을 통해 분양가를 산정하고 수요를 예측하는 방식은 오류가 있을 수 있습니다. 하지만 빅데이터 기반으로 한다면 오류는 크게 줄어듭니다. 데이터에 근거해 적정한 수요를 파악하고 분양이 잘될 지역을 파악하고 공급 조절과 더불어 분양 시기와 평형대를 구성하고 적정한 분양가를 산출한 뒤 분양한다면 미분양으로 인한 기업의 손실을 크게 줄일 수 있습니다.

앞으로는 부동산 의사결정 주체인 개인, 기업, 정부 모두 객관적인 데이터에 근거해 합리적이고 과학적인 의사결정을 할 수 있기를 바랍니다. 개인들뿐만 아니라 모든 주체에게 도움이 되는 데이터가 상용된다면 한국의 부동산 시장은 훨씬 더 안정적인 움직임을 보일 것입니

다. 부동산 관련한 빅데이터와 인공지능이 한국의 부동산 시장에 희망이 될 수 있기를 진심으로 기원합니다.

책을 마무리하며 감사드릴 분들이 주마등처럼 스쳐 지나갑니다. 촉박한 일정에도 책을 빠르게 출판할 수 있도록 애써주신 클라우드나인 출판사 안현주 대표님과 직원분들에게 감사드립니다. 그리고 이 책에 실려 있는 수많은 차트에 들어가는 데이터를 가공해주고 시각화 해준 리치고 팀의 모든 멤버들, 특히 김재구, 박진성 팀장님과 임채현 태블로 스페셜리스트님에게도 깊은 감사의 마음을 전합니다. 또한 부족한 필자의 필력을 훌륭하게 보완해주고 같이 공저를 한 이지윤 작가님에게도 고마움을 전합니다. 또한 책의 분량 때문에 실리지 못했지만, 빅데이터를 활용한 실전 투자 사례에 대한 내용을 작성해주신 리맥스 아리지파트너스의 이현수 대표님, 조화현, 정세윤, 박대군 님에게도 감사드립니다.

마지막으로 항상 믿음으로 지켜봐주시고 응원해주시는 부모님과 가족들에게도 깊은 사랑과 감사의 마음을 전합니다.

2021년 1월
김기원

한국에서 가장 빠르게 부자가 되고 싶다면 감이 아니라 데이터를 믿어라

2018년에 출간된 필자의 첫 번째 저서인 『나는 소액으로 임대사업 해 아파트 55채를 샀다』는 당시 부동산 베스트셀러로 인정받으며 경제경영 5위에 올랐습니다. 출판사가 마케팅을 이유로 정한 제목이 다소 자극적이었지만 '주택임대사업의 바이블'이라고 불릴 정도로 내용이 충실하다는 평을 받았습니다. 두 번째 저서인 『위기를 기회로 바꾸는 부의 공식』에 이어 공저로 벌써 세 번째 책을 출간하게 됐습니다. 부동산 실전 투자자의 길을 걸은 지 벌써 16년 차입니다.

16년 차 실전 투자자이지만 늘 데이터 부분이 목말랐다

2005년 경매로 부동산을 시작해 재건축 재개발, 지하상가, 일반상가, 시행사업, 아파트 등등 다양한 분야에 투자했고 실전 경험은 누구에게도 뒤지지 않는다고 자부하지만 늘 부족한 것이 있었습니다. 바로 데이터 부분입니다. 오랜 기간 부동산에 관심을 가지고 투자를 해온 터라 수도권이 대세 상승기에 접어든 2014년 즈음 아파트 투자를 시작하게 됐습니다. 1997년 IMF와 2008년 글로벌 금융위기를 겪었고 한동안 잠잠하던 수도권 시장이 상승할 것이라는 감은 있었습니다. 하지만 당시 제가 볼 수 있는 데이터는 오직 KB부동산과 한국감정원 등에서 제공하는 자료들뿐이었습니다. 데이터의 열거 방식도 매우 진부했고 시각화 등이 잘 안 돼 있었습니다. 저 같은 데이터 초보들은 자료를 분석하는 데도 상당한 시간이 걸리곤 했으니까요.

저의 아파트 매입은 주로 2015~2017년 초까지 이루어졌습니다. 2017년 이후 수도권에 입주물량이 매우 많았고 매매가도 조금은 조정될 수 있고 전세가도 흔들릴 수 있다고 판단했으니까요. 기본적인 데이터를 보고 대비했지만 3년 연속 이어진 입주물량은 매매가보다는 전세가를 뒤흔들기 시작했고 그 충격은 예상보다 강했습니다. 특히 입주가 많았던 수도권 남부 지역은 역전세가 극심했던 대표적인 곳입니다. 많게는 한 채당 전세가가 1억 원이 떨어지기도 했으니까요. 저는 어느 정도 대응할 준비는 하고 있었지만 생각보다 더 큰 후폭풍을 맞고 한동안 상당한 고통을 겪기도 했습니다. 솔로몬이 연전연승하는 다윗왕에게 지혜를 주기 위해 한 "이 또한 지나가리라."라는 말을 믿었습니다. 저는 손해를 보더라도 임차인분들께 손해 가지 않게 하기 위해 노력했고 그래서였는지 현재는 모든 것이 좋아진 상황입니다.

어찌 보면 투자자로서 부끄러울 수 있는 얘기지만 솔직하게 고백합니다. 그건 이 책을 읽는 독자들은 절대로 저 같은 실수를 하지 않기를 바라기 때문입니다. 당시 제가 이미 시각화돼 한눈에 알아볼 수 있는 빅데이터를 접하고 투자했다면 그러한 실수를 하지 않았을 것입니다. 수도권이 역전세가 극심할 당시 데이터는 지역별로 매우 정확하게 전세가 하락을 예측했기 때문입니다. 과거의 시장 상황에 따라 상승했는지 하락했는지를 놀라울 정도의 적중률로 읽어냈습니다. 데이터에 따라 대응했다면 현재보다 더 많은 자산을 일구었을 것입니다.

실수하고 싶지 않다면 데이터를 공부하라

현재 부동산 시장은 용광로와 같다고 해도 과언이 아닙니다. 임대차 3법으로 전세가가 급등하니 매매가를 다시 한번 밀어올리는 중이고 수도권 부동산 시장은 거의 패닉 상태라고 감히 말하고 싶습니다. 상식적으로 이해가 안 되는 시장입니다. 분위기에 휩쓸리면 시장이 영원히 상승할 것처럼 보이고 지금이라도 안 사면 안 될 거 같아 묻지마 투자를 하는 경우도 종종 있습니다. 이 세상에 영원히 상승하는 투자상품은 그 어디에도 없습니다. 어떤 재화의 가격이 본질가치 대비 높다면 하락할 수 있고 반대로 낮다면 상승할 수 있습니다.

KB경영연구소 자료에 의하면 투자 판단에도 전문가 의견보다는 자신의 판단에 따라 하려는 경향이 증가했다고 합니다. "나의 실력과 직감을 믿고 투자한다."라는 대답이 2019년 44.4%에서 무려 2020년 54.3%로 증가한 것이죠. 이는 정말 자산을 한순간에 잃어버리는 심각한 결과를 가져올 수 있다는 점을 명심하셨으면 합니다. 감을 믿어서는 절대로 안 됩니다. 인간의 감에는 항상 오류가 있을 수 있기 때문입니다. 자산증식은 과학적인 데이터에 근거해야 합니다. 인간 전문가 한 사람의 감정과 느낌에 내 미래와 자산을 맡겨서도 안 됩니다.

이 글을 읽는 독자는 저 같은 실수가 없기를 진심으로 바랍니다. 현재는 전세수급이 높아 역전세를 걱정할 상황은 아닙니다. 하지만 앞으로는 지역별로 이러한 현상이 나타날 수 있고 부동산 시장까지 같이 하락한다면 더 큰 충격을 받을 수 있습니다. 자산증식에서 실수하지 않으려면 반드시 과학적인 데이터를 근거로 해야 합니다. 내 집을 마련할 때 꼭짓점보다는 저평가됐을 때 사고 또 노후 대비 자산증식을 해야 한다는 당부를 드립니다.

이 글을 읽는 독자의 절반은 노후가 가난할 수 있다

제가 2005년에 부동산 시장에 처음 입문하게 된 계기는 가난한 노후가 두려웠기 때문입니다. 대한민국은 경제개발협력기구 회원국 중에서 노인빈곤율 1위입니다. 65세 이상의 절반 정도가 가난합니다. 이 글을 읽는 독자들 중 절반은 노후가 쓸쓸하고 가난할 수 있다는 뜻입니다. 제가 한 권의 책(『나는 부동산 경매로 17억 벌었다』, 우형달 지음)을 통해 부동산에 입문한 것처럼 이 책이 독자들에게 스스로 노후를 준비하고 내 집 마련을 하는 등대 역할을 하길 진심으로 기원합니다. 인생에 항로를 가다 보면 밝은 낮도 있지만 깜깜한 밤도 종종 만나게 됩니다. 그때 누군가가 등대가 돼준다면 조금은 늦게 가더라도 길을 잃지 않고 목적지에 도달할 수 있습니다. 이 책이 혼란한 부동산 시장에 있는 독자들에게 등대 같은 역할을 하길 바랍니다.

세 번째 책을 출간한다니 여러 미묘한 감정들이 스쳐 갑니다. 풍부한 실전 경험에 더해 데이터까지 공부해서 마침내 독자들에게 자산증식의 길을 쉽고 친절하게 안내해줄 수 있게 된 것에 감사드립니다. 데이터를 한눈에 알아볼 수 있게 밤낮과 주말을 가리지 않고 개발하고 시각화해준 리치고 직원분들께 감사드립니다. 처음 책을 기획하고 함께 공저자가 돼준 리치톡톡 김기원 대표님께도 감사의 마음을 전합니다. 마지막으로 저의 삶의 원천이자 동인이 되는 사랑하는 부모님과 가족들에게 깊은 감사를 전합니다.

2021년 1월

이지윤

빅데이터 부동산 투자 2021 대전망

2022년에 2021 대전망은 그대로 맞아떨어질 것이다!

초판 1쇄 발행 2021년 1월 29일
초판 6쇄 발행 2021년 12월 17일

지은이 김기원 이지윤
펴낸이 안현주

기획 류재운 **편집** 안선영 **마케팅** 안현영
디자인 표지 최승협 본문 장덕종

펴낸 곳 클라우드나인 **출판등록** 2013년 12월 12일(제2013-101호)
주소 우) 03993 서울시 마포구 월드컵북로 4길 82(동교동) 신흥빌딩 3층
전화 02-332-8939 **팩스** 02-6008-8938
이메일 c9book@naver.com

값 19,500원
ISBN 979-11-91334-02-9 03320

* 잘못 만들어진 책은 구입하신 곳에서 교환해드립니다.
* 이 책의 전부 또는 일부 내용을 재사용하려면 사전에 저작권자와 클라우드나인의 동의를 받아야 합니다.

* 클라우드나인에서는 독자 여러분의 원고를 기다리고 있습니다.
  출간을 원하시는 분은 원고를 bookmuseum@naver.com으로 보내주세요.

* 클라우드나인은 구름 중 가장 높은 구름인 9번 구름을 뜻합니다. 새들이 깃털로 하늘을 나는 것처럼 인간은 깃
  펜으로 쓴 글자에 의해 천상에 오를 것입니다.